編集協力　海象社
校正　白鳳社
装丁　河井 道男(株式会社創土社)

はじめに

　日本で、ラジオ放送が始まったのは、大正14年（1925）、今から80年前のことです。この間、放送は、ラジオからテレビへ、そして21世紀を迎えた今日では、アナログからデジタルへと、めざましい発展を遂げました。しかし、放送の形がどんなに進化しても、そこで使われることばの重要性は、変わることがありません。ことばなしに、放送は成り立たないのです。また情報伝達の手段としてだけではなく、ＮＨＫの電波にのって全国に伝えられる放送のことばには、日常使われる話しことばの一つの規範として、大きな信頼が寄せられてきました。

　放送でことばを使うときに、どう発音すればよいのか、どう書き表せばよいのか、どう表現したら、わかりやすく伝えることができるのか、こうした課題を解決するため、ＮＨＫは、70年以上の歴史を持つ「放送用語委員会」で、ことばの一つ一つについて、議論し、放送でのことばの目安を決めてきました。

　このうち、発音・アクセントについては、『ＮＨＫ日本語発音アクセント辞典』として、表記については、『ＮＨＫ新用字用語辞典』として刊行しました。そして、どのように、ことばを選んだり使い分けたりすれば、放送にふさわしいのか、その目安となる点をまとめ、放送関係者だけではなく、ことばに関心を持つ多くの人たちに幅広く利用してもらおうと、わかりやすく編集したのが、この『ＮＨＫことばのハンドブック』です。

　初版が刊行された平成4年以来、これまでにも、増刷のたびに一部内容を修正してきましたが、今回は、13年ぶりの全面的な改訂となりました。今回の改訂では、「放送用語委員会」で新しく決定された事項や、審議結果の変更を付け加えるとともに、時代に合わなくなったことばをけずり、説明の内容を時代にふさわしいものに改めました。また変化の著しい外来語や、誤りがちな数詞の読み方、助数詞

についても，内容の充実をはかりました。さらに見出し語の近くにコラムをもうけるなど，利用する人の理解に役立つよう，さまざまな工夫を凝らしました。

　このハンドブックには，放送制作者が，ことばについて迷った時，そのよりどころとしてきたものが，集約されています。放送関係者は，もちろんのこと，放送のことばや現代の話しことばに関心を持つ皆さんや，放送界で仕事をしたいという人に広く利用していただければ幸いです。

　ＮＨＫでは，このほかに，発音・アクセントについては『ＮＨＫ日本語発音アクセント辞典 新版』，表記については『ＮＨＫ新用字用語辞典 第3版』(注) を刊行していますので，本書とともにご利用いただければ幸いです。

　なお，編集に際してご協力いただいた放送用語委員の方々に厚くお礼を申し上げます。

平成17年10月

　　　　　　　　　　　　　　　　　　　ＮＨＫ放送文化研究所
　　　　　　　　　　　　　　　　　　　所長　村神　昭

(注)『ＮＨＫ日本語発音アクセント辞典 新版』は現在『ＮＨＫ日本語発音アクセント新辞典』として、『ＮＨＫ新用字用語辞典 第3版』は現在『ＮＨＫ漢字表記辞典』としてそれぞれ発行されています。

目 次

はじめに …………………………………………………… 3
この本の使い方 …………………………………………… 6

第1章　用語集 ……………………………………… 9

第2章　外来語のカナ表記─基本方針と原則 …… 219
　　　　　Ⅰ.基本方針 ………………………………… 221
　　　　　Ⅱ.原則 ……………………………………… 221
　　　　　Ⅲ.細則 ……………………………………… 222

第3章　外来語のカナ表記─用例集 ……………… 233

第4章　外国語略語集 ……………………………… 309

第5章　数字の発音 ………………………………… 329
　　　　　Ⅰ.数字の発音の基準 ……………………… 331
　　　　　Ⅱ.数字単独の場合の発音 ………………… 331
　　　　　Ⅲ.数字に名詞(助数詞や単位)が付く場合の発音 …… 335
　　　　　Ⅳ.数字の発音・用例集 …………………… 338

第6章　助数詞の使い方 …………………………… 365
　　　　　Ⅰ.使い方の基準 …………………………… 367
　　　　　Ⅱ.助数詞・用例集 ………………………… 370

この本の使い方

　この本には,放送で使われることばのうち,発音・表記・意味・使い分けなど,使い方で問題となるものを収めた。
　第1章の「用語集」には,主として次のような語を五十音順に配列して掲載した。
(1) 読みにゆれのある語句のうち放送での使い方が決められているもの,また特に読み方の間違いやすいもの
(2) 同音語などのことばの書き分けに類するものや送りがなの付け方など,表記に問題のあるもの
(3) ことばの意味や解説,放送でのことばの選び方や表現のしかた,意味の使い分けなど

　第2章には「外国語・外来語のカナ表記」の「基本方針と原則」を示した。第3章に「用例集」とし,外国語・外来語,外国の地名・人名を一括して五十音順に配列した。第4章には,外国語の略語の主なものをまとめた。
　第5章は「数字の発音」,第6章は「助数詞の使い方」について,基準と用例集に分けて示した。
　くわしい解説が必要な項目については,随時コラムの形で本文中に配置した。

　第1章「用語集」の使い方
1. 見出し(太字の部分)
(1) 各項目の見出しは,決められた表記(2.参照)にしたがって,漢字・ひらがな・カタカナで示した。
　　〈例〉**可能性**
　　　　いちる [一×縷]
　　　　スモッグ
(2) 使い分けを示す項目は,ことばを並べて見出しとした。

また，包括的な内容を示す項目では，それを見出しとした。
　〈例〉 **海抜・標高**
(3) 見出しは，かなづかいによって配列した。
　〈例〉
　（配列の順序）　（かなづかい）　（発音）
　　横断・縦断　　おうだん　　　オーダン
　　黄土　　　　　おうど　　　　オード
　　大鼓　　　　　おおつづみ　　オーツズミ（※）
　　※「チ」「ツ」の濁音は，すべて「ジ」「ズ」と表記した。

2. 表記

　この本の中のことばは，原則として『ＮＨＫ漢字表記辞典』（平23）によって書き表した。
　なお，発音表記の〔カ゚，キ゚，ク゚，ケ゚，コ゚〕は，鼻濁音を示す（鼻濁音については，コラム〈p.171〉参照）。

第1章 用語集

〈記号の説明〉

[　]の中の漢字：放送では使わないほうがよい漢字を示す。
　　（×印—常用漢字表にない漢字，△印—常用漢字表にない音訓，無印—当て字など）

〔　〕の中のカタカナ：放送での発音を示す。現代かなづかいによる表記とは必ずしも一致しない。

読み〉：放送での発音や読み方に問題がある項目であることを示す。この印の付いた項目では，発音を示すカタカナには，〔　〕を付けていない。

○…　○…：放送では，どちらの発音を使ってもよいことを示す。

①…　②…：放送では，①を付けた発音を第1とし，②を付けた発音を第2とすることを示す。

×：放送では，原則として使わないことば，または使わない発音であることを示す。

☞：右側は，参照すべき関連項目を示す。

あ

秋田犬 読み〉①アキタイヌ　②アキタケン

秋の夜長

　秋分の日の頃から11月の初め頃までに使う。地域差があるが，9月上旬に使うのは早すぎる。ただ，放送では特定の時期にさまざまな番組で使われることがあるので重複しないように注意する。

秋めく

　「日ごとに秋めいてきました」と表現してもよい。

　「めく」は，「〜のような状態になる」「らしくなる」の意味を表す。俳句の季語には，春・夏・秋・冬すべてに「めく」がついた形がある。

アクセント ☞ **コラム「アクセントの平板化」**（p.13）

明け

〈例〉寒の明け，土用の明け，梅雨明け

　「お盆」「彼岸」の場合は，「明け」は使わない。☞ **「入り・明け」**

あげる・やる ☞ **コラム「あげる」と「やる」**（p.12）

足が奪われる

　交通ストなどでの「足が奪われる」という表現は，「（〇〇人に）影響が出る」などの客観的な表現に言いかえる。「市民の足となっているバス」というような言い方はかまわない。

足切り

　大学入試に関して用いられる「足切り」という表現は，語感が強すぎるので，アナウンス・表記とも，「2段階選抜」「予備選抜」などと言いかえる。

味気ない 読み〉○アジケナイ（古典語としては〔アジキナシ〕）

足手まとい 読み〉①アシデマトイ　②アシテマトイ

あす・あした・みょうにち

　ドラマなどでは「あした」ということばも使うが，ニュース・天気予報では，簡潔な「あす」を使う。

■あすき～あまさ

小豆 読み〉 アズキ……一般的な場合。
　　　　　　ショーズ…商品市場での取り引きに限って使う。

当て逃げ・ひき逃げ
　「当て逃げ」は使ってよい。ただし，アナウンスでは，「駐車中の車にぶつかって，そのまま逃げました」などと，できるだけ具体的に表現する。
　「当て逃げ」とは，車の場合，相手の車や家屋にぶつけて損害を与え，そのまま逃げることで，車が人に衝突してそのまま逃げた場合は，「ひき逃げ」を使う。☞「**ひき逃げ**」

後腐れ 読み〉 ①アトクサレ　②アトグサレ

甘酒 読み〉 ○アマザケ　×アマサケ

コラム

「あげる」と「やる」

　「あげる」は元来，目下が目上に対して何かを与えることを意味する謙譲語であり，目上が目下に与えることを意味する「やる」に対立することばである。しかし，最近では，自分の子どもや犬，猫などの動物，あるいは植木などの植物のように，明らかに敬意を必要としない対象に対して「あげる」を使う例が多く聞かれるようになった。例文：「犬にえさをあげる」

　このような「あげる」はもはや敬意を表すことばではないのだと考えられる。「やる」を丁寧に言いかえた，いわゆる美化語と見るべきものであろう。敬意を表す必要のある場合には，「あげる」ではなく，「差し上げる」が使われるのであろう。

　「あげる」を謙譲語と見れば，上の例文の言い方は間違いだし，美化語と見れば，間違いではないことになる。

　しかし，現在ではまだ，「あげる」を目下や動植物に対して用いることには抵抗を感じる人がかなりいる。放送ではなるべく使わないほうがよいことばの一つだと言えよう。

雨もよう・荒れもよう

「雨もよう」「荒れもよう」は「～となりそうな状態」のときに用いるのが本来の用法であるが、すでに小雨が降っていたり、天候がやや荒れていたりする場合にも、「雨もよう」「荒れもよう」

コラム

アクセントの平板化

　ゲ＼ーム，ギ＼ター，マネ＼ージャーのように，普通は起伏型で発音される語を，ゲーム￣，ギター￣，マネージャー￣のように平らな（平板型）アクセントで発音する人が最近増えている。この現象は一般に「アクセントの平板化」と呼ばれている。

　この現象が特に顕著に認められるのは，ある分野に専門的に携わる人が，その分野に関係のある外来語を平らに発音する場合で，たとえば，情報処理関係の人は，データ￣，ディスク￣，エディター￣，音楽関係の人は，ギター￣，ドラム￣，テレビ関係の人は，ドラマ￣，マネージャー￣といった具合になる。一般には，これらの外来語は，外来語のアクセント規則（原則として，後ろから3拍目でアクセントが高→低と変化する）に従って起伏型で発音されるのが普通であろう。アクセントには，初めは起伏型でも，頻繁に用いられているうちに平板型に変化する傾向があると言われており，特定分野での平板化現象については，一応の説明が可能である。

　実は，このアクセントの平板化は今に始まったものではない。現在では平板型が一般的であるアマチュア，ダイアル，ハート，ボーイなども，かつてはアマ＼チュア，ダ＼イアル，ハ＼ート，ボ＼ーイと起伏型で発音されていた。また，外来語だけに見られるものでもない。会社，電車，電話，映画などの漢語も，起伏型から平板型に変化した語である。ＮＨＫでは，全国アナウンサーを対象にアクセント調査を実施して，共通語アクセントの実態調査を行っているが，アナウンサーでも若い世代ほどアクセントの平板化が進んでいる。

■ あらけ～あんそ

を使うことがある。その場合は,雨や風の様子など,具体的な記述を加えるよう心がける。

なお,意味があいまいで解釈が分かれる表現なので,天気を予報する場合には使わない。

荒らげる・荒げる　[読み] ①アララゲル　②アラゲル

ある・降る　☞「にわか雨・にわか雪・雷雨」

あわやホームラン

〈例〉あわやホームラン　あわやホールインワン

「あわや」とは,普通,「危機一髪というところで,ことなきをえた」ことを言う言い方で,助かった側からみた表現である。

最近は例文のように使われることもあるが,誤解を招くので,放送では「もう少しで」「あと〇〇メートル(センチ)で」などとする。

アンケート・アンケート調査

原語の「アンケート(enquête)」ということばに「調査」の意味が含まれているが,放送では,「アンケート」「アンケート調査」のどちらを使ってもよい。

ただし,「アンケート調査」は重複表現だという意見もあるので注意する。

安息日〔アンソクビ〕

キリスト教関係者の間では〔～ニチ〕〔～ジツ〕が使われているが,一般向けの放送では〔アンソクビ〕とする。

漢字2字のことばに「日」がつく名詞は〔～ビ〕と発音するのが普通である。

〈例〉記念日　給料日　参観日　誕生日　定休日　旅行日

い

家〔イエ・ウチ〕

　原則として,〔イエ〕は建物を指す場合。

　家庭を指す場合は〔ウチ〕。(「家」(うち)は表外音訓)

家並み 読み〉○イエナミ　○ヤナミ

家主 読み〉○ヤヌシ　○イエヌシ

硫黄島(小笠原)　読み〉○イオートー　×イオージマ

　ただし,組織名や小説・映画のタイトルなどはこれにあたらない場合もあるため,注意が必要である。(鹿児島県三島村の「硫黄島」は○イオージマ　×イオートー)

生きざま

　語感が悪く,抵抗を感じる人もいるので,乱用しない。

　場面に応じて,「生き方,一生,生涯,半生,生活ぶり」などのことばを使って,類型的な表現にならないように工夫する。

「いき値」の読み[＊閾]

　心理学,生理学などの学術用語一般としては〔イキチ〕とする。ただし,原子力関係では〔シキイチ〕と読む慣用もあるので,〔シキイチ〕と言ってもよい。

息づく

　「伝統が豊かに息づいている」のように,「生き生きと存在する」の意味で使ってもよい。

　(注)もとは,「苦しそうに呼吸する」の意。

「池」の付く語

　慣用に従って次のように読み分ける。

　(1)〔～イケ〕と読むもの

　　用水池　養殖池　養魚池

　(2)〔～チ〕と読むもの

　　貯水池　沈殿池　遊水池　配水池

　　(固有名詞は「遊水地」も)

■ いけう〜いそん

「沈殿池」など，一般にあまりなじみのない語の場合には，わかりやすく説明を付けるような配慮が必要である。

〈例〉水中の浮遊物を沈殿させ，水をきれいにするための水槽を沈殿池と言いますが…。

いけ魚〔ウオ〕〔△活〕☞「**活魚**〔カツギョ〕」

生け造り・生き造り〔△活〕

　|読み〉 ①イケズクリ　②イキズクリ

遺言〔イゴン〕☞「**遺言**〔ユイゴン〕」

十六夜〔△十△六△夜〕　|読み〉 ①イザヨイ　②イサヨイ

意思・意志

　意思…（一般・法律用語。考え）〜表示　〜の疎通　個人の〜

　意志…（一般・心理学用語。したいと思う気持ち）〜薄弱　〜が強い

移住（者）・移民

　国内法や外務省では「移住」のみを使用していて，「移民」は使っていない。しかし，一般的に外国間の移住については「移民」も使われている。

　日本から海外へ集団移住した当時，「移民」ということばを嫌う当事者もいた。現在も配慮が必要なことがある。

異常・異状

　異常…（一般的な使い方）〜な事態　〜な執念　信号機の〜

　異状…（限定的な使い方）〜死体（医師法）　西部戦線〜なし（映画）
　　　　　〜なし（号令）

イスラム教

　原則として「イスラム教」とし，「回教」は使わない。

　「イスラム教」が複合名詞に含まれる場合などには，「教」が付かないこともある。

〈例〉イスラム（教）寺院

　「イスラム教」と呼ぶことを教徒が強く望んでいること，外交上の配慮からも「回教」は使わない。

依存　|読み〉 ①イゾン　②イソン　☞「**存**」の付く語

遺体・死体

　「死体」ということばは，即物的な語感が強いので，一般的には，「遺体」を使うほうがよい。

　特に，「行方不明だった○○さんの遺体が発見されました」というような場合は，捜索していて発見されたものであり，身元がわかっている場合なので，「遺体」を使う。

　ただし，生死がそのニュースの主要な内容である場合などは，「死体」を使うこともある。

炒まる（料理）

　「○○が炒まったら」という言い方は，一般的ではないので，「炒めたら」「炒め終わったら」「できあがったら」「火が通ったら」などと言いかえる。

　同様に「炒んだら」「炒んできたら」という言い方もおかしい。ただし，「煮詰まる」「煮詰まったら」という言い方はある。

傷み・腐れ（野菜など）

　野菜などが傷んだ場合に，「傷んでいる（傷み）」「腐る・腐っている」などと表現するが，流通過程では「腐れ（〜が出る）」などと表現してもよい。☞「**腐れ**」

一隅（〜を照らす）　[読み]　○イチグー　×ヒトスミ

一言居士　[読み]　○イチゲンコジ　×イチゴン〜

一見の客　[読み]　○イチゲンノキャク　×イッケン〜

一期一会　[読み]　○イチゴイチエ　×イッキイチエ

一言一句　[読み]　○イチゴンイック　×イチゲンイック

一言もない　[読み]　○イチゴンモナイ　×イチゲン〜

一日の長　[読み]　○イチジツノチョー　×イチニチ〜

一時停止を怠る

　「一時停止を怠って」というと，「〜を行って」と聞き誤りやすいし，文語的な固い表現なので，アナウンスでは「一時停止をしなかったため」などと言うほうがよい。

一汁一菜　[読み]　○イチジューイッサイ　×イチジル〜

■ いちず～いつし

いちず［一△途］（～な人） 読み〉 ○イチズ ×イット ☞「**一途（いっと）**」

一段落 読み〉 ○イチダンラク

一日千秋 読み〉 ○イチニチセンシュー ○イチジツ～

市場

　イチバ……（「場所」を表す場合）魚～　青物～

　シジョー…（「経済的な機能」を表す場合）～価格　売手～　卸売～
　　　　　　青果物～

　ただし，各地の慣用により，場所を表す場合にも〔シジョー〕を使ってよい。

　現在では，従来，〔イチバ〕と呼んだものを〔シジョー〕と呼ぶ慣用が広く一般化してきており，〔イチバ〕は，ごく小規模のものという考えが当事者の間に強い。

一番方 読み〉 ○イチバンカタ ×イチバンガタ

　鉱山などの用語。実際の発音は，九州では〔～カタ〕が多く，北海道では〔～ガタ〕が多いようであるが，放送では，〔～カタ〕を採る。

　「二番方」「三番方」も〔～カタ〕。

一番草 読み〉 ○イチバングサ ×イチバンソー

いちる［一×縷］（～の望み） 読み〉 ○イチル ×イチロー

一家言 読み〉 ○イッカゲン ×イチカゲン

一切経 読み〉 ○イッサイキョー ×イッサイギョー

一殺多生 読み〉 ①イッサツタショー ②イッセツ～

一山（～の僧） 読み〉 ○イッサン ×イチザン

一矢（～を報いる） 読み〉 ○イッシ ×イチヤ ×ヒトヤ

1週間の区切り

　放送では，原則として1週間の区切りは「日曜日から土曜日まで」とする。ただし，勤務・労働する単位として，「月曜日」を週の始まりとする慣用も強い。

　日曜日に関して，どの週の日曜日かわかりにくいような場合に

は,「あさっての日曜日」「(来週)〇日の日曜日」などと,誤解が生じないようにことばを補う。☞「**週・週間**」

1親等　[読み]　〇イッシントー　×イチシントー
　「〜等親」は旧法での言い方。現行法には「〜親等」しかない。

一世一元　[読み]　〇イッセイイチゲン　×イッセイチゲン

一世一代　[読み]　〇イッセイチダイ　×イッセイイチダイ

一丁字（〜なく）　[読み]　〇イッテイジ　×イッチョージ

一手販売　[読み]　〇イッテハンバイ　×ヒトテ〜

一途（発展の〜）　[読み]　〇イット　×イチズ　☞「**いちず**」

祈る
　ニュースなどで一般的に言うときは,仏教徒の場合にも,このことばを使っても差し支えない。
　浄土真宗では,「念ずる」「願いを込める」などと表現している。

衣鉢（〜を継ぐ）　[読み]　〇イハツ　×イハチ

「茨城県」の読み　〇イバラキケン　×イバラギケン
　大阪の茨木市は〔イバラキシ〕。

違法・不法
　「違法」は「不法」とほとんど同義語として使われることが多いが,次のようなニュアンスの違いがある。
　違法…（法律に違反していること）　〜建築　〜駐車
　不法…（法律に違反していることのほかに,反社会的な行為なども含む）　〜入国　〜侵入　価格を〜につり上げる

今,現在　☞ **コラム「重複表現」**（p.136）

いまひとつ・いまいち
　「いまいち」は俗っぽいので放送では使わない。
　「いまひとつ」は乱用しない。例文のように,場合に応じて内容を補ったほうがよい。
　〈例〉有権者の関心は,いまひとつのようです。
　→　有権者の関心は,今度の選挙では,いまひとつ盛り上がりがないようです。

■いり〜いんし

入り・明け

「寒の入り・寒の明け」「土用の入り・土用の明け（一般的には夏の土用だけ）」「梅雨入り・梅雨明け」と使う。

ただし、「盆の入り（明け）」は使わない。また、彼岸の場合は「入り」は使うが、「明け」は使わない。☞ **「明け」**

入り口　[読み]　○イリグチ

医療ごみ

聞き慣れないことばであるし、語感もよくないので、「（医療関係の）廃棄物」などと言いかえる。

いる・おる

現代では「いる」が一般的であるが、活用形によっては「いる」が使えない場合がある。

たとえば、「火が出たとき、家にはだれもおらず…」というような場合に、「おらず」を「いず」というのは不自然である。また、「〜しており」も「〜してい」とは言わない。☞ **「おる・いる」**

いろは四十八組（町火消し）　[読み]　○イロハシジューハチクミ
　　　　　　　　　　　　　　　×〜ヨンジューハチクミ

飲酒運転・酒酔い運転・酒気帯び運転

放送では、状況に即して、「飲酒運転」「酒酔い運転」「酒気帯び運転」を使う。

アナウンスでは、なるべく「酒を飲んで車を運転し…」「酒に酔って（車を）運転し…」などとする。

ただし、「信号無視」「無免許運転」などと並べて言うときは、アナウンスでも「飲酒運転」と使ってよい。

（参考）「酒気帯び運転」の対象となるアルコールの検出量は、血液1ミリリットルにつき、0.3ミリグラム以上、または呼気1リットルにつき0.15ミリグラム以上である。（改正道路交通法／平成14年6月1日施行）

インフルエンザ influenza

　正式の病名としては「インフルエンザ」を使う。場合により,「流感」あるいは「流行性感冒」を使ってもよい。

　「インフルエンザ」と「流行性感冒」とは同義語であるが,専門家の間では「インフルエンザ」と呼ぶほうが多い。

■ ういさ～うち

う

初産 読み ①ウイザン ②ハツザン
初孫 読み ○ウイマゴ ○ハツマゴ
　〔ウイマゴ〕…昔風の言い方。〔ハツマゴ〕…現代風の言い方。
鵜飼い 読み ○ウカイ ×ウガイ
雨期・雨季
　「雨期」と「雨季」については，一般には「雨期」を使う。ただし，熱帯地方などの「雨の多いシーズン」を言うときは「雨季」とするほうがよい。
浮き貸し〔ウキガシ〕
　なるべく「不正融資」「不正貸し付け」などとする。
　「浮き貸し」をそのまま使うときは，「正規の帳簿に記入しないで金を貸すこと」などの意味が理解されるような形で使う。
浮き草 読み ①ウキクサ ②ウキグサ
受け口 読み ○ウケクチ ○ウケグチ
うけに入る〔有˟卦〕 読み ○ウケニイル ×～ハイル
受け身形の乱用
　〈例〉調整がはかられることになっています。
　一般にニュースなどでは，例文のように受け身形が乱用されがちである。
　受け身形は主体をぼかし，責任逃れの表現だとも言われる。主体がはっきりしているときは，できるだけ受け身形を使わずに，例文の場合だと，「調整をはかることになっています」「調整をすることにしています」などと表現するほうがよい。
薄ねず・薄ねずみ〔˟鼠〕（色） ○ウスネズ ○ウスネズミ
薄め ☞「**濃いめ**」
歌い初め 読み 新年の場合は〔ウタイゾメ〕 ×ウタイハジメ
うち ☞「**家**〔イエ・ウチ〕」

打ち上げる・噴き上げる

　「打ち上げる」は，自動詞としても他動詞としても使われる。
〈例〉高波が打ち上げる（自動詞），花火を打ち上げる（他動詞）
　「噴き上げる」は，自動詞としては使わない。
〈例〉○煙を噴き上げる　×党内で異論が噴き上げる

打てなさすぎる　☞「**知らなすぎる・知らなさすぎる**」

馬主（馬の所有者）　読み　原則として〔ウマヌシ〕
　「○○馬主協会」の場合は慣用で〔○○バシュ～〕と読むこともあるが，団体によって異なる。使う場合には，それぞれの団体に確認する。

埋める・うずめる

　意味に多少の違いがあり，慣用で一方しか使えないこともあるので注意する。
　埋める……（いっぱいに満たす，欠けたところを補う）家計の赤
　　　　　　字を～
　うずめる…（隙間なく詰める）スタンドを～観衆

裏日本・表日本

　裏日本…「（本州，東北地方などの）日本海側」と言いかえる。
　表日本…「（本州，東北地方などの）太平洋側」と言いかえる。

うら盆　☞「**月遅れ盆**」

得る〔ウル〕　☞「**得る**〔エル〕」

上前をはねる

　「ピンはね」と同様に俗な表現なので，「横領した」などと言いかえる。

上回るタイム

〈例〉これまでの記録を～秒上回るタイムで…
　高さや距離の競技では，「上回る」が使われるが，タイムレースの場合には使わないのが普通である。しかし，例文のような場合は，「上回る」を使うことができる。
　ただし，「縮める」「更新する」と言ったほうが，よりわかりやすい。

■うわむ～うんも

上向き 読み〉 ○ウワムキ ×ウエムキ

運行・運航

　運行…天体の～　バスの～　列車の～

　運航…船舶の～　飛行機の～

温州みかん（温州は中国地名由来のため特例扱い）

　読み〉 ○ウンシューミカン　×オンシュー～

運賃・料金

　　鉄道会社，バス会社とも，「運賃」と「料金」を次のように区別して使っている。

　運賃…移動（場所的）に対する対価。

　料金…特別の施設・サービスなどに対する対価（座席指定料など）。

　　しかし，一般的には，「電車賃」「バス代」でよい。

雲母 読み〉 ○ウンモ　×ウンボ

エイ・ケイ・セイの発音 ☞ コラム「エイ・ケイ・セイ」の発音

永字八法 読み〉○エイジハッポー ×エイジハチホー

書法伝授の一つ。永の1字で，すべての漢字の8種の運筆法が習得できる。

コラム

「エイ・ケイ・セイ」の発音

「えい」「けい」「せい」の付くことばの発音を〔エー〕〔ケー〕〔セー〕としてもよいかどうかの問題である。

まず，漢語である。「映画」「敬語」「生活」などは，現代かなづかいでは「えいが」「けいご」「せいかつ」と書き，発音も地方により，人により，また場面によって〔エイガ〕〔ケイゴ〕〔セイカツ〕と「イ」をはっきり発音して読まれることがある。しかし，共通語としては〔エーガ〕〔ケーゴ〕〔セーカツ〕と「イ」をはっきり発音せず長音で発音するのが普通である。

和語や外来語は一部ことなる場合がある。

和語の場合は，魚の「えい」は〔エイ〕と発音し，「招いて」という動詞は〔マネイテ〕と「イ」をはっきり発音する。

外来語の二重母音表記

[ei] といった英語の二重母音の発音を〔エイ・ケイ・セイ〕とすべきか〔エー・ケー・セー〕とすべきかの問題である。

NHK では原則として [ei] は長音で「エー・ケー・セー」と表記し，発音もそのままにすることに決めている。「メール」などがその例であるが，pay のように同じ二重母音を持つものでも「ペイ」と表記し発音するものもある。

アルファベットの「A，J，K」の発音は，〔エー，ジェー，ケー〕を基本とするが，改まって言う場合には〔エイ，ジェイ，ケイ〕と言うこともある。

■えいち〜えんし

Hの発音 読み〉 ○エイチ ×エッチ
〈例〉HB…エイチビー pH…ピーエイチ

a.m., p.m.
　放送の時刻表示は，原則として「午前」「午後」とする。a.m.やp.m.はなるべく使わない。

悦に入る 読み〉 ○エツニイル ×〜ハイル

えと・干支
　十二支だけを指して「えと」と言ってもよい。
〈例〉来年のえとは「とり」だ。
　「えと」は本来，「十干十二支」を指して言うことば。

NHK放送用語委員会 ☞ コラム「NHK放送用語委員会」(p.186)

MRSA（菌）〔エム・アール・エス・エー・（キン）〕
　抗生物質への抵抗力が極めて強い黄色ブドウ球菌の一種。院内感染，特に集中治療室（ICU）での感染が問題化している。
　なじみが薄いことばなので，一度は説明を付けて使う。

得る〔エル〕
　〔ウル〕は文語的，〔エル〕は口語的である。口語ではなるべく〔ウル〕と言わず，〔エル〕と言う。「適任者をウルことができない」などは「適当な人をエルことができない（〜がエラれない）」のように言いかえるほうがよい。
　「言いうる」「知りえる」のような接尾語的な使い方は，どちらも文語的なのでできるだけ避け，「言える」「知ることができる」のように言いかえる。「あり得る」は「①アリウル ②アリエル」。

円滑 読み〉 ○エンカツ ×エンコツ

婉曲〔×婉〕 読み〉 ○エンキョク ×ワンキョク

延焼・類焼
　次のように使い分ける。
　延焼…火事が燃え広がること。
　類焼…他から出火した火事（もらい火）で，焼けること。

えんし～えんむ

炎上

　大建築の神社・仏閣に限らず，飛行機や自動車の火災に使っても差し支えない。

　ただし，大きな物が火災にあって焼けてしまうことを意味することばなので，小さな物体の場合に使うのは適当でない。

縁石　読み〉　エンセキ

　耳で聞いてわかりにくいので，「歩道と車道の境にあるコンクリート製の縁石」などと言い添えをしたほうがよい。

炎天下のもと　☞　コラム「**重複表現**」(p.136)

煙霧〔エンム〕

　肉眼で見えないごく小さな乾いた粒子が大気中に浮遊して，空気が乳白色に見える現象。「スモッグ」とは違うので注意。

　☞「**スモッグ**」

■ お

お

お（接頭語）

　物事を丁寧に言うために付ける「お」は，できるだけ省いたほうが，すっきりした表現になる。☞ **コラム「お」の付くことば**

コラム

「お」の付くことば

　「お電話番号」という言い方はおかしくないかという質問が寄せられたことがある。「お電話」は，だいぶ耳に慣れたが，「電話番号」にまで「お」を付けるのは，行きすぎの感じがする。電話という「もの」には，「お」が付きやすいが，「番号」のような実体のないものには，「お」は付きにくいと言えそうである（もっとも，尊敬語としての「お」を使った「お電話番号」はありうるだろうが）。

　一般的には，「お」は，日常生活で身近にあるものに付きやすいということが言える。たとえば，「お茶わん」「おはし」「おなべ」のような道具類，「お酢」「お魚」「おかゆ」のような食料品などがそうだが，この種の語は和語が多い。しかし，すべての和語に「お」が付くわけではない。「お鏡」という人はまずいないであろう。また，漢語には「ご」のほうが付きやすいと言われているが，「お布団」「お電話」などの例もあり，漢語だから「お」が付かないということはない。

　一方，「お」を付けると不自然に感じられることばがある。よく指摘されるのが外来語である。「おビール」は時々耳にするが，「おテレビ」「おワープロ」と言うと変である。そのほか，「お」で始まることばにも「お」は付かないし，長いことばにも付きにくい。また，「お花」とは言うが，「お桜」とは言わない。「お猿」とは言っても，「お猫」とは言わないようだ。褒めことばでも「お上手」とは言うが，けなすときに「お下手」とは言わない。

　「お」を付けると不自然に感じるかどうかは，ことばにより，人によりさまざまであるが，「お」を使いすぎると，話の調子や文体にまで影響が及ぶことになるので注意しなければならない。

お相手

ディスクジョッキーなどで,「きょうのお相手は○○でした」という表現は,乱用しないかぎり差し支えないが,さまざまな表現を工夫したほうがよい。

追い越し禁止区域・はみ出し禁止区域

「追い越し禁止区域」には,「はみ出し禁止区域」と「追い越し禁止区域」とがあるが,一般的には,いずれも「追い越し禁止区域」でよい。

厳密に言う必要がある場合は,「センターラインをはみ出して追い越すことを禁止する区域」などと説明を付ける。

置いてきぼり・置いてけぼり

「置いてきぼりを食う」という成句の場合は〔オイテキボリ〕で,〔オイテケボリ〕とは言わない。

「置いてけ(き)ぼりはひどい」などと言うときは,〔オイテケボリ〕を使ってもよい。

お祈りする ☞「祈る」

応じず・応ぜず

画面表記をする場合はやむをえないが,コメントでは,「〜に応じないで」「〜に応じないため」などと言いかえたほうがよい。

「応ぜず」は文語的な表現であり,「応じず」は口語的な表現である。

黄綬褒章　読み〉○オージュホーショー　×コージュホーショー

(「綬」は表外字特例)

横断・縦断

台風の進路については,日本列島の伸びている方向に通る場合を「縦断」,これと交わる方向に通る場合を「横断」と言うのが一般的である。

しかし,日本列島は弓なりにわん曲しているので,地域によっては,このような考え方では違和感を生じる場合がある。

たとえば,中国地方の場合,東西方向が縦断,南北方向が横断ということになって,東北地方などとは逆になる。

■ おうと～おおと

　このように,「横断」「縦断」を使うことが適切でない場合は,視聴者に誤解を与えないように,「横断」「縦断」ということばは使わないで, 必要に応じて上陸地点, 通過地域, 東西南北の方向などを具体的に示すほうがよい。
〈例〉台風11号は瀬戸内海を縦断（横断）し…
⟶ 台風11号は瀬戸内海沿いに東へ進み, 近畿地方に向かっています。

黄土 読み ①オード　②コード（黄土高原・黄土地帯もこれに従う）
（注）「黄土色」は,〔オードイロ〕

黄熱病 読み ○オーネツビョー　×コーネツビョー

終える・終わる
　「義務教育を終えた人」などの「終える」は古い表現。「…を終わった人」と言うのが, 今では一般的である。
　ただし,「やっと宿題を終えた」「本を読み終えた」のように, 意志的に終わらせる気持ちが強いときは「終える」を使う。

大荒れ　☞「雨もよう・荒れもよう」

大きく様変わり
　強調する場合に,「大きく様変わりした」という表現はありうる。
　ただ,「様変わり」ということばは, 文脈によっては, 大げさな感じを与えるし, 語感もあまりよくない。「様子が大きく変わりました」と表現するほうが自然である。

大地震 読み ○オージシン　×ダイジシン
☞ コラム「大」の付く語の読み

大鼓
　能楽では〔オーツヅミ〕または〔オーカワ〕。そのほかでは〔オーカワ〕。

オートバイ　☞「バイク」

オートマチック車・オートマ車・AT車
　アナウンスは,「オートマチック車」とする。
　ただし, 表記は,「オートマ車」「AT車」でよい。

「大」の付く語の読み　☞ コラム「大」の付く語の読み
大舞台 読み〉○オーブタイ　×ダイブタイ（古典芸能の場合）
　　　　　①オーブタイ　②ダイブタイ（活躍の場）
　☞ コラム「大」の付く語の読み
大雪が降る ☞「小雨（大雪）が降る」
覆われる・包まれる（霧に〜）

　霧の場合は「濃い霧に覆われて」と「〜に包まれて」のいずれを使ってもよい。

　ただし，次のようなニュアンスの違いが若干ある。

覆われる…広い部分の上全体にかぶさる状態（外から見た場合など）。

包まれる…まわりをすっかり取り囲む状態，覆われて中に入ってしまった状態（内にいる場合など）。

コラム

「大」の付く語の読み

　接頭語「大」の付くことばで，〔ダイ〕か〔オー〕かで迷うことがよくある。一般的な〔ダイ〕〔オー〕の読みの決まりであるが，原則として，「大」の後に「漢語」（音読みの語）がくると〔ダイ〕，「和語」（訓読みの語）がくると〔オー〕だとされている。「大地震」の場合は，〔オージシン〕である。

　「大地震」の場合，なぜ〔ダイ〕と言う人が多いのか。恐らく，「震災」「災害」に「大」が付く場合，〔ダイシンサイ〕〔ダイサイガイ〕になることと関連があるのだろう。「地震」ということばは，かつては「雷」「火事」と並ぶ日常的な"準"大和ことばだった。それが先祖返りして漢語的になってきたらしい。

　例外もありその一つが大地震の読みである。「大」が漢語（音読みの語）の前にきているが，従来，慣用的に〔オー〕と読むことになっている。

　この他，大＋漢語のもので伝統的に〔オー〕と読むものを〔ダイ〕と読むようにゆれが出てきている。

■ おかす～おくり

犯す・侵す・冒す

犯す…（罪や過ちを）　法を～　間違いを～

侵す…（侵害する）　領分を～　所有権を～　国境を～

冒す…（あえてする）　危険を～　雨を～して決行する　尊厳を～

お聞きぐるしい　☞「**お見ぐるしい・お聞きぐるしい**」

置きっぱなし・放りっぱなし

　必ずしも俗語とは言えないが、場合によっては、「置いたまま」「放りだしたまま」などと言いかえる。

〈類例〉出しっぱなし　やりっぱなし

置き手紙　読み　○オキテガミ　×オキデガミ

起きる・起こる

　伝統的な語法としては「起こる」、現代口語では「（津波が）発生する」という意味では「起きる」と表現する慣用が強い。

お国入り

　その人の故郷でない場合は、適切でないし、語感も古いので、放送では使わないほうがよい。「選挙区に帰りました」などとする。

送りがなの付け方（複合語）の特例

　次のような慣用が固定している複合語は、送りがなを付けない。

①特定の領域の語で、慣用が固定していると認められるもの。

　ア．地位・役職・書式・法令の名など。

　　頭取　取締《役》

　　関取　小結　張出《横綱》　年寄（注．相撲）

　　《戸籍》係　係《員》　《社長》付　《社員》見習

　　見習《社員》　《入学》祝

　　《進退》伺　《欠席》届　事務取扱　申込《書》

　イ．工芸品や特産品の名に用いられた「織」「染」「塗」「漬」など。

　　《博多》織　《型絵》染　《小千谷》縮　《春慶》塗

　　《鎌倉》彫　《備前》焼　《奈良》漬

　ウ．主として経済関係の語で、語尾に、「人，時，所，金，書，機関，制度，数量，品目」などを表す語の付くもの。

受取《人》　売上《高》　売手市場　卸売《物価》　買手市場
掛金　掛値　貸越《金》　貸出《金》　貸付《金》　貸主
借入《金》　借越《金》　繰入《金》　小売《商》
差引《勘定》　支払《人》　積立《金》　取扱《所》　取次《店》
取引《所》　引受《人》　《代金》引換　振出《人》　不渡手形
見積《書》　売値　買値　問屋　仲買　歩合　両替　請負
裏書《人》　元売《価格》　振込《金》　終値　始値

エ．その他

書留　気付　切手　消印　小包　振替
切符　踏切　建具　建坪　建値

② 一般に慣用が固定していると認められるもの。

合気道　合図　合服　合間
入会権　植木　浮世絵
受付（注．場所，人）　受取（注．書類）
歌会始　打合せ会
絵巻　絵巻《物》　追分　大入袋
大立者　置物　奥書　覚書
織物　貸《家》　缶詰　組合
組曲　木立　《子》守　献立
作付面積　挿絵　座敷　試合
敷石　敷地　敷物　仕立《券》
字引　立会《人》　立往生　立場
竜巻　建物
漬物　釣堀　手当
取組（注．相撲）　取締り
並木　成金　鳴子　乗換《駅》
乗組《員》　場合　羽織
葉巻　番組　番付　日付　瓶詰
巻紙　待合　待合《室》　水引
申立《人》　物置　物語　役割

■ おこた～おしせ

　　屋敷　　山伏　　結納　　夕立
　《3》割　　割合　　割引《料金》
〔付表にある熟字訓〕
　　息吹　　桟敷　　時雨　　築山　　名残
　　雪崩　　吹雪　　迷子　　行方
(注)「取締《役》」「《博多》織」などのように示したものは，《 》の中をほかの語で置き換えた場合にも適用する。
(『NHK漢字表記辞典』p.41〜43参照)
　☞ **コラム「送りがなを省くことば」**

怠る　☞「一時停止を怠る」
起こる・起きる　☞「起きる・起こる」
叔父・伯父
　　両親の兄・姉を「伯父・伯母」，弟・妹を「叔父・叔母」と書く。
　　昔，中国で兄弟の序列を「伯・仲・叔・季」で表したところから，父親の兄を「伯」，弟を「叔」で書くようになった。
「おじいちゃん」「おばあちゃん」の呼びかけ
　　「おじいちゃん」「おばあちゃん」という呼びかけは，一家団らんを紹介する場面などで，演出上効果的な場合もある。
　　しかし，他人に呼びかける場合は，親しみを込めたつもりでも，反感を持つ人や，また，不快に感じる視聴者もいるので，インタビューの中では注意して使う。☞**「老人・老女・老婆・おじいさん・おばあさん」**
押し迫る・押し詰まる（暮れも）
　　「暮れも押し迫る」と「暮れも押し詰まる」は，次のような意味合いで使い分けがある。
　押し迫る……暮れに近くなること。
　押し詰まる…暮れの中でも終わり（12月末）に近くなること。

お七夜〔オシチヤ〕

　子どもが生まれて7日目のお祝い。(「七日七夜」は［〜ナナヨ］)

押しも押されぬ（誤用）

　「押しも押されぬ」は「押しも押されもせぬ」と「押すに押されぬ」の混交表現であり，間違いである。

　「実力があって，他人に左右されたり圧倒されたりしない」ことを言う表現に，「押しも押されもしない」，または「押すに押されぬ」というのがあるが，この2つが一緒になり「押しも押されぬ」という誤用が生まれた。

和尚

(1) 一般的に寺の住職などを言う「和尚（さん）」は，宗派に関係なく「おしょう（さん）」と言う。

(2) 「○○和尚」という形で歴史上の僧侶を言うときには，次のようにする。

禅宗・浄土宗……………………オショー
天台宗・華厳宗…………………カショー

コラム

送りがなを省くことば

　NHKの送りがなの付け方は，原則として，『送り仮名の付け方』（昭和48年6月18日，内閣告示）によっている。基本的部分は，ほぼこれに従い，『NHK漢字表記辞典』の「原則」に，送りがなについての考え方を示している（p.37〜44参照）。

　送りがなの中で最も面倒なのが，複合語であるが，内閣告示の「送り仮名の付け方」では，「複合の語のうち，次のような名詞には，慣用に従って送りがなを付けない」として86語を示しているだけである。

　そこで，新聞・放送ともに，複合語については，送りがなを省く特例の語を独自に決めている。NHKの特例と新聞協会の取り決めでは多少の違いがあるし，新聞各社の間でも，微妙な差が見られる。

■ **おしよ～おちこ**

真言宗・法相宗・浄土真宗……ワジョー
鑑真和上……………………ガンジンワジョー
　律宗では「和上」と書いて「ワジョー」と言う。

押し寄せる

　「机を壁に押し寄せる」のように他動詞の用法もあるが、「高波が押し寄せる」のように自動詞として使われるのが普通である。「高波が押し寄る」とは言わない。

汚染・汚濁・汚れ

(1) 汚染…公衆衛生上有害であることを表現する場合などに使う。
　〈例〉大気～　海洋～　土壌～　～度
(2) 汚濁…「水質汚濁防止法」など、固有の名称と、「水質～」
　「河川・湖沼の～」など、水に関して使う。
(3) 汚れ…汚染、汚濁の言いかえ。
　放送では上記(1)、(2) 以外の場合は「汚れ」というほうが適切である。

汚染される・汚染する

　「湖や沼が汚染される」のほうが、「湖や沼が汚染する」よりも一般的な言い方である。
〈例〉生活排水などが回りから流れ込んで、湖や沼が汚染されるおそれがある。
　場合によっては「汚される」のほうがわかりやすい。

お題（歌会始）

　歌会始の題は「お題」。「御題〔ギョダイ〕」は使わない。

汚濁　☞「**汚染・汚濁・汚れ**」

落人　読み〉○オチウド　○オチュード

落ちこぼれ

　学校教育に関して用いられる「落ちこぼれ」は、アナウンス、表記とも、なるべく次のように言いかえる。
〈例〉授業についていけない子ども（児童・生徒）
　　　学習の遅れがちな子ども（児童・生徒）

（学業・成績）不振の子ども（児童・生徒）

お伝えします

「開票速報をお伝えします」「天気予報をお伝えします」は，重複した表現ではあるが，慣用として使ってよい。

原則的には「開票速報です」「天気予報です」である。

お点前（茶道）

原則として〔オテマエ〕と言う。ただし，流派によっては〔オタテマエ〕もよい。

お年始回り・ご年始回り

一般には両用あるが，放送では「お年始回り」を使う。ただ，普通は，「お」を付けずに「年始回り」で十分である。

おはこ［△十△八△番］（得意芸）読み ○オハコ　歌舞伎十八番は〔〜ジューハチバン〕

お遍路さん

四国八十八か所巡り以外の西国三十三所などでも，霊場巡りをする人を「お遍路さん」と言ってよい。

四国八十八か所の四国遍路が始まってから，「遍路」は「巡礼」と同じ意味で使われるようになった。

溺れ死ぬ

ニュースなどで，端的に表現しようとすると使いたくなることばであるが，生々しさを避ける意味でも「溺れ死ぬ」は使わないほうがよい。☞**「焼死・焼け死ぬ」**

おぼろ月夜［×朧］

「おぼろ月夜」は，春のことばなので，中秋の名月の中継放送など秋に使うのは好ましくない。

「おぼろ」「おぼろな（に）」「おぼろ月」も同じ。

お見ぐるしい・お聞きぐるしい

テレビ・ラジオの画面や音声が，乱れたりとぎれたりしたときのアナウンスで，「ただいまの番組でお見ぐるしい（お聞きぐるしい）ところがありました」と言うのは，「ご覧に（お聞きに）なり

にくいところが…」と言いかえる。

「お見ぐるしい」「お聞きぐるしい」は，内容について明らかなミスがあった場合に使う。時間的余裕があれば，「画面が乱れました」「画面がとぎれました」「音声が中断しました」のように，なるべく具体的に表現するほうがよい。

汚名を挽回する ☞ **コラム「混交表現」**（p.83）

表日本

「（本州，東北地方などの）太平洋側」と言いかえる。

☞ **「裏日本・表日本」**

おもと〔△万△年△青〕

（植物名） 読み〉 ○オモト ×マンネンアオ

親魚〔オヤウオ〕

〈例〉今年はさけの親魚の捕獲数が例年に比べて少なく…

「親魚」は一般には耳慣れないことばなので，できるだけほかの表現を工夫する。たとえば「川をのぼるさけの数が…」など。

「親魚」は養殖場などで使われることばである。

おやみ・小やみ 読み〉 オヤミ…〜なく降る雨 コヤミ…雨が〜になる ☞ **「小降り・小やみ」**

折り紙付き 読み〉 ○オリガミツキ ×オリカミツキ

「折り紙を付ける」「折り紙付き」などは，いわば使い古された表現であり，乱用しないほうがよい。

おる・いる

尊敬して「いる」を言うとき，「います・いらっしゃいます」が標準的な言い方であるが，謙譲語から丁寧語に転じた「おる」に尊敬の助動詞「れる」を付けた「おられます」も使ってよい。

現代では「いる」が一般的であるが，活用形によっては「いる」が使えない場合がある。

たとえば，「火が出たとき，家にはだれもおらず…」というような場合に，「おらず」を「いず」というのは不自然である。

また，「〜しており」も「〜してい」とは言わない。

遠忌（仏教） 読み〉 ○オンキ　×エンキ
音信不通 読み〉 ○オンシンフツー
　伝統的な読みは〔インシンフツー〕
温帯低気圧
　〈例〉台風から変わった<u>温帯低気圧</u>
　気象庁では，台風が低気圧に変わったとき，その変化を強調する場合に「温帯低気圧」を使うが，放送では単に「低気圧」でよい。
　ただし，台風が低気圧に変わっても，その低気圧が発達することがあるので，災害に対する警戒を怠らないように，説明を加えるなどの配慮が必要である。
オンブズマン（制度）
　種々の目的や形態があるので，一度は具体的な説明を付ける。
　たとえば，「行政監察官，行政機関のありかたを監査する人（またはその制度）」「行政に対する市民の苦情を処理する役目の人（またはその制度）」など。

か

～化
〈例〉市制100周年の100をデザイン化したシンボルマークを…

「化」という接尾語は主に漢語の名詞について,「そういう物事や状態に変わる(変える)」という意味を表す。

「ジェット化」「ハイテク化」「インフレ化」など,外来語にも「化」を付けることができ,簡潔な表現にはなるが,反面,意味がわかりにくくなることが多いので注意したい。

例文は「市制100周年の100という数字をデザインしたシンボルマーク…」と言いかえることができる。

～が・～の
次の例のような場合は,「が」「の」ともニュアンスに大きな違いはなく,両方の言い方がある。

〈例〉○○さんが運転する車
　　　○○さんの運転する車

～が・～は
「○○党は第1党になった」は,「○○党」がどうなるかが話題の中心である。

これに対して,「○○党が第1党になった」は,何党が第1党になるかが話題の中心である。

回教
原則として「イスラム教」とし,「回教」は使わない。

☞「**イスラム教**」

会計年度
会計年度別の予算を言い表すときは,原則として次のとおりとする。

(1)「今年度予算」「昨年度予算」「来年度予算」とし,特に年度の別をはっきり示す必要がある場合は,「平成17年度予算」などと数字で示す。「本年度予算」「明年度予算」などとは言わない。

(2) 場合により「ことしの予算」「去年の予算」「来年の予算」としてもよい。
(注) 1月から3月までは，会計年度の数字と暦年の数字とが一致しないので，混乱を生じないようにするために，次のように扱う。
①原則として数字で示す。〈例〉(平成)18年度予算
②「今年度予算」「来年度予算」を使う場合は，適宜説明を付ける。
〈例〉4月から始まる来年度予算

甲斐犬 読み〉 ○カイケン ×カイイヌ

開眼供養 読み〉 ○カイゲンクヨー ×カイガン～
(医学用語の「開眼手術」は〔カイガン～〕)

外国人・外人
「外人」という言い方は，「外国人」とは違ったニュアンスがあり，抵抗を感じる人もいるので使わない。

外国船の「号」
外国の船舶(軍艦を除く)の名前には，原則として「号」を付ける。「号」を付けるほうが，船名であることが，はっきりする。
〈例〉クイーンエリザベス号
(注) 軍艦の名称には原則として「号」を付けない。
〈例〉原子力航空母艦「ロナルド・レーガン」

解散
「衆議院の解散」と使い，「国会の解散」とは言わない。なお参議院には使わない。

海上では・海では
「海上では」と「海では」は，同じ意味で使ってよいが，天気予報などでは，「海上では」と使うことが多い。
気象庁では，"「海上」は「陸上」に相対する用語で，一般には海面から上をいう。風，視程，天気などの現象を述べるときに用いる"としている。

○回生(大学生) ☞ 「○年・○回生(大学生)」

■ かいつ～かおく

開通（する）

　道路不通のニュースで，人や車が通れるか通れないかに重点を置いた場合などは，「復旧する」よりも「開通する」のほうが適切な場合もある。

　鉄道会社でも，「開通」を「新線が開通する場合」と「復旧・開通する」場合の両用に使っている。

海抜・標高

　両者の間に厳密な区別はないが，地理学では主に「標高」を用いる。一般に「高さ」「山の高さ」を使っている。ただし，「海抜ゼロメートル地帯」などの表現では「海抜」を用いる。

開票速報をお伝えします

　「速報」と「伝える」は重複表現ではあるが，「開票速報」という番組名でもあるので放送で使ってよい。☞**「お伝えします」**

外来語　☞ コラム**「放送と外来語」**，**「外来語の言いかえ」**，**「外来語の表記のゆれ」**（p.44），**「外来語のアクセント」**（p.45）

家屋の全壊・半壊・流失　☞**「風水害関係のことば」**

コラム

放送と外来語

　一般に外国語・外来語には意味のわかりにくいものが多い。放送で使う場合には，その外国語・外来語の意味を視聴者が理解し，また，意味が的確に伝わるかが問題である。ニュースなどの場合は，内容の理解に直接かかわってくるので，外国語・外来語の使い方には特に慎重でなければならない。また，外国語や外来語は意味をあいまいにする場合があり，その点も注意が必要である。わかりにくいものには必ず言い添えや説明をする，在来の日本語がある場合には，外国語や外来語を使わないなどの注意が必要である。

　行政用語などで使われる外来語については，国立国語研究所を中心に日本語への言いかえ案が作られている。こうした言いかえや言い添えなどをすることで，できるだけ伝わりやすい工夫をする。

花街 読み〉 ○カガイ　○ハナマチ
　（伝統的な読みは〔カガイ〕）

科学する　☞「サ変動詞」

鏡開き
　放送では，できるだけ「鏡開き」を使わないで，具体的に「四斗(と)だるを開ける」のように言いかえる。
　本来は「鏡もちを割ること」を指すが，最近では四斗だるを割る（「鏡を抜く」）ことの意味で使われることが多い。

〜係・〜掛
　「受付係」などは〔〜ガカリ〕。ただし，裁判の「○○裁判長係」は〔カカリ〕（清音）。
　「〜掛」のように職名としては「掛」を使う場合がある。

かかわりませんで
　「あいにくの雨にもかかわりませんで」という表現はおかしい。「〜にもかかわらず」は，一種の慣用句であるから，「雨にもかか

コラム

外来語の言いかえ

　わかりにくく，なじみのない外来語は言いかえたり言い添えをする必要がある。官庁の白書にこれらの外来語が多く使われている現状を改善しようと，国立国語研究所では，識者による「外来語委員会」を2003年に作り，200語近くの外来語について言いかえ案を作ってきた。たとえば「イノベーション」を「技術革新」，「ハザードマップ」を「災害予測地図・防災地図」，「インフォームドコンセント」を「納得診療」などに言いかえる提案だ。言いかえをした語に漢語が多い，説明的だと言う批判はあるが，だれにもわかりやすく伝えたいという努力がある。わかりにくい外来語は単純にことばを言いかえるだけでなく文章全体を手直ししたほうがわかりやすくなることもある。くわしくは国立国語研究所のホームページに公開されている。

■ **かきき～かきを**

わらず」とするか,「雨でしたが」などとする。

「続いて」「したがって」を「続きまして」「したがいまして」と言うのも同様におかしい。

夏季休暇

学校の場合は,「夏季休暇」と書く。「冬季休暇」「冬季分校」も同じ(「学校教育法施行令等」による)。学校では,「夏期休暇」は使わない。

佳境に入る 読み〉○カキョーニイル ×～ニハイル

ガ行鼻濁音 ☞ コラム「鼻濁音」(p.171)

かぎを開ける

「錠(前)を開ける」が, もともとの言い方であるが,「かぎを開ける」「かぎをかける」という表現も, 一般に使われている。

コラム

外来語の表記のゆれ

Q. 専門の雑誌などでは「コンピュータ」と表記しているのに, NHKや新聞はなぜ「コンピューター」なのか。

A. 昭和29年に国語審議会が発表した「外来語の表記」には,「原語(特に英語)のつづりの終わりの -er, -or, -ar などをかな書きにする場合には, 長音符号『ー』を用いる」という原則が掲げられ, ライター(lighter), エレベーター(elevator)の例が示されている。マスコミはこれを受け入れて, 以来, 英語の語尾の -er, -or, -ar を長音符号で書くようになった。「コンピューター」の表記は当然この原則に従ったものである。

これに対して,「コンピュータ」はいわば専門表記である。つまり, 電気関係など一部の専門分野では, 以前から上のような場合に長音符号を用いない習慣があった。それが文部科学省の『学術用語集』で採用されたこともあって, 学問・技術関係の専門的な出版物では, もっぱら「コンピュータ」と表記されることになった。放送のことばでは「コンピューター」を使っている。

学生・生徒・児童
　学生…大学　高等専門学校
　生徒…中学　高校　各種専門学校

コラム

外来語のアクセント

Q．外来語のアクセントはもとの外国語と同じアクセントにすべきだと思うが，放送ではどうしているか。

A．放送では，外来語を日本語として自然なアクセントで発音することにしている。標準的な外来語アクセントでは，〔アスファ＼ルト〕のように，語末から3拍目で音の高さが高から低に変化し，〔キャ＼ンセル・デコレ＼ーション〕のように，語末から3拍目に〔ン・ッ・ー〕や二重母音の後半部分などがきた場合には，変化の位置が1拍ずつ前にずれる。しかし，これには例外も多い。

　外来語のアクセントをもとの外国語（原語）のアクセントと同じにしようとすれば，アクセントだけでなく，発音そのものも原語と同じにしなければ不自然になるだろう。たとえば，英語では強弱アクセントであり，日本語では高低アクセントであるというアクセントの形の違いが問題になる。野球用語の「ストライク」の原語の発音は〔stráik〕と1音節で，アクセントも〔ai〕の前半の部分を強く発音する強弱アクセントである。一方，外来語としての発音は〔su／to／ra／i／ku〕と5拍で，アクセントは〔ai〕のところで音の高さが高から低へと変化する高低アクセントである。これを〔sutoráiku〕と英語風に強弱アクセントで発音すると，日本語としては不自然に聞こえる。もっとも，この場合，アクセントの位置は外来語・原語共通であり，その限りで原語とアクセントは同じだという見方もできる。

　しかし，アクセントの位置だけを合わせるとしても，不自然な音になるものが多くなる。例えば，〔ガイドラ＼イン・バドミ＼ントン・ヘリコ＼プター〕などは，原語と同じ位置にアクセントを置くと，〔ガ＼イドライン・バ＼ドミントン・ヘ＼リコプター〕となる。これらはいずれも日本語としては奇妙な印象を与えるだろう。

■ かくち～かさん

児童…小学校

ただし,「学生割引」など,高校生(生徒)であっても「学生～」と付く語がある。

〈例〉学生アルバイト　学生服

学長・総長

放送では,原則として「学長」を使う。インタビューや座談会などの番組では,必要に応じて「総長」などを使ってよい。

法律上(「学校教育法」)の名称は「学長」であるが,大学によって「総長」など固有の名称を慣習的に使っているところもある。

核廃棄物　☞「**放射性廃棄物・核廃棄物**」

かけひ・かけい[ˣ筧]　読み〉①カケヒ　②カケイ

かさ上げ(滑走路の～)

堤防などを現在よりも高くする場合に使うのが一般的だが,滑走路の場合にも,「かさ上げ」と言ってよい。

しかし,工事によっては,従来のものを掘り返して,滑走路の厚みを増す工事を行う場合もあるので,「滑走路を新しくして厚みを増す」「滑走路を補強する」などと,具体的に言いかえるほうがよい。

火砕流〔カサイリュー〕

高温のガスと溶岩,火山灰などの混合物が,高速で流れ下る現象。噴火現象の中で危険な現象とされる。「火山灰流」「軽石流」「熱雲」なども火砕流の一種である。発生の形態としては,溶岩ドームの崩壊によるもの,噴火した火口から直接流れ下るものなどがある。

風花　読み〉○カザハナ　○カザバナ

火山性地震

火口の直下やその付近に発生する地震。大部分は無感地震で,一般に震源は浅い。大噴火の前に有感地震も頻繁に起こることが多い。

火山性微動

火山に発生する連続的な震動を,「火山性地震」と区別して言う。

火山の活動が活発化している時などに多く観測される。
　発生原因は、マグマや火山ガスの移動などが考えられており、地下のマグマの動きを探るうえで重要な観測データである。

賢所　[読み]　①カシコドコロ　②ケンショ
　（宮内庁が宮中三殿の総称として使う場合は〔ケンショ〕）

貨車甲板　[読み]　○カシャコーハン　×カシャカンパン
　船舶関係の専門分野の読みに従う。☞「**甲板**〔カンパン〕」

箇所・箇条書き
　「故障の箇所」などの場合は、漢字で書く。ただし、「3か所の故障」などの場合の「かしょ」は「○か所」と書く。
　　○「箇条書き」　×「個条書き」

ガス（山の霧）
　場合によっては、山の霧を「ガス」と言ってもよい。
　ただし、「ガスっている」は、俗っぽい表現なので、なるべく使わないほうがよい。「霧がかかっている」が普通の言い方である。

ガスによる中毒・窒息
　ガスによる事故の場合、取材の段階で「中毒」か「窒息」か、はっきりしない場合は「中毒」とする。
　また、メタンガス、プロパンガス、炭酸ガスで重体になった場合などは、「呼吸困難」「酸素欠乏症（酸欠）」などの表現が適切な場合がある。☞「**中毒**」

科する・課する
　科する…（刑罰のとき）刑を〜　罰を〜　制裁を〜
　課する…税を〜　義務を〜　制限を〜

架線　[読み]　カセン
　（工事関係者の間では、〔ガセン〕の読みもあるが放送では使わない）

河川敷　[読み]　○カセンシキ　○カセンジキ
　（「敷」は送りがな特例）

■ かた〜かのう

形・型〔カタ〕

形…（フォーム・姿・形）　柔道の〜　花〜　手〜　自由〜
型…（パターン・タイプ・決まった形式）　〜紙　〜式　大〜
　　小〜　○年〜の自動車　木〜　新〜　ひな〜　縦〜　鋳〜
　　血液〜　芝居の〜　〜にはまる　〜のごとく

かたぎ・気質〔キシツ〕

「かたぎ」は，その職業，グループなどに特有な気分・性格を示すもので，ある程度，伝統性のあるものや古風なものに使うことが多い。

「気質〔キシツ〕」は一般的に性質や性格を示す。

（注）「かたぎ」は主として次のような複合語の場合に使われる。
　　①昔〜（の老人）　書生〜
　　②職人〜　学者〜
　　②の場合は，文脈によっては「気質〔キシツ〕」を使う場合もある。

型式証明　読み〉　○カタシキショーメイ　×ケイシキ〜

国土交通省が，航空機と自動車に出す認可形式。

活火山　読み〉　○カツカザン　○カッカザン

活魚（〜料理，〜輸送）　読み〉　○カツギョ　○イケウオ

学校閉鎖・臨時休校

学校全体が休校になるときは，「臨時休校」と言い，「学校閉鎖」は使わない。クラスの場合は，「学級閉鎖」でよい。

かつて［×嘗・△曽］

〔カッテ〕とは読まない。

月日の略記法　☞「**年月日の略記法**」

金繰り　読み〉　①カネグリ　②カナグリ

○か年計画　☞「**○年計画・○か年計画**」

可能性

〈例〉墜落した可能性が強い…

「可能性」とは，「将来，現実となりうる見込み」の意であるか

ら，理屈としては，よい場合にも悪い場合にも使える。ところが，期待感のあることばであり，人によっては悪い事態の見込みに「可能性」を使うと，抵抗を感じる。「〜するおそれがある」「〜の危険性が高い」という言い方もできる。

下半身 読み〉 ○カハンシン ×シモハンシン

過半数を超える・過半数割れ

「過半数」は「全体の半数を1以上超える数，または，半数を超えている状態」を意味する。したがって「過半数を超える」というのは，重複表現になるので，一般的には「過半数を獲得する」「過半数を占める」「過半数に達する」などと言う。

しかし，選挙の際など，「半数より1だけ多い数」を超えるかどうかが関心の的になっている場合は，「過半数を超える」または，「過半数割れ（〜を割る）」という表現もありうる。

「過半数以上」は使わない。

歌舞伎俳優の呼び方

中村，実川，市川，坂東，片岡，尾上，松本などは，一族，同流の系統を示すもので名字ではない。

したがって，たとえば，中村歌右衛門を呼ぶときは，「歌右衛門さん」「成駒屋さん」（屋号）などと呼ぶ。「中村さん」とは言わない。

関係者は歌舞伎俳優の敬称として「丈」を使うこともあるが，放送では使わない。

過不足 読み〉 ①カフソク ②カブソク

髪結い床 読み〉 ①カミユイドコ ②カミイドコ

画面の文字数 ☞「テレビ画面の文字数」

〜から

「から」を使って範囲を示す場合は，小さい（軽い）ほうから大きい（重い）ほうへ言うのが日本語としては普通である。

しかし，ニュースで刑罰やけがの程度を表すには，重いほうから軽いほうへ並べるほうがふさわしい場合もある。

■ からか～かりよ

日本語としての不自然さを避けるためには，次のような言いかえも考えられる。

〈例〉△△さんたち○○人が4か月から1週間のけがを…
　→　△△さんが4か月のけがをしたほか，○○人が1週間（から10日間）のけがを…

カラカラ天気

頻繁に使われると抵抗感を与えることもあるから，乱用はしない。

また，このことばは「長い期間にわたる雨なし天気」という意味で使われるのが一般的で，短い期間についてこのことばを使うのは適切でない。

空念仏

カラネンブツ… 実行の伴わない主張。
ソラネンブツ… 仏を信ずる心がなく，口先だけの念仏。

樺太・サハリン

初めに，必ず一度は「サハリン，もとの樺太」と言い，それ以後は，「サハリン」としてよい。

表記は，「サハリン（樺太）」を原則とし，「サハリン」としてもよい。

サハリン（樺太）の地名については，ロシア語名を言い，必要に応じて，日本語名を言い添える。

〈例〉「ユジノサハリンスク，もとの豊原」など表記についても，必要に応じて日本語名を併用する。

〈例〉「ホルムスク（真岡）」など

科料・過料

科料…刑法に定める刑罰の一種。判決によって決定される。場合により「刑罰としての科料」などと説明を添える。

過料…刑罰以外の金銭罰の総称。地方裁判所の長が決定する。「過怠料」とは言いかえない。

画竜点睛　読み〉 ○ガリョーテンセー　×ガリュー～

火力発電所〔カリョクハツデンショ（ジョ）〕

　「火力発電所」「水力発電所」は，略表記しないことが望ましいが，やむをえず略す場合は，「火力」「水力」とする。

　「火電」「火発」「水電」「水発」とはしない。

枯れ山水　読み　○カレサンスイ　×カレセンスイ　×カレセンズイ

皮切り

　語源的として卑俗な意味はないが，卑俗なことばととられるおそれがあり，また，常とう表現でもあるので，注意して使う。

間一髪セーフ・アウト

　普通は，「間一髪セーフ」という使い方をする。

　「間一髪」とは，非常に切迫していて，もう少しで危険な事態になることを言うので，「間一髪セーフ」という言い方が普通である。

　立場を変えれば，「～アウト」もありうるが，できるだけ使わない。

寒気団　☞「寒波・寒気団・寒気の吹き出し」

韓国人　☞「朝鮮（韓国・北朝鮮）の人の呼び方」

韓国の地名・人名の読み方と表記　☞「朝鮮（韓国・北朝鮮）の地名・人名の読み方と表記」

韓国の呼び方　☞「朝鮮（韓国・北朝鮮）の呼び方」

漢語表現　☞ コラム「難しい漢語表現」（p.53）

監査・鑑査

　監査…（監督，検査）会計～　～役　～で指摘される

　鑑査…（審査）美術展に無～で出品する　～員　～で落ちる

観察・監察

　観察…（ものごとを注意して見る）自然～　保護～処分　動静を～

　監察…（視察し監督する）行政～処分　郵政～官　　～医

換算　読み　○カンサン　×カンザン

幹事・監事

　幹事…～長　～役　宴会の～

　監事…理事と～　社団法人の～

■ かんし〜かんた

漢字で書く語 ☞ コラム「漢字で書く語」(p.54)

貫主・貫首（仏教用語）

　それぞれの寺院によって、表記、読みが違うので、実情に応じて使い分ける。

　表記…貫主・貫首

　読み…カンジュ，カンシュ，カンズ，カンス

　（注）

　(1)「貫主・貫首」は、仏教寺院の本山、別格本山（本山に準ずるもの）、由緒寺院（本山、別格本山ではないが由緒ある寺）の住職に対する敬称である。

　(2) ほかに「管長〔カンチョー〕」ということばがある。「管長」はそれぞれの宗派の行政を統括する人のことであるが、「貫主（貫首）」と同一人物のことがある。この場合は「管長」の呼称を優先させることが多い。また、この「管長」は、宗派により、「座主、法主、門主」など、別の呼称を使う場合がある。

官女 読み〉①カンジョ　②カンニョ

関心が高い・が強い・が深い

　「関心が強い（強い関心）」「関心が高い（高い関心）」「関心が深い（深い関心）」などは、すべてありうる表現である。それぞれの場面に応じて最も適切と考えられる表現を使う。ただし、反対の意味では、「低い」は使うが、「弱い」「浅い」は使わない。

冠水 ☞「風水害関係のことば」

完成ししだい ☞「〜しだい」

乾燥注意報 ☞「湿度」

元旦

　「旦」は日が昇る時を指すので、「元旦」は「元日の朝」のこと。したがって、「元旦の朝」は重複表現。また、「元旦の夜（午後）」も間違い。

　〈例〉×元旦の朝は、○○の番組をお楽しみください。

　　　　×元旦の夜（午後）、いかがお過ごしですか。

寒冬・暖冬

「寒(暖)冬」とは,冬季の平均気温が「平年より低(高)い」こと。耳からだけではわかりにくく,やや文章的なので,放送では「寒い冬」「暖かい冬」などと言いかえるほうがよい。

コラム

難しい漢語表現

　ニュースには難解で耳慣れない漢語や外来語が多く,そのため,ニュースのことばは堅苦しく,難しいと言われる。

　漢語は,和語などに比べて,表現をより間接的,より中立的,かつ簡潔なものにするため,ニュースにとって便利で有効な表現手段である。そのため,すべてなくすのではなく利点を生かしつつ,わかりやすさにも配慮するようにしたい。

①堅苦しい漢語や難解な漢語は言いかえるか,言い添えをする。

〈例〉あい(隘)路→障害,あつれき(軋轢)→摩擦,

　　　対じ(峙)する→向き合う,

　　　払拭する→ぬぐいさる,

　　　電子計算機損壊等業務妨害罪

　　　　→ コンピューター犯罪を取り締まる法律に違反した罪,など

②漢語名詞ばかりがいくつも連続するような場合は,適当に助詞をはさんで聞きやすくする(特にアナウンスメントで)。

〈例〉長期的需給見通し → 長期的な需給の見通し,

　　　市場開放問題苦情処理推進本部

　　　　→ 市場開放の問題についての苦情処理推進本部,

　　　組織除名されたことで → 組織を除名されたことで,など

③名詞構文を避けて動詞構文を用いる。

〈例〉観光道路完成を祝って → 観光道路が完成したことを祝って,

　　　運動の活発化により → 運動が活発になったので,など

■ かんぬ～かんは

神主 ☞「神職・神官」

寒波・寒気団・寒気の吹き出し

　寒波……寒冷な空気が広い範囲に流れ出して，ある地域で気温が急激に下がる現象。

　　　　〈例〉寒波の襲来

　寒気団…高緯度から暖かい地域に移動する寒冷な気団。

　　　　〈例〉寒気団の南下

　寒気の吹き出し…シベリアから寒気団が南下してくること。

間髪を入れず　読み〉○カン・ハツオイレズ　×カンパツ～

　なるべく「すぐさま」「たちまち」などと言いかえる。

コラム

漢字で書く語

Q.「常用漢字表」に漢字があるとはいえ,「めがね」を「眼鏡」,「たび」を「足袋」などと書くのはおかしいのではないか。

A. 放送で使う漢字とその音訓は，常用漢字表にあるものを原則としている。ただし，独自に使うことを決めた11字，使わない7字などもある(『NHK漢字表記辞典』を参照)。そのほかに，「眼鏡」や「足袋」のように漢字を2字以上組み合わせて特殊な読み方をするものを熟字訓と言う。「常用漢字表」には，この熟字訓と当て字116語が，「付表」として掲げられている。たとえば，次のような語である。

　硫黄　息吹　笑顔　母さん　河岸　果物　景色　五月雨
　芝生　砂利　相撲　梅雨　時計　友達　兄さん　博士　波止場
　吹雪　部屋　土産　息子　木綿　行方　寄席　若人

NHKでは，この付表に示された語は，漢字で書くことにしている。

　このほか，地名・人名などの固有名詞で使われている漢字や特定の分野の語として，歴史上の事件・事物などの名称（例. 飛鳥時代），伝統的な行事などに関する語（例. 獅子舞），古典芸能の語（例. 伎楽），文芸作品などの題名（例. 山椒太夫）などが，漢字で書いてよいことになっている。

甲板
　〔カンパン〕…甲板　上甲板　下甲板　前甲板
　〔コーハン〕…貨車甲板　甲板員
完璧
　放送では，「完璧に間違った」のように，「完璧」を否定的な事柄を強調する表現としては使わない。
管理・監理
　管理…〜人　〜権　〜職
　監理…電波〜審議会

き

「生」の付く語 読み
　〔キ〕……生一本　生そば　生酒（混ぜ物をしていない清酒）
　〔ナマ〕…生ビール　生酒（加熱処理をしていない清酒）

気圧の傾き（〜が大きい）
　　天気図上の等圧線の込み具合を「気圧の傾き」と言い，等圧線の間隔が狭く込んでいる所ほど，気圧の傾きが大きい。一般の人にはわかりにくいので，「気圧の傾きが大きい」は「等圧線の間隔が狭い」「等圧線が込んでいる」などと言いかえる。専門用語は，「気圧傾度」と言う。

機運・気運〔キウン〕
　　「機運」に統一。しいて使い分ける必要はない。
　〈例〉〜が熟する　〜が盛り上がる

義援金・義捐金［※捐］
　　「義援金」。ただし場合により「見舞い金」「寄付金」と言いかえてもよい。常用漢字表の代用字で「義援金」となった。

気温・水温・体温の読み
　　「〇度〇分」（〔〇ド〇ブ〕），「〇.〇度」（〔〇テン〇ド〕），どちらの言い方も認める。
　　なお，体温の言い方については，これまでどおり「〇度〇分」（〔〇ド〇ブ〕）とする。

器械・機械
　器械…〜体操
　機械…〜文明　〜化　工作〜　〜的に割り切る

着替える 読み ①キガエル　②キカエル
　　（「着替え」（名詞）は〔キガエ〕）

機関・機構（国連関係）
　　国連関係に限って，Organization を「機関」と訳す。
　　外務省が慣例的に「機関」を使っている。新聞協会加盟の各社

も「機関」に統一している。

各種の学校教科書も「機関」を採っている。

〈例〉UNESCO（ユネスコ）… 国連教育科学文化機関
　　　WHO … 世界保健機関

一般的には，Organization は「機構」，Agency は「機関」と訳すので，国連関係以外のOrganization は，「機構」と訳す。

〈例〉ICPO … 国際刑事警察機構
　　　OPEC … 石油輸出国機構

器具・機具

器具 … 医療〜　電気〜

機具 … 農〜

帰国子女

一般的に使われているが，アナウンスでは，「海外から帰ってきた子ども（たち）」など，必要に応じて説明を加える。

「帰国児童」「帰国生徒」という言い方をされるようになっており，注意が必要なことばである。

ぎこちない・ぎごちない　読み ①ギコチナイ　②ギゴチナイ

ぎこちありません

「ぎこちない」の丁寧な言い方としての「ぎこちありません」は，標準的な表現とは認められない。

「ぎこちない手つき（様子）です」と言うように表現すべきである。

〈類例〉はしたない　だらしない　やるせない　おぼつかない
　　　　とんでもない　☞「**とんでもない**」

器材・機材

器材 … 器具類の場合

機材 … 機械類の場合

旗幟鮮明　[旗×幟]　読み ○キシセンメイ　×キショクセンメイ

なるべく「態度をはっきりさせる」などと言いかえる。

期日前投票

改正公職選挙法の施行に伴って，従来の不在者投票制度が改め

られ,「期日前投票制度」が創設された。

従来の不在者投票と区別して「期日前〔マエ〕投票」とする。

なお,選挙管理委員会などでは「期日前〔ゼン〕～」と読むが,放送ではわかりやすく〔マエ〕とする。

鬼子母神 読み〉 ○キシボジン ○キシモジン

なお,寺の固有の名称は個別に確認が必要である。

着尺 読み〉 ○キジャク ×キシャク

紀州犬 読み〉 ○キシューケン ×キシューイヌ

既成・既製

既成…(すでにできあがったこと) ～概念 ～事実

場合により,「今までの」「(すでに)できあがっている」などと言いかえる。

既製…(作られたもの) ～服 ～品

規制・規正

規制…スト～法 生活を～する

規正…政治資金～法

犠牲者

「水(山・海)の犠牲者」という表現は,死者の合計数を示すような場合には,「死者」という即物的な言い方を避けるための表現として,「水による事故で死亡した人,水に関係した事故で死亡した人」という意味で使って差し支えない。

「犠牲」の本来の意味からはずれるため,事故の原因が無謀な行いや計画にあるような場合には,抵抗感をもつ人もいるので,注意する。また,個々の事例については,「～して死亡しました」のように,具体的に言うほうがよい場合もある。

季節感の表現と節気

節気(旧暦で言う季節の区分。「立春」「大寒」など)と実際の生活上の季節感がずれている場合には,節気にとらわれず,地域の実情に即して現実の季節感を出す。

ただし,春,夏,秋,冬,などで表現するよりも,「紅葉が真っ

盛りの…」などと，具体的な描写で季節感を出すほうがよい。
競い合う・交換し合う
〈例〉技を競い合いました。
　　　プレゼントを交換し合いました。
　「競う」「交換する」に「〜合う」を付けるのは，意味が重複し過剰な表現だという意見もある。しかし，人数や回数が多い場合には，強調的に「〜合う」を付けて表現することもある。
　重複表現は，強調のための表現としてあえて使う場合もある。
　ただし，人数や回数が少ない場合には，単に「競う」「交換する」で十分である。☞ **コラム「重複表現」**（p.136）

希代［×稀］　読み ①キダイ　②キタイ
北朝鮮の呼び方　☞「朝鮮（韓国・北朝鮮）の呼び方」
吉日　読み ①キチジツ　②キチニチ
起点・基点
　起点…（「終点」の対）高速道路の〜
　基点…（もとになる点）○○を〜とした距離
気のおけない人
　「気をおく」は「相手のことを気づかう・遠慮する」ことであり，そこから「気のおけない人」は「遠慮する必要のない人」という意味になる。
　最近では「油断できない人」「付き合いにくい人」など逆の意味で使われる傾向があるが，放送では本来の意味で使う。
基本運賃（料金）☞「**初乗り運賃・〜料金**」
気味（〜が悪い）　読み ①キミ　②キビ
客員　読み ○キャクイン　×カクイン
逆手〔ギャクテ〕　☞「**逆手**〔サカテ〕」
九牛の一毛　読み ○キューギューノイチモー　×クギュー〜
　なるべく「ほんのわずか」「取るに足りない」などと言いかえる。
「漁」の付く語
　〔ギョ〕…漁家　漁獲　漁閑期　漁期　漁況　漁業　漁港　漁場

■ きゅう～きょう

　　　　　漁船　漁網　入漁権　漁労長
〔リョー〕…禁漁区　出漁　大漁　大漁旗　不漁　豊漁　密漁
　　　　　漁師
〔ギョ〕，〔リョー〕…休漁期①キューギョキ　②キューリョーキ
　　　　　　　　　盛漁期①セイギョキ　②セイリョーキ

宮址［*址］　読み　○キューシ　○（ノ）ミヤ（ノ）アト　×グーシ
　それぞれの慣用に従って読む。「址」は表外字であり，放送ではひらがなまたは読みがなをつけて表記する。

九死に一生　読み　○キューシニイッショー　×クシ～

給料・報酬・給与（地方公共団体の場合）
　給料…常勤職員に支給されるもの。
　報酬…非常勤職員（地方議員など）に支給されるもの。
　給与…上記の「給料」「報酬」のほか「各種手当」「旅費」などを
　　　　合わせて言う場合。

きょう（今日）
(1) 天気予報では，「午前5時と午前11時の予報発表時刻から夜中の12時まで」を言う。
(2) 一般には，「今夜」に対して，「きょう」は明るい間（日の出から日没まで）を指す。この場合，できるだけ「きょう日中は…」のように言う。

卿〔キョー〕
　「Lord」という称号は，「卿〔キョー〕」と訳す。
　「卿」は常用漢字特例（「卿」は表外字）として，漢字で書く。
　「Sir」の場合は，「卿」でなく，「氏」と訳す。
　☞「**枢機卿**」

きよう

きょうじ［×矜×恃］ 読み〉 ○キョージ　×キンジ

行者 読み〉 ○ギョージャ　×ギョーシャ

共存 読み〉 ①キョーゾン　②キョーソン　☞「**存**」の付く語

兄弟［△姉△妹］〔キョーダイ〕

　「きょうだい」は，男女両方を含む。放送で特に男女を区別する必要のある場合は，「男のきょうだい」「女のきょうだい」と言う。

兄弟校〔キョーダイコー〕

　従来「姉妹校，～艦，～編，～都市」という語がある。

　しかし，同系統，類似の関係をすべて〔シマイ〕というとは限らない（例，「兄弟弟子」）ので，「兄弟校」という表現が定着しているような場合には，「兄弟校」と言ってもよい。

　なお，中国の都市とは「友好都市」という場合が多い。

共通語　☞ **コラム「標準語と共通語」**

コラム

標準語と共通語

　放送でアナウンサーが使うような日本語を標準語と言ったり，共通語と言ったりしている。標準語とは1つのあるべき姿を想定したことばであり，共通語はどの地域の人々でも共通に理解できるというニュアンスの違いがある。

　昭和34年に作られたNHKの国内番組基準には，「放送のことばは，原則として，標準語による」とあった。それが，現在では，教科書などもほとんどが「共通語」という言い方をしている。

　なぜ，標準語ということばが使われなくなったのか。まず，方言撲滅を目指した戦前の標準語普及運動の行きすぎから，標準語ということばに反発を感じる人が少なくないこと，また，標準語という名称から人々が期待するかもしれないような内容的に充実したことばと，現実に存在していることばとは違うということなどから，意識的に避けられ，共通語ということばが使われるようになった。

■ きよう~きよく

共同・協同
　共同 … ~歩調　~宣言　~施設　~社会　~戦線　~募金
　協同 … ~組合　産学~

競売〔キョーバイ〕
　放送では〔キョーバイ〕とする。出演者が〔ケイバイ〕と言うのは、かまわない。

強風域　☞「暴風域・強風域・暴風警戒域」

供用
　〈例〉この施設の供用は、来月からです。
　当事者、関係者の発表のことばをそのまま使わずに、「開通する」「利用できるようになる」などと、場面に応じて表現を工夫する。

橋りょうの流失・一部損壊　☞「風水害関係のことば」

強力粉（料理用語）　読み〉○キョーリキコ　×キョーリョクコ

供花　読み〉キョーカ（一般）、クゲ（仏教関係の専門用語）
　ただし、一般には、耳慣れないことばなので、「供えられた（お）花」と言いかえる。

魚介類　読み〉ギョカイルイ
　「魚介類」は、魚と貝以外の海産動物をも含み、意味が広い。
　「魚貝類」と書くと、音読みでは〔ギョバイルイ〕であり、「ギョカイルイ」と読ませると重箱読みになってしまう。また、意味も「魚介類」とは異なる。魚と貝だけが問題となる時は、むしろ、「魚や貝（魚と貝）」としたほうがよい。

魚かす　読み〉○ギョカス　○サカナカス

「極」の付く科学用語
　〔キョク~〕…………… 極微電界　電極
　〔ゴク~〕…………… 極超短波　極超音波　極低温　極超低音
　①〔キョク~〕②〔ゴク~〕… 極微（の世界）

曲目
　「曲目」と言うのは複数の場合である。1つの曲名だけを「曲目」というのは誤りで、「曲」でよい。

魚礁〔ギョショー〕
　海底の岩石やさんご礁などからできた隆起部を言い，魚類が集まる場所。「漁礁」とは書かない。

御物（正倉院〜）　読み　○ギョブツ　×ゴモツ

きら星のごとく〔×綺羅〕　読み　①キラ・ホシノゴトク　②キラボシノゴトク

〜きり〜ない・〜しか〜ない
　「名詞＋きり」は「名詞＋しか」に比べて俗語的な感じが強い。しかし，「あれきり〜ない」とか「出かけたきり〜ない」「向かったきり〜ない」などは，「〜しか〜ない」とは言いかえられないので，使っても差し支えない。
　ただし，「〜しか〜ない」と「〜きり〜ない」の両方に使える文脈では，「〜しか〜ない」のほうがよい。
〈例〉きょうは，300円きり持っていません。
　→　きょうは，300円しか持っていません。

霧に覆われる・霧に包まれる　☞「覆われる・包まれる」

切る（スポーツ）☞「割る・切る」

きれいどころ
　「きれいどころ」は芸妓を指して言うことば。そのほかの女性のことには使えないので注意する。

均一　読み　○キンイツ　×キンイチ

禁猟区〔キンリョーク〕
　昭和38年の法律改正によって，「禁猟区」ということばは，法律用語として使わなくなったので，「鳥獣保護区」「特別保護地区」「休猟区」「銃猟禁止区域」「捕獲禁止の場所」などと，それぞれに使い分ける。
　しかし，保護区，禁止区域などを総括的に「禁猟区」ということは差し支えない。

■きんり

禁漁区〔キンリョーク〕

　なるべく「漁業禁止区域」と言いかえる。前後の関係で単に「禁止区域」と言ってもよい。　×〔キンギョク〕

く

クアハウス

　主に温泉を利用した保養やトレーニングのための施設。厚生労働省では、「温泉利用型健康増進施設」と言っている。種々の形態があるので、実態に即した説明を付ける。

くげ［供△花］　読み＞　クゲ（仏教関係の専門用語）

　☞「**供花**〔キョーカ〕」

腐れ（野菜など）

　農漁業や生産物の流通過程では、腐ったような状態を指して「腐れ」「腐れが出る」「腐れ状態」などと表現するので、その時は「腐れ」を使ってもよい。ただし、一般的には「傷み」「傷んでいる」「腐っている」を使う。

　「腐れ」は本来、野菜や稲などの病気を表現するときに使われることばである。〈例〉白腐れ病　根腐れ　☞「**傷み・腐れ**」

くしくも［△奇］　読み＞　○クシクモ　×キシクモ　×クスシクモ

九尺二間　読み＞　○クシャクニケン　×キューシャク〜

　間口9尺、奥行き2間の狭い家。または裏長屋。

九寸五分（短刀）　読み＞　○クスンゴブ　×キュースンゴブ

百済　読み＞　○クダラ

　現代韓国・朝鮮語の原音（字音）読みである〔ペクチェ〕や漢字の日本字音読みの〔ヒャクサイ〕も一部で行われており、番組の趣旨や内容により、それぞれ適宜使ってもかまわない。

　〔クダラ〕は古くから日本で言われている呼び名で定着しているが、現在の中学・高校の歴史教育では〔ヒャクサイ〕という呼び名（漢字の日本字音読み）や〔ペクチェ〕という呼び名（現代韓国・朝鮮語に基づく原音〈字音〉読み）も出てきている。

　〔クダラ〕という呼び名を多くの教科書がなんらかの形で教えており、学校教育では、3とおりにわたる呼び名のいずれかを教えている状況である。

くふく～くりひ

なお,表記は,〔クダラ〕〔ヒャクサイ〕という呼び名を使う場合は「百済」という漢字表記でよいが,〔ペクチェ〕という呼び名の場合は,カタカナ表記となる。☞「**新羅**〔シラギ〕」

九分九厘 読み ○クブクリン ×キューブキューリン

九品仏 読み ○クホンブツ ×クヒンブツ

9体のあみだ仏［ˣ阿ˣ弥ˣ陀］。

曇り

雲が空のかなりの部分を占めている状態。

専門用語では雲量を0から10までの数字で表し,雲量が9以上の時を「曇り」と言う。

雲量1以下が「快晴」,雲量2～8のときが「晴れ」である。

～くらい・～ぐらい

「このくらい(ぐらい)の広さ」「10歳くらい(ぐらい)の子」などの「くらい」「ぐらい」は,どちらを使ってもよい。

以前は,次のような使い分けが行われていた。

①体言には「ぐらい」が付く。

②「この・その・あの・どの」には「くらい」が付く。

③用言や助動詞には,普通は「ぐらい」が付くが,「くらい」が付くこともある。

「ぐらい」と連濁する場合はひらがな表記も濁音表記とする。

〈例〉10歳ぐらいの子

～ぐらいでしょう

「最高気温は30度ぐらいでしょう」などと言う場合の「ぐらい」と「でしょう」は,必ずしも重複とは言えない。日常用語では,むしろ,普通の表現である。

繰り広げる

〈例〉○○大会は,きょうから,15日間の熱戦を繰り広げます。

例文のように,ものごとがこれから始まるときに「繰り広げる」を使うと,抵抗を感じる人もいる。

なるべく「熱戦が期待されます」「～が始まります」などと言い

かえたほうがよい。

「繰り広げられました」という言い方も，乱用しない。

暮れなずむ

〈例〉甲子園球場，ようやく，日が暮れなずんでまいりました。

「暮れなずむ」は「日が暮れそうでいて，なかなか暮れない状態」を指すことばで，例文のような進行形の言い方は適切でない。

また，「暮れなずむ」は，「暮れなずむ春の日」などと言うように，どちらかというと春のことばである。

この種の文学的表現を使わなくとも，普通に「ようやく暮れかかってまいりました」「夕暮れが近づいてきました」などと言えばよい。

玄人衆　読み〉○クロートシュー　×クロトシュー

黒子・黒衣　読み〉①クロゴ　②クロコ

軍艦の「号」

原則として軍艦の名称には，「号」は付けない。

〈例〉原子力航空母艦「インディペンデンス」

☞　**外国船の「号」**

群衆・群集

群衆…（集まった人々）　～整理　～に紛れる　数万の～

群集…（群がり集まる，その群れ）　～心理

軍配　読み〉○グンバイ　×グンパイ

軍法会議・軍事裁判

現在では，「軍事裁判」のほうがわかりやすいので，「軍事裁判」と「軍法会議」を区別せず，広い意味での「軍事裁判」を使う。

軍法会議…日本の旧軍隊の場合。ただし，なるべく理解しやすいように説明を付ける。

軍事裁判…外国の場合。

■ けい～けいし

け

「ケイ・エイ・セイ」の発音　☞ コラム「エイ・ケイ・セイ」の発音 (p.25)
敬語　☞ コラム「放送と敬語」「敬語はなくなるか」「皇室への敬語について」

警察官・警官
　一般的には，「警察官」とする。必要に応じて「警官」を使う。

軽傷
　30日未満の治療で済む場合。放送では，できるだけ「10日間のけが」「3週間のけが」などと表現する。☞「**重傷・軽傷**」

敬称の扱い　☞「**スポーツ選手の呼称**」，「**ちゃん**」
(1) 敬称は原則として「さん」あるいは「氏」。複数の場合は「～の各氏」など。
(2) 学生や未成年者（男）には「君」を付けてもよい。また，学齢前の幼児には「ちゃん」を付ける。
　　次のような場合は，小学生についても「ちゃん」を適宜使ってもよい。
①本人が痛ましい事件に巻き込まれた場合（誘拐，交通事故など）。
②愛らしさを特に強調したい場合。

コラム

放送と敬語
　昭和27年，国語審議会は『これからの敬語』で，新しい時代の敬語の在り方について，次のような考えを打ち出した。
「これまでの敬語は，旧時代に発達したままで，必要以上に煩雑な点があった。これからの敬語は，その行きすぎをいましめ，誤用を正し，できるだけ平明・簡素にありたいものである」
　放送では，ここに示された考え方にのっとって，番組の出演者・出席者に失礼にならず，視聴者に不快感を抱かれない範囲で，なるべく敬語の使用を控え目にしている。

(3)「夫人　関（力士）　画伯　師匠」などの敬称は適宜使っても差し支えない。
(4)「嬢　翁　老　丈　師」などの敬称は使わないようにする。ただし，外国の「ホメイニ師」のような場合は例外とする。
(5) その他，役職名や称号で表す。
〈例〉○○総理　○○局長　○○選手

継続審議

　国会用語としては，「継続審査」と言うが，放送では，一般にわかりやすく「継続審議」とする。

コラム

敬語はなくなるか

　「あげる」と「やる」の使い分け，謙譲語と尊敬語の混同など，いわゆる敬語の乱れについて，危機感を持つ人も少なくない。また，こうした乱れがおさまるとも思えない。社会の一部では敬語の過剰，一部では不足が見られるといったアンバランスもなくなるまい。しかし，人々に敬語への愛着がある限り，敬語そのものが衰退することはありえないであろう。国語審議会では敬語だけでなく敬意表現についての考え方をまとめた。放送では，相手に失礼でない程度の敬語を使い，敬語の使いすぎには気をつける。

■ けいた〜けつま

境内 読み〉 ○ケイダイ ×ケイナイ
軽重（かなえの〜） 読み〉 ○ケイチョー ×ケイジュー
競売〔ケイバイ〕（法律用語） 読み〉 ☞「**競売**〔キョーバイ〕」
警報・注意報

　大雨警報が，大雨注意報になった場合に，「大雨警報が解除され，大雨注意報になりました」と表現してもかまわない。ただ，大雨警報が解除されても注意報が出ていることをはっきりさせる必要がある。

　まだ，油断はできないという意味で，たとえば，コメントでは，「大雨警報は解除されましたが，引き続き，大雨注意報が出ています(ので十分ご注意ください)」などとする。また，画面表記では，「大雨警報解除，引き続き大雨注意報」などとし，「警報解除」だけを印象づけないような配慮が必要である。

経理・計理

　経理 … 〜内容　〜状態
　計理 … 〜科目　〜士（公認会計士の古い呼び方）

外宮 読み〉 ○ゲクー ×ガイクー

　伊勢神宮の一部。

戯作者 読み〉 ○ゲサクシャ ×ギサクシャ
下知 読み〉 ①ゲジ ②ゲチ
毛製品 読み〉 ○ケセイヒン ×モーセイヒン

　なるべく，「洋服地などの毛製品」というように説明を添える。

○桁の死亡者 ☞「**2桁の死亡者**」
「月末」の「末」

　一般的に，〔スエ〕と読む場合は数日の幅を持った意味と考えられる。たとえば，「6月（の）末」は6月の終わりの数日を指す。

　統計上の数字をあげる場合など，月の末日そのものを指すときは〔マツ〕と読む。

　ただし，年末〔ネンマツ〕などは数日以上の幅を持っている。

煙(に巻く) 読み ○ケムリ ○ケム ×ケブリ
県下 ☞「県内・県下」
献花
　仏教,キリスト教などで仏前,霊前に参列者が花を供えること。ただし,一般には耳慣れないことばなので,なるべく「(お)花を供える」「(お)花をあげる」などと言いかえる。
玄界灘・玄海灘
　「玄界灘」と書き表す。佐賀県の町名は「玄海町」。
検挙・逮捕
　検挙 … 犯罪として警察が処理したものすべてを含む。必ずしも身柄を拘束しない。書類だけのときもある。なお,「検挙」は法令用語ではない。
　逮捕 …「現行犯」「緊急逮捕」「通常逮捕」で身柄を拘束すること。
　☞「摘発・検挙」
けんけんがくがく(誤用)
　「喧々囂々〔ケンケンゴーゴー〕」と「侃々諤々〔カンカンガクガク〕」の混交表現であり,正しい使い方とは言えない。
　前者は「たくさんの人がやかましくしゃべる様子」を,後者は「みんなが率直に意見を述べて議論している様子」を表すことばで,それぞれに意味が違うので,使うときには注意する。
元号・年号 ☞「年号・元号」
減殺 読み ○ゲンサイ ×ゲンサツ
県産品 読み ○ケンサンヒン ×ケンサンピン
拳銃数発を発射
　正確に言えば,「拳銃から数発のたまを発射…」だが,理屈ではおかしな言い方でも,日本語の慣用としてはあると思われる。
賢所 読み ①カシコドコロ ②ケンショ
　(宮内庁が宮中三殿の総称として使う場合は〔ケンショ〕)
原子力・火力・水力発電所〔～ハツデンショ(ジョ)〕
　(1)「原子力発電所」はなるべく省略しないで表記する。ただし,

けんそ〜けんは

略称は,「原発」とする。
〈例〉○○原発　原発反対　原発公聴会
(注) 日本原子力発電株式会社の所有する原子力発電所の場合は,「原電東海（発電所）」「原電敦賀（発電所）」とする。
(2)「火力発電所」「水力発電所」は,略表記しないことが望ましいが,やむをえず略す場合は,「火力」「水力」とする。
　「火電」「火発」「水電」「水発」は使わない。なお,「原子力発電所」を「火力」「水力」と併記する場合は,「原子力」とし,「原発」とはしない。

現存 読み〉①ゲンゾン　②ゲンソン　☞「存」の付く語

検体
　「検査の対象とするもの」を「検体」と言うが,耳慣れないことばなので,放送で使うときは,少なくとも1回は,言い添えをする。
〈例〉検査の対象とした○○検体
　ただし,前後の文脈から,使わないで済む場合は,そのままでよい。

県地方
　府県などの天気予報や気象報道の場合,「○○県地方」とは言わない。「県」は行政区画を表すとともに地域を表す場合もある。天気予報の「○○県」は明らかに地域を示すから,あらためて「地方」を付ける必要はない。

原付き　☞「バイク」

県内・県下
　放送では「県内」を使う。「県下」には,かつての「城下」を連想するむきもあり,「県内」に比べて表現がかたい。

原爆の日
　8月6日（広島）,9日（長崎）は「原爆の日」と言い,「原爆記念日」は使わない。

現場検証・実況見分
　「現場検証」は,捜査機関が検証令状をとって現場を調べること。

一方、「実況見分」は、所有者などの承諾を得て、令状なしの任意捜査として現場を調べること。

ただし、「実況見分」は、ニュースでは「現場検証」もしくは「現場でくわしく調べる」となるべく言いかえるようにしている。なお、「実況検分」は使わない。

原発 ☞「**原子力・火力・水力発電所**」

現場を終わります

事故や事件の現場から伝えるリポートの結びのことばで、「(これで)現場を終わります」という省略された表現が使われるが、これに抵抗を感じる人も多い。

できるだけ、「○○の事故現場からお伝えしました」「○○からお伝えしました」などとする。

なお、「現場」という言い方は部内用語ではあるが、使わざるをえない場合もある。具体的に「○○の現場」と地名などを付けることも考えられる。

原板(写真の~) 読み〉 ○ゲンバン ×ゲンパン

原版(印刷の~) 読み〉 ○ゲンパン ×ゲンバン

元服 読み〉 ゲンプク (古くは〔ゲンブク〕)

こ

「五」の付くことばの発音

原則として〔ゴ〕(濁音)であるが,次の場合は,例外で〔ﾟゴ〕(鼻濁音)になる。

〈例外〉三五・十五〔サンゴ・ジューゴ〕
　　　　十五夜〔ジューゴヤ〕
　　　　七五三〔シチゴサン〕
　　　　菊五郎〔キクゴロー〕などの人名

濃いめ

「～に味を付ける」などと使ってよい。「濃いめ」に対して「薄め」,「濃い茶」に対して「薄茶」となる。「濃め」「薄いめ」とは言わない。

形容詞に「め」が付く場合は,その語幹に付くのが普通である。

〈例〉大きめ・小さめ　多め・少なめ　きつめ・緩め

五・一五事件

○ゴーイチゴージケン　×ゴーテンイチゴージケン

☞ **二・二六事件**

「号」の付け方(船名)　☞ **外国船の「号」**

豪雨・豪雪

「豪雨」も「豪雪」も,はっきりした定義をするのは難しい。雨や雪の量は地域によって大きな差があり,また雨や雪に対する生活態様も地域によって差異があるからである。

気象庁では,次のような基準で説明している。

豪雨…著しい災害(激甚災害,命名された大雨災害)が発生した顕著な大雨現象。すでに命名された現象もしくはそれに匹敵する過去の事象。

豪雪…著しい災害をもたらすような大雪。「豪雨」に準じた用い方をする。

公開ヒアリング・公聴会

「公開ヒアリング」は,原子力安全委員会の設置に伴って生まれた制度(昭和54年)。

従来の「公聴会」が,地元の意見を一方的に聞くだけだったのに対して,「公開ヒアリング」は,地元の意見を聞いたあと説明をする対話応答の形式をとっており,1次と2次の2回開かれる。

放送では,言い添えをしたほうがよい。

〈例〉原子力発電所を建設する際,地元の意見を聞くために開かれる公開ヒアリング…

交換し合う　☞「競い合う・交換し合う」

口くう・口こう ["腔] 読み 〉 ○コーコー(一般),○コークー(医学)

一般の場合の読みは〔コーコー〕であるが,医学用語,固有名詞などは,〔コークー〕としてよい。〔クー〕は医学関係者の一種の慣用読み。

〈例〉○○大学口くう外科　口くう衛生科

航空機の機種を示す数字の読み

数字の部分は日本語読みとし,2桁以上の数字は原則として全体を1つの数字として読む。

航空会社や自衛隊の内部などでは,いろいろな呼び方をしているが,放送では一般にわかりやすい読み方を採る。

〈例〉エアバス A300〔エアバス・エー・サンビャク〕
　　　YS11〔ワイエス・ジューイチ〕

ただし,ボーイング社の「7××」シリーズの機種は,例外として数字を1つずつ読む。

〈例〉ボーイング747〔ナナヨンナナ〕
　　　〃　　747-400〔ナナヨンナナ・ノ・ヨンヒャク〕

光合成　読み 〉 ○コーゴーセイ　×ヒカリゴーセイ

「光合成」でわかりにくい場合には,言い添えをする。

〈例〉光による炭水化物の合成。
　　　(植物などの)光による炭酸同化作用。

■ こうさ〜こうは

鉱さいダム［＊滓］ 読み〉 ○コーサイ ×コーシ

鉱物のかすが流れ出るのを防ぐダム。

「滓」の音は〔シ〕であるが,慣用で〔コーサイ〕と言われている。〔コーシ〕は採らない。☞「**残し**〔ザンシ〕」

公算が大きい・公算が強い

「公算が大きい」が本来の言い方であるが,「公算が強い」を使ってもよい。

「公算」には「確率」の意味があり,数量的にとらえると「公算が大きい」と表現するのが普通。

しかし,「公算」を「可能性」「見込み」の意味で使う場合には,「公算が強い」と表現しても,違和感はない。

小路 読み〉 ○コージ ×ショージ

口授 読み〉 ①コージュ ②クジュ

降水量

雨・雪・ひょう・あられなど空中から地上に降下した水分の総量。単位は「ミリ(メートル)」を使う。

豪雪

☞「**豪雨・豪雪**」

高速列車の徐行運転 ☞「**徐行運転**」

降灰 読み〉 ○コーハイ ×コーカイ ×コーバイ

なるべく「(火山)灰が降る」「降った(火山)灰」などと言いかえる。

香ばしい(茶・いり豆など) 読み〉 ○コーバシイ ×カンバシイ

合板・ベニヤ

一般には,「合板」とするが,「ベニヤ」を使ってもよい。「合板」の読みは,〔ゴーハン〕とする。×〔ゴーバン〕

製造メーカーでは,「合板」しか使わないが,流通業界では,「合板」「ベニヤ」の両方を使っている。

甲板員 読み ○コーハンイン ×カンパンイン
☞「**甲板**〔カンパン〕」

勾留・拘留
　「勾留」と「拘留」は，法律上の意味が違う。
　「勾留」は，容疑者や被告の身柄を継続的に拘束すること。
　〈例〉「～期限」「～理由の開示」
　「拘留」は，軽い罪に対する刑罰の一種で短期間（1日以上30日未満）拘留場に身柄を拘束すること。

香を聞く
　香道では，「香を聞く」が決まった言い方で，「香をかぐ」とは言わない。ただ，一般にはなじみのない表現であり，「たかれた香を楽しむ」などと表現するとよい。
　「香を聞く」と言うのは，中国語の「聞」が，第1には聴覚に使われ，第2に，嗅覚に使われることからきている。日本では，平安時代から，「香を聞く」という言い方が使われ始めた。

木枯らし［×凩］
　秋の末から冬のはじめにかけて吹く北西の風。
　（注）からっ風（関東地方などで冬から初春にかけて吹く乾燥した風）と混同しないこと。

顧客 読み ①コキャク ②コカク
極彩色 読み ①ゴクサイシキ ②ゴクザイシキ ×ゴクサイショク
穀断ち 読み ①コクダチ ②ゴクダチ
「極」の付く語 ☞「極」の付く科学用語

「国立工業高等専門学校」の略記
　「○○工業高専」「○○商船高専」のように略記する。場合により「○○工専」「○○商専」も認める。総称する場合は「高専」。「育英高等専門学校」のように専門の別を示すことばのない場合は「○○高専」。

■ここに～こしき

ここ2～3日
〈例〉ここ2～3日は気温が低かった。
　　　ここ2～3日は気温が低い見込み。
　きょうを含めて2～3日を指し，過去の期間を言う場合と，未来の期間を言う場合がある。
　できるだけ具体的な日にちを示すようにする。

午後12時
　原則として「午後12時」は使わず，「午前0時」とする。
☞「午前0時」

五言絶句　読み〉○ゴゴンゼック　×ゴゲンゼック

小細工
〈例〉○○は小細工ができるバッターで…
　野球中継で，バントなどがうまい選手に使われるが，「小」には，侮りのニュアンスがあり，悪い印象を与えかねないことばなので，「細かいプレーができる…」などと言ったほうがよい。

小雨（大雪）が降る
　「小雨が降る」「大雪が降る」という表現は使ってもよい。
　雷雨，にわか雨，集中豪雨などの場合は，状態を指すので，「雷雨がある」「にわか雨がある」などと言う。「小雨（大雪）になる」は，天候の変化に重点を置いた言い方である。
　なお，天気予報では「弱い雨が降るでしょう」「雪が強くなるでしょう」と言うのが普通である。

五色　読み〉ゴシキ……色とりどり。
　　　　　　　ゴショク…5種類の色。

古式ゆかしく
　「古式ゆかしく」あるいは「古式にのっとり」が正しい言い方であり，「古式豊かに」は誤用とする人もいる。
　「ゆかしく」は「なつかしい，しのばれる」という意味で主観的な表現なので，「古式に従って」「古式によって」「昔ながらの形式で」のように客観的に表現したほうがよい。

固執 読み ○コシツ ×コシュー
ご神火 読み ○ゴジンカ ×ゴシンカ
午前0時

　原則として,「午前0時」とする。場合により「夜（夜中）の0時」と言ってもよい。

　ただし,次の例などは,「12時」と表現してもよい。

〈例〉交通取締りを朝の7時から夜中の12時まで…
　　　深夜営業は夜11時から12時まで…

午前0時すぎの表現

　深夜番組の予告で,午前0時過ぎのことを表現するとき「今晩」は使わない。

　午前0時過ぎの場合は,人によって受け取り方がさまざまなので,「今夜遅く」「明日の朝早く」などと言うより,なるべく,具体的な時間で言ったほうがよい。

　「今夜は時間を延長して」などと言う表現も考えられる。

ごった返す 読み ○ゴッタガエス ×ゴッタカエス
〜ことから ☞「〜することから」
事志とたが〔△違〕う

　読み ①コトココロザシトタガウ ②コトココロザシトタゴー

　「違う」を〔タガウ〕〔タゴー〕と読むのは常用漢字にない音訓であるため。表記はひらがなとする。

ことし（今月）に入って

　「ことしに入って」という表現を,年の中頃に使うのはおかしい。「ことしになって」「ことしは」でよい。

　しかし,月別の数字の変化や年ごとの変化を言う場合など,文脈によっては,不自然でないこともある。月の20日過ぎに「今月に入って」と言うのもおかしい。

■ことわ〜こまぬ

ことわざ・成句などの用法

〈例〉君子は豹変(ひょうへん)す
　　　情(なさけ)は人のためならず

　例のようなものをはじめ，ことわざや成句で本来の意味とは違った使われ方をしているものが多いが，ことばの意味や使われ方が，時代とともに変化するのはやむをえないことである。

　しかし，放送では，この種のことわざを安易に使うのは避け，必要な場合に，本来の意味にのっとった使い方をすべきだろう。

　特に，例のような難しい漢語を含んだものや文語調のものは，誤解されやすいので，注意する必要がある。

　☞ コラム「ことわざの意味のゆれ」

粉雪　読み〉①コナユキ　②コユキ

小人数　読み〉①コニンズー　②コニンズ

この期におよんで　読み〉○コノゴニオヨンデ　×コノキ〜

ご法度　読み〉○ゴハット　×ゴホット

小春日和

　「小春」とは旧暦10月を指す。したがって，新暦ではだいたい11月から12月上旬に当たり，「小春日和」はそのころの暖かい晴れた日を言う。

　12月の半ば過ぎや春先にこのことばを使うのは誤った使い方なので注意する。

小降り・小やみ

　小降り … 雨や雪が少し降っている状態。

　小やみ … 今はちょっとやんでいる状態（読みは〔コヤミ〕）。

　「小」は「ちょっと・ほんの少しだけ」という意味の接頭語。

　☞「小やみ・おやみ」

来まい　☞「〜まい（助動詞）」

こまねく・こまぬく［×拱］　読み〉①コマネク　②コマヌク
（伝統的には〔コマヌク〕）

こみゅ～こもん

コミューター航空
　小型の飛行機やヘリコプターを使った地域間航空便。
　「コミューター航空」だけではわかりにくいので,「○○と○○を結ぶ」などと付け加える。
　「コミューター」(通勤者)が通勤に使える手軽な航空便としてアメリカで発達した。

米酢　[読み]〇コメズ　×コメス(古くは〔ヨネズ〕)
古文書　[読み]〇コモンジョ　×コブンショ

コラム

ことわざの意味のゆれ

　ことわざや成句の意味を誤って覚えている人が少なくない。
　「気のおけない人」は,「気づかいをしなくてもよいような人」のことを言うが,「気を許せない,油断できない人」という反対の意味で覚えている人が多い。
　また,「情けは人のためならず」は,「情けを人にかけておけば,めぐりめぐって自分によい報いがくる」という意味である。しかし,「情けをかけることは,その人のためにならない」という意味で使われる場面もあるようだ。
　「流れに棹(さお)さす」は,「棹を使って流れを下るように,大勢に従って進む」という意味だが「時流に逆らう」という意味で使われることがある。
　このように,本来は誤用であるが,多くの人がこれで覚え,使っているため,ことわざの意味にゆれが出てきているようだ。
　放送でことわざや成句を使う場合には,本来の意味で使うようにするが,誤った意味で覚えている人も多くいるため,反対の意味にとられかねない。使う場合には,意味が明確になるように使うようにする。また,むやみに使わずに,ほかのことばで言いかえるようにすることも必要である。

■ こやみ〜ころ

小やみ・おやみ

〔コヤミ〕… 雨が〜になる

〔オヤミ〕… 〜なく降る雨

☞「**小降り・小やみ**」

来よう〔コヨー〕

推量の意味を表す助動詞「よう」は五段活用以外の動詞に接続する。その場合,「こよう」「しよう」のように未然形に続くのが一般的な語形である。 ×〔キヨー〕

御用達 読み〉①ゴヨータシ ②ゴヨータツ

暦の上では

〈例〉暦の上では,きょうは立春ですが…

「立春」のようによく知られている節気の場合は,「暦の上では」と言わなくてもよい。ただし,同じ二十四節気でも「啓蟄」などのように説明を付け加えたほうがよい日や,北海道のように実際の気候と暦とでずれがあるときには,「暦の上では」と言ったほうがよい場合もある。

ご覧にいれます

やや古びた表現なので,「ご覧ください」「ご覧いただきます」などと表現したほうがよい。

ご利益 読み〉○ゴリヤク ×ゴリエキ

「五輪」という表現について

音声表現では「五輪」は使わず「オリンピック」とする。文字表現でも「オリンピック」を原則とするが,場合により「五輪」でもよい。

これまで最高・これまでで最高

「これまでの記録で最高」の意味で,「これまで最高」と言うのは誤り。「これまでで最高」と言うべきである。

副詞は適切に使ったほうがよい。

〜ごろ・〜ころ

時を表す語など名詞のあとに付く場合は「ごろ」と連濁させる

のが普通である。

声高 読み 〇コワダカ ×コエダカ

今月に入って ☞「ことし(今月)に入って」

混交表現 ☞ コラム「混交表現」

今国会

「今の国会」と表現するほうがよい。

コンセンサス

〈例〉県民のコンセンサスを得る。

「コンセンサス」(意見の一致,同意)という外来語は,一般の人にあまり理解されていないことばなので,なるべく言いかえたほうがよい。

その場合,「〜の理解を〜」という言いかえは適切ではなく,「〜の合意(賛同)を〜」などのほうがよい。

コラム

混交表現

ある慣用句を言うのに似た響きや似た意味の2つの慣用句がまざりあってしまうことを混交表現という。たとえば,「汚名返上」と「名誉挽回」が混ざってしまい,「汚名挽回」ということばになってしまうなどである。また,「精も根も疲れ果てる」も混交である。辞典によれば,「精根」は「物事をする精力と根気。気力」である。「精力,根気,気力」は「無くなる,尽きる」ことはあっても「疲れ果てる」ことはない。用例には「精根尽き果てる」「精根を使い果たす」などとある。また,同じ辞典に,「疲れ果てる」ということばが載っており,用例として「徹夜で疲れ果てる」が見られる。つまり,「精も根も疲れ果てる」という表現は,本来の正しい言い方「精根尽き果てる」の後半を,似たような表現「疲れ果てる」と混交した結果,出てきたものと思われる。なんとなく意味は通じるがもちろん正しい表現とは言えない。

■ こんや〜こんり

今夜
　天気予報では,「予報発表時刻の午後5時から夜中の12時（午前0時）まで」を言う。一般的には,日没後暗くなってから午前0時ごろまでを指す。

建立（寺院・堂塔）　読み ○コンリュー ×ケンリュー ×ケンリツ
　神社の場合は「創建」〔ソーケン〕と言うことが多い。
　寺院・堂塔を再び建てるのは,「再建」〔サイコン〕×〔サイケン〕。

さ

西域

　歴史的な用語としては,〔サイイキ〕とする。専門家の慣用であり,また,同音語「聖域」との混同が避けられる。

　ただし,現在の中国の西方の地域を指す場合は,〔セイイキ〕と言ってもよい。

採決・裁決

　採決 …（議案の可否をきめる）討論～

　裁決 …（訴願に対する決定）～を下す　～処分

再建　読み〉 ○サイケン（一般）, ○サイコン（神社・仏閣など）

最後・最期〔サイゴ〕

　最後 …（いちばんあと）～通告　～の努力　あの作品が～となった

　最期 …（死に際）～を遂げる　～を見とる

西国　読み〉 ○サイゴク（一般）, ○サイコク（古典など）

さい先［△幸］

　「さい先」は,「さい先のよい…」と使うのが一般的であるが,「さい先が悪い」という言い方もある。

彩色　読み〉 ○サイシキ　×サイショク

　放送では「～彩色され…」と言うより,「色付け（いろどり）がほどこされ…」などと言うほうがよい。

最小・最少

　最小 …（いちばん小さいこと）～公倍数　～限

　最少 …（いちばん少ないこと）～額の損害で済む　～得点

最大の焦点

　「最大の」は,単に大きさを言っているわけではないので,「最大の焦点」は,ひゆ的にはありうる表現。

　ただ,「最大の焦点」を乱用すると,焦点がぼやけて効果が弱くなる場合があるので,別の表現を工夫したほうがよい。

〈例〉今度の国会での最大の焦点。

さいた〜さきお

⟶ 今度の国会での論議の焦点。

最高値〔サイタカネ〕・**最安値**〔サイヤスネ〕

　株式市場や円相場などで使われる「最高値」は，最高の値段の意味ではなく，1日，月間，あるいはこれまでの変動相場で記録した高値の中の最高を指す。

「採択」の用法

　議会用語として「議決」の形態を詳しく分けた表現のうち「採択」という表現は「請願」や「陳情」の場合に使われる。「意見書」の場合は「可決」または「否決」である。

最低運賃（料金）　☞「初乗り運賃・〜料金」

斎藤・斉藤（姓）

　「斎藤」「斉藤」の両方の表記がある。

　「斉」の音は本来〔セイ〕であり，〔斎〔サイ〕〕とは異なる字であるが，放送では本人の慣用に従う。

在日韓国人・在日朝鮮人　☞「朝鮮（韓国・北朝鮮）の人の呼び方」

祭文　[読み]　サイブン … 〜を朗読
　　　　　　　サイモン … 〜語り

西方　[読み]　〔サイホー〕（仏教），〔セイホー〕（一般），〔ニシガタ〕（相撲）

逆手〔サカテ〕（相手の出方を〜に取る）①サカテ　②ギャクテ

　〔ギャクテ〕…（柔道などの場合）

　〔サカテ〕…短刀を〜に握る　〜車輪（体操）

先・前・あと

　未来の場合 … 5年先　8年あと

　過去の場合 … 5年前

先送り

　〈例〉〇〇新幹線の着工先送り

　ニュースの見出しではよいが，本文では，「先に延ばす」などと，わかりやすく言いかえたほうがよい。

　「両にらみ」「前倒し」などもよく使われる。このような行政用語は，送り手側の便利さだけで使われるべきでなく，具体的に言

いかえる配慮が必要である。

先を越す 読み ①センオコス ②サキオコス
　現代語としてはやや古めかしい。放送では，なるべく「先手を打つ」などとほかの表現を使う。

さくさく〔△嘖々〕
　「さくさく」は文語的表現として「好評さくさくたるものがある」「名声さくさく」などプラスの意味で使う。　×悪評さくさく

酒酔い運転　☞「飲酒運転・酒酔い運転・酒気帯び運転」

〜させていただく
　〈例〉番組を変更させていただきます。
　丁寧すぎる。「変更します」「お休みにします」でよい。

五月晴れ〔サツキバレ〕
　現代では新暦の5月の晴天を言うが，本来は，梅雨の頃（旧暦の5月）の晴れ間を指す。　×〔ゴガツバレ〕

早急 読み ①サッキュー ②ソーキュー
　できるだけ「取り急ぎ」「すぐに」「急いで」などと言いかえる。

雑排水 読み ○ザツハイスイ ×ザッパイスイ

茶道 読み サドー（流派により〔チャドー〕も）

サハリン　☞「樺太・サハリン」

寂しい
　〔サビシイ〕〔サミシイ〕両様の読みがあるが〔サミシイ〕はひらがな書き（常用漢字音訓外なので）。

サ変動詞
（1）「科学する」「青春する」などは一般的ではない。
　名詞（漢語・外来語）に「する」を付けてサ変動詞として使うのは「閉会する」「活動する」など，名詞自体に動詞的な意味がある場合が普通である。
（2）「一時停止する」「懲戒免職処分する」は「一時停止をする」「懲戒免職処分にする」などと，助詞の「を」や「に」を補うほうがわかりやすい。

■ さまか～さわや

　ニュースの中では，漢字3字以上の漢語に「する」をつける用法は，短いことばに複雑な内容を盛りこみすぎることが多くなるだけでなく，どの部分が動作を示し，どの部分が修飾または目的を示すかが，すぐにはわかりにくいので，なるべく避けたほうがよい。☞ **コラム「サ変動詞○○＋する」**

様変わり　☞「**大きく様変わり**」
五月雨　読み〉○サミダレ　×ゴガツアメ
さるかに合戦　読み〉○サルカニカッセン　×〜ガッセン
〜されそうです・〜されることになりそうです

　厳密には，ややニュアンスの違いがあると思われる。

　「〜されそうです」よりも「〜されることになりそうです」のほうがより客観性が強い。

　しかし，傍観者的な表現ととられるおそれもあるので，乱用しない。

〈例〉来年度に見送られることになりそうです。

爽やかな天気

　「爽やか」は，秋の季語である。初夏の頃に「爽やかな天気」を使うと抵抗感をもつ人もいる。

コラム

サ変動詞「○○＋する」

　名詞に「する」を付ける用法は，かつては漢語に「する」を付ける形が多かったが，最近では「オープンする」のように，外来語に「する」を付けるものも増えている。漢語や外来語に「する」を付けて動詞にするこの方法は，簡潔に表現できるという点で便利であり，増加のすう勢には抗しがたい面がある。

　といっても，3字以上の漢語や，熟していない外来語に「する」を付けて動詞にすることは，放送ではできるだけ避けるようにしている。この場合，多くの人が「行為または動作を示す」名詞であると考えているかどうかが，1つの判断基準である。

一般には季節に関係なく使われているが，初夏の頃には「すがすがしい…」「気持ちのいい…」などと表現することもできる。

「さん」の使い方 ☞ **「敬称の扱い」**

「職業名」は，改まった場合のかたい表現と日常的な場合のくだけた表現とを使い分ける。たとえば，「鮮魚商」と「魚屋（さん）」。

「さん」を付けるかどうかは，話し手と相手が置かれた状況により判断する。また，芸能人やスポーツ選手などについても，人格を尊重して適宜，「さん」や「選手」あるいは肩書を付ける。

山間部・山沿い・山地

山間部 … （平野部に対して言う）山の方。山あいの地方。山地。予報・注意報などで使われる「山間部」には，「山沿い」地方も含まれることがある。

山沿い … 平野部から山間部へ移る中間地帯を指す。

山地 …… 平地に対して言うことば。山間部と山岳部を含み，このうち人が定住し活動の多いところが山間部。「山地」は気象用語として使うことはあるが，一般的ではなく，一般番組などで使う場合には注意が必要である。

三々九度 読み ○サンサンクド ×サンサンキュード

残し [×滓] 読み ○ザンシ ×ザンサイ

「残りかす」「名残」などと言いかえる。

なお，「鉱さい [×滓]」は慣用の読みに従って〔〜シ〕ではなく〔〜サイ〕。

三社祭 読み ○サンジャマツリ ×サンシャマツリ

三種の神器 読み ○サンシュノジンギ ×〜シンキ

三途の川 読み ○サンズノカワ ×サントノカワ

酸性雨〔サンセイウ〕

通常の雨は，酸性の度合いを示すpH〔ピーエイチ〕が5.6であるが，これより値が小さい雨を「酸性雨」と言う。耳で聞いてわかりにくい場合には，「酸性の雨」と言う。雪の場合も同様。また次のように言い添えることもできる。

■ さんそ〜さんみ

〈例〉大気汚染の亜硫酸ガスなどが溶け込んだ酸性の雨。

残存 読み ①ザンゾン ②ザンソン ☞「**存**」の付く語

三人吉三 読み ○サンニンキチサ ×サンニンキチザ

三拝九拝 読み ○サンパイキューハイ ×サンパイクハイ

参拝する

「神社に参拝する」が伝統的な言い方。

「神社を参拝する」という言い方には抵抗感をもつ人が多い。

三番叟 読み ○サンバソー ×サンバンソー

三宝（仏教用語） 読み ○サンボー ×サンポー

三方（方向） 読み ①サンボー ②サンポー

三方（器物） 読み ○サンボー ×サンポー

三位一体 読み ○サンミイッタイ ×サンイイッタイ

し

氏〔シ〕 ☞「**敬称の扱い**」

CD〔シーディー〕
　「CD」は，一般的には次の3つのことばの省略語として使われる。
　(1) コンパクトディスク　compact disc
　(2) 現金自動支払機　cash dispenser
　(3) 譲渡性預金　certificate of deposit
　したがって，放送では混同を避けるため，必ず注釈を付け，画面表記でも「CD（現金自動支払機）」などとする。

子音　読み〉○シイン　×シオン

潮さい・潮ざい［△騒］　読み〉①シオサイ　②シオザイ

塩ざけ・塩じゃけ［△鮭］　読み〉①シオザケ　②シオジャケ

視界がきく
　「視界が広い（狭い）」などと言うのが本来の用法であるが，現在では，慣用として「視界がきく（きかない）」という表現もある。
　しかし，とくに科学性や厳密さが要求されるような場合には，この言い方はしないほうがよい。

地下足袋　読み〉○ジカタビ　×チカタビ

〜しか〜ない　☞「**〜きり〜ない・〜しか〜ない**」

四季
　四季にはいろいろな区分けがあるが，放送では気象庁の次の区分けを使う。
　　春……3月〜5月　　夏……6月〜8月
　　秋……9月〜11月　　冬……12月〜2月

時雨もよう
　「〜もよう」はあいまいな言い方なので，天気予報では使わない。「きょうは朝からしぐれています」などと，別の言い方を工夫する。
　☞「**雨もよう・荒れもよう**」

■しくん〜しせん

四君子 読み ○シクンシ ×ヨンクンシ
　(中国の絵,日本画で) らん [×蘭]・竹・梅・菊のこと。
施行 読み ○シコー ×セコー(「施工」は〔セコー〕)
「時刻」の言い方
　「午前」と「午後」に分ける。24時制は採らない。
　「午前0時」は場合によっては「夜(夜中)の0時」と言ってもよい。
「午後0時」は「正午」と言う。「午後0時〜分」は「12時〜分」とは言わない。
　正時前を言うときは,必ず「5時50分」などという言い方にする。
「6時10分前」などとは言わない。
　ただし,「5時30分」などの場合は「5時半」と言ってもよい。
四国八十八か所 読み ○シコクハチジューハッカショ ×シコクハチジューハチカショ
示唆 読み ○シサ ×ジサ ×シシュン
施策 読み ○シサク ×セサク
四十肩 読み ○シジューカタ ×ヨンジューカタ
四十七士 (赤穂浪士) 読み ○シジューシチシ ×ヨンジューシチシ
四十にして [×而] **惑わず** 読み ○シジューニシテマドワズ ×ヨンジュー〜
四十八手 (相撲など) 読み ○シジューハッテ ×ヨンジューハッテ
「シ・シュ」と「ジ・ジュ」の発音 ☞ **コラム「シ・シュ」と「ジ・ジュ」の発音**
次女・二女 ☞ **「次男・二男」**
市場〔シジョー〕 ☞ **「市場**〔イチバ・シジョー〕**」**
私小説 読み ①シショーセツ ②ワタクシショーセツ
四書五経 読み ○シショゴキョー ×ヨンショゴキョー
静心 (〜なく) 読み ○シズゴコロ ×シズココロ
自然休養村
　一般名称としては〔シゼンキューヨーソン〕と読む。
　ただし,個々の「○○休養村」は各市町村が決めている名称に

従う。☞「村〔ムラ〕」の付く語
〜しだい
　「〜しだい」は,「そのことが終わるとすぐ」の意味の場合, 動詞の連用形に付く。
　〈例〉完成ししだい
　しかし, このようにサ変動詞に付いた場合の「〜ししだい」という形は,「し」が重なって発音しにくく, 話しことばとしてはこなれていないので, なるべく使わないほうがよい。
　言いかえは,「完成したらすぐに（ただちに）」「完成後に」など。
したがいまして
　「したがって」と言うほうがよい。☞**「かかわりませんで」**
舌鼓　読み ①シタツズミ　②シタズツミ
下手（〜に出る）　読み ①シタテ　②シタデ　×ヘタ
〜したり〜したり　☞「〜たり〜たり」
七言絶句　読み ○シチゴンゼック　×シチゲンゼック

コラム

「シ・シュ」と「ジ・ジュ」の発音

　「新宿」「原宿」「手術」などのように拗音を含むことばは, 読みを表記すると「ジュク」「ジュツ」と書くが, 発音では〔ジク〕〔ジツ〕と発音する人が少なくない。

　拗音そのものが必ずしも発音しやすい音ではない。また, 発音の地域差や個人差など, さまざまな要因がからんで, こうした現象が起きると考えられる。

　こうした実態を考慮して, 放送では「シュ」「ジュ」を含むことばの中でも特に発音しにくいものは〔シ〕〔ジ〕に近く発音してもよいことにしている。「下宿」「野宿」「宿題」「学習塾」などの語が含まれる。また,「出典」と「失点」のように,「シュ」を〔シ〕と発音すると別のことばに聞き取られるおそれがあるものは,〔シュ〕〔ジュ〕とはっきり発音しなくてはいけない。

■ しちし〜しつほ

七十五日（人のうわさも〜） 読み ○シチジューゴニチ ×ナナジューゴニチ

七転八倒 読み ○シチテンバットー

七堂伽藍 読み ○シチドーガラン ×ナナドーガラン

　寺の主要な7つの建物（一般には塔, 金堂, 講堂, 鐘楼, 経蔵, 僧坊, 食堂を言う）。

七福神 読み ○シチフクジン ×ナナフクジン

　大黒天, 恵比寿〔エビス〕, 毘沙門〔ビシャモン〕, 弁財天, 福禄寿〔フクロクジュ〕, 寿老人〔ジュロージン〕, 布袋〔ホテイ〕の7人の神のこと。

七変化 読み ○シチヘンゲ ×ナナヘンゲ

七味とうがらし 読み ○シチミトーガラシ ×ナナミトーガラシ
　（「七色とうがらし」は〔ナナイロ〜〕）

実況見分 ☞「現場検証・実況見分」

実態・実体
　実態 …（状況・情勢を意味する）〜調査　言語生活の〜
　実体 …（本質・実物を意味する）〜のない会社　生命の〜

十中八九 読み ①ジッチューハック ②ジュッチューハック
　伝統的な読みは,〔ジューチューハック〕

湿度

　気象用語では「相対湿度」を指す。「相対湿度」は空気中に含まれている水蒸気の量を, そのときの気温で含みうる最大の水蒸気量で割ってパーセントで表したもの。

　乾燥注意報は, 東京では, 最小湿度（1日の最低の湿度）が25％以下で, 実効湿度が50％以下のときに出される。

　「実効湿度」とは当日だけでなく, 前日までの湿度も考えに入れた湿度。木材などの乾燥の度合いを示す量。「実効湿度」の低いときは火災が起こりやすい。

疾病 読み ○シッペイ ×シツビョー

七宝 読み ○シッポー ×シチホー

しゅう

十人十色 読み〉 ○ジューニントイロ ×ジューニンジッショク

「10」の読み方

〈例〉こうした難民グループは10あまりあり…

例文のような場合,「10」の発音は,〔トー〕〔ジュー〕のどちらでもよい。

以前は〔トー〕が多かったようだが,最近では〔ジュー〕という人が多くなっている。

「10本」の発音 ☞ コラム「10本」の発音

「シュ・ジュ」の発音 ☞ コラム「シ・シュ」と「ジ・ジュ」の発音 (p.93)

コラム

「10本」の発音

NHKでは「10本」の発音を〔ジッポン〕〔ジュッポン〕どちらでもよいと決めている。

「十」の発音は,伝統的には〔ジフ〕である。これが助数詞の「軒」や「点」の前では〔ジッ〕という発音になる。そのため,伝統的には「十本」の読みは〔ジッポン〕である。

なぜ〔ジュッ〕と発音されるようになったのだろうか。のちの時代に「十」は〔ジフ〕から〔ジュー〕と発音されるようになった。この〔ジュー〕が,「軒」や「点」などのカ行音,タ行音で始まる助数詞の前に付くと,〔ジュー〕という読みと伝統的な〔ジッ〕という読みの混同で〔ジュッ〕と発音されるようになった。

現在,一般には「10本」の発音は〔ジッ〕〔ジュッ〕の2つの読みが並行して行われており,どちらかを標準的と決めるのは難しい状態である。また,常用漢字表でも〔ジッ〕のほかに〔ジュッ〕の読みを認めた。こうした状況から,放送では両様を認めることにしたのである。

■ してお～しなん

～しており

〈例〉～と大臣は話しており，…

「～しており」は間違った使い方ではないが，センテンスが長くなる原因にもなるので，なるべく「～と話していました」と，いったん切り，短文を重ねるようにする。

また，前後の関係があいまいになるので，「したがって・この結果・このため・それによって」などのことばをはさんで関係をはっきりさせることも必要である。

なお，丁寧に表現しようという意識で，「～しておりまして」と言う場合があるが，乱用すると冗漫な感じを与えて耳障りである。

「～しており」の「おり」は，実際上は，「いる」の連用中止形の代わりに使われている。

☞「**おる・いる**」，コラム「**ニュースの常とう表現**」

四天王 読み〉 ○シテンノー　×シテンオー

児童・生徒

　児童 … 小学校

　生徒 … 中学，高校，各種専門学校

　学生 … 大学，高等専門学校

☞「**学生・生徒・児童**」

自動車の登録番号 ☞「**数字の発音**」

四斗だる［×樽］ 読み〉 ○シトダル　×ヨントダル

～しない前 ☞「**～する前・～しない前**」

しなさすぎる・しなすぎる ☞「**知らなすぎる・知らなさすぎる**」

しなる［×撓］

「しなう」が標準的な言い方。

「元気いっぱい櫓(ろ)がしなる（童謡『船頭さん』の歌詞）」の場合は俗語・方言を意識的に使ったもので，例外である。

次男・二男〔ジナン〕

2番目の男の子。放送では「次男」とする（法律では「二男」）。「次女」も「二女」とはしない。

コラム

ニュースの常とう表現
●決まりもののニュースで使われる常とう表現

「警察は犯人の行方を全力を挙げて捜しています」「熱心に見入っていました」「～の風物詩です」「～に舌鼓を打っていました」という表現は，ニュースでよく使われる常とう表現である。こうした表現は，書き手にとってはニュース原稿が速く書け，便利な表現である。反面，文章を陳腐にし，型にはまったものの見方しかできなくさせてしまう危険がある。こうしたことから，放送では，常とう表現を多用することを避けるようにしている。

なお，「全力を挙げて捜しています」といった表現については，警察が犯罪や犯人の捜査を行うのは当然のことであり，「全力を挙げて」などと特別に述べる必要はないという考え方もある。

●ニュース特有の文体

ニュースには「～しており」「～したものの」「～することから」「～として」といった言い方が頻繁に出てくる。これらもニュースの常とう句の一種である。これらはセンテンスを長くし，前後の意味のつながりをあいまいにして，聞いている視聴者を混乱させかねない。例えば，「～しており」は，場合により「～しているので」「～したのに」「～していて」など，いろいろな意味になる。ニュースでは「～しました。このため」「～しました。しかし」のように，短い文を重ね，必要なら適当な接続詞を使って，前後の関係がはっきりわかるようにするほうがよい。

●「など」の多用

ニュースを伝えるときに「～など」を多く使う場合がある。これであると断定すると，正確ではないので，「など」を付けるのもわかるが，正確にと考えて付けた「など」が，その内容をあいまいなものにしてしまう場合もある。また，「など」をやたらと付けると日本語として不自然な言い方になる場合も多い。

すべてを取るというわけにはいかないかもしれないが，いくつかの「など」を省くと，文章がすっきりする場合もある。

■ しねつ〜しやせ

地熱 読み〉 ①チネツ ②ジネツ

　「地熱発電所」の読みは，地元の慣用に従う。

しば犬［˟柴］ 読み〉 ○シバイヌ　×シバケン

地場産業・地元産業

　「地場産業」は「西陣織」など立地条件や歴史的な面で土地との結び付きが強い場合に使われる。

　「地元産業」と置き換えても補足説明によって「地場」のニュアンスが出せる場合には，「地元産業」を使うほうがよい。

四半世紀 読み〉 ○シハンセイキ　×ヨンハンセイキ

四百四病 読み〉 ○シヒャクシビョー　×ヨンヒャクヨンビョー

四分六（分） 読み〉 ○シブロク（ブ）　×ヨンブロク（ブ）

四分五裂 読み〉 ○シブンゴレツ　×シブゴレツ

事変の呼び方 ☞「**戦争・事変などの呼び方**」

死亡者の示し方 ☞「**2桁の死亡者**」

〜しまい ☞「**〜まい**」

字幕

　文字訂正のアナウンスの場合，「ニュースの字幕に誤りが…」というように「字幕」ということばを使うことはできるだけ避け，「画面の文字が間違っていました」などと言う。

四万六千日

　読み〉 ○シマンロクセンニチ　×ヨンマンロクセンニチ

市民運動 ☞「**住民運動・市民運動**」

借地借家法（法律用語）　読み〉 ○シャクチシャッカホー

　ただし，法律用語以外の「借家」関連の語はいずれも「シャクヤ」とする。

釈放 ☞「**人質の処刑・釈放**」

車線

　「○車線の道路」という場合，視点，立場によって，「片側○車線」の意味にも，道路全体の車線の意味にも使われ，意味の取りにくい場合がある。文脈によって，「上り下り（合わせて）○車線」な

どと表現して、誤解のないようにする。

片側のみの車線数が問題になる場合には、「片側○車線」「上り（下り）○車線」「内回り（外回り）○車線」などと表現する。

弱冠〔ジャッカン〕

適切な場合に限って使い、乱用しないようにする。

特に女性には使わない。　×若冠

（注）本来は「20歳」を意味するが、現在では相対的な若さの表現として使われている。

車粉　☞「粉じん（公害）・車粉（公害）」

三味線　読み〉○シャミセン　×サミセン

沖縄の「三線」は〔サンシン〕。〔ジャミセン〕とは言わない。

週・週間

一般には日曜日から土曜日までを指すが、任意の曜日を起点とする7日間を意味する場合もある。

「週間天気予報」（翌日から7日間の天気・気温・降水などの予報。毎日発表）　☞「1週間の区切り」、「週末」

収集・収拾

収集 … （寄せ集める）切手の〜　ごみを〜する　遺骨〜

収拾 … （混乱を収める）事態の〜　〜がつかない

重傷・軽傷

重傷 … 30日以上の治療を要する場合。

軽傷 … 30日未満の治療を要する場合。

具体的にけがの程度を「○日」などというときは、「およそ」「程度」を付ける。

なお、アナウンスでは、「大けが（をした人）」「軽いけが（をした人）」と言うほうがわかりやすい。　☞「軽傷」

修飾語の位置

〈例〉新しい会社の机が…

例文は「新しい」が「会社」だけにかかるというように誤解されるおそれがある。修飾語は、できるだけかかることばの近くに

■ しゅう

置くほうがよい。机を修飾する場合は,「会社の新しい机が…」などとする。

終戦の日・終戦記念日

　8月15日は「終戦の日」と言い,「終戦記念日」は使わない。同様に8月6日(広島),9日(長崎)も「原爆の日」と言い,「原爆記念日」は使わない。

縦断(台風)　☞「横断・縦断」

集中豪雨

　警報基準を超えるような局地的な大雨を言う。その範囲や雨量に,はっきりした定義はない。

　☞「豪雨・豪雪」

拾得・収得

　拾得 …(拾う)遺失物〜　〜物
　収得 …(自分のものにする)〜罪　〜税

十八番(歌舞伎〜)　読み ○ジューハチバン　×オハコ

　「得意芸」の意味では　○オハコ(ジューハチバンとも)

週末

　「週末」は,指す範囲があいまいなので,注意する。
　①土曜日
　②土曜日と日曜日
　③金曜日の夜から月曜日の朝まで

　なお,②③は週末休暇,レジャーなどの関連で使う場合が多いが,その際,週休2日制の普及の状況を考えて,たとえば「土曜の午後から」とするような配慮も必要である。

　☞「週・週間」,「1週間の区切り」

住民運動・市民運動

　厳密に区別はつけにくいが,次のようなニュアンスの違いを考慮して,適宜使い分ける。

住民運動 … 特定の地域の住民が,地域的利害に関して行う運動。
市民運動 … 特定の地域を超えた運動。政治的要求を掲げる場合が

多い。

なお、「住民運動」「市民運動」を使わずに「〜を求める運動」「〜に反対する運動」などと運動の内容を具体的に表現したほうがよいこともある。

終了ししだい ☞「〜しだい」

主客（〜転倒） 読み〉○シュカク　○シュキャク

修行・修業〔シュギョー〕

修行 …（仏法、武道）武者〜　〜僧　剣の〜を積む

修業 …（学問、技芸、職業）親方の下で〜する　花嫁〜　板前〜

（注）「修業証書」は〔シューギョーショーショ〕。

粛清・粛正

粛清 …（厳しく取り締まって不正なものを排除する）反対派の〜　血の〜

粛正 …（厳しく取り締まって不正をなくす）綱紀〜

主催・主宰

主催 …（中心になって催す）本社〜　〜団体　〜責任者

主宰 …（上に立ってことにあたる）雑誌を〜　劇団を〜

首相指名・首班指名

アナウンスでは、「総理大臣指名」、画面表記では、「首相指名」とする。×首班指名

受章者・受賞者

受章者 …（勲章・褒章）文化勲章の〜　紫綬褒章の〜

受賞者 …（一般の賞）放送文化賞の〜　菊池寛賞の〜

（注）賞を授与する式典は、「授賞式」　×受賞式

入水

時代語としての「入水」は〔ジュスイ〕と読み、「水に飛び込んで自殺すること」を言う。

「入水自殺」「入水心中」など、現代語として使われる場合もあるが、ニュースでは「身投げ」「投身自殺」「川へ飛びこんで自殺（心中）しました」などと言いかえるほうがよい。

■ しゅせ〜しゅれ

首席・主席
　首席 …（第1位の席）〜全権　〜代表　〜で卒業
　主席 …（地位を表す称号）国家〜　党〜

出国　読み＞　○シュッコク　×シュツゴク
　なるべく「日本を出る」などと言いかえる。
　なお，「入国」も　○ニューコク　×ニューゴク

出所〔シュッショ〕☞「**出所**〔デドコロ〕」

出生　読み＞　①シュッショー　②シュッセイ
　「出生率」「出生届」「出生地」などの複合語も，これに準ずる。

出廷・入廷
　出廷 … 被告，証人など裁判所から出頭を求められた人が，法廷に出ること。
　（注）退廷（法廷の外に出る）と誤解されないように注意する。
　入廷 … 裁判官，検事，弁護士，傍聴人などが法廷に入ること。
　（注）アナウンスではなるべく「法廷に入る」と言いかえる。

出入国　読み＞　○シュツニューコク　×シュツニューゴク

衆徒　読み＞　①シュト　②シュート

手動　読み＞　○シュドー

首都圏
　法律的には，「首都圏整備法」に決められた区域1都7県（東京，埼玉，千葉，神奈川，茨城，栃木，群馬，山梨）を指すが，一般的には，東京および東京と密接に関連をもつ周辺地域を言う。
　住宅，通勤，輸送など東京と関連するテーマによって，広い意味と狭い意味がある。

主婦する　☞　コラム「サ変動詞○○＋する」(p.88)

手りゅう弾〔×榴〕**・手投げ弾**　読み＞　○シュリューダン　○テリューダン
　「手りゅう弾」は耳で聞いてわかりにくいので，なるべく「手投げ弾」〔テナゲダン〕を使う。〔テリューダン〕は旧軍隊読み。

手練（〜の早技）　読み＞　○シュレン　×テレン（「手練手管」は〔テレンテクダ〕）

順風満帆 読み＞ ○ジュンプーマンパン ×〜マンポ

　語感の古いことばであり，放送では「順調に進む」などと，適切な表現を工夫する。

「所」の付く語

　◎〔〜ショ〕という発音だけを認める語

　　区役所　刑務所　工事所　拘置所　港務所　碁会所　裁判所
　　事務所　市役所　社務所　宗務所　商工会議所　駐在所　登記所

　◎〔〜ジョ〕という発音だけを認める語

　　試験所　授産所　出張所　紹介所　洗面所　送信所　放送所

　◎〔〜ショ〕〔〜ジョ〕の2通りの発音を認める語

　　安置所　安定所　案内所　印刷所　売りさばき所　営業所
　　観測所　管理所　休憩所　訓練所　検疫所　研究所　研修所
　　検定所　講習所　作業所　撮影所　宿泊所　信号所　診療所
　　製材所　製作所　精算所　製鉄所　精米所　造船所　相談所
　　測候所　託児所　中継所　通信所　手洗い所　手形交換所
　　鉄工所　取次所　取引所　農業改良普及所　派出所　発着所
　　発行所　発電所　販売所　避難所　引換所　変電所　保育所
　　保護観察所　療養所　連絡所

上意下達 読み＞ ○ジョーイカタツ ×〜ゲダツ

少雨〔ショーウ〕

　雨が少なく日照りになりそうなときに，「少雨情報」という言い方で使われる。雨が少ない見込みなどと説明を付けたほうがよい。

上下両院 読み＞ ○ジョーカリョーイン ×ジョーゲ〜

　「上院・下院」「上院と下院」などと言いかえるほうがよい。

召喚・召還

　召喚 …（呼び出す）〜状　裁判所に〜する
　召還 …（呼び戻す）大使を本国に〜

償却・消却

　償却 … 減価〜　〜年限　〜資産
　消却 … 買い入れ〜　負債の〜

■ しよう

象形文字 読み ①ショーケイモジ ②ショーケイモンジ

正三位 読み ○ショーサンミ ×ショーサンイ

　なお、「従三位」は　○ジュサンミ　×ジューサンイ

焼死・焼け死ぬ

　「焼け死ぬ」は語感上強い印象を与えるので使わない。

　「焼死」もできるだけ避け、「火事で死亡」などとする。

　☞「**溺れ死ぬ**」

召集・招集

　召集 … 日本の国会、旧日本軍に限定される。

　〈例〉国会の召集、(旧日本軍の) 召集令状

　　招集 … 地方議会、自衛隊、外国の議会、外国軍隊など一般的には、この表記を使う。

　〈例〉会議を招集する、予備役の招集

生じる　☞「**起きる・起こる**」

小豆〔ショーズ〕

　商品市場での取り引きに限って使う。

　☞「**小豆**〔アズキ〕」

定石・定跡〔ジョーセキ〕

　定石 … (囲碁・一般の場合)　～どおり進める

　定跡 … (将棋の場合)

焼酎〔ショーチュー〕

常とう表現　☞ コラム「**ニュースの常とう表現**」(p.97)

鍾乳洞〔ショーニュードー〕

　表記は「鍾乳洞」とする。「鍾」は表外字特例。　×「鐘乳洞」

少人数 読み ①ショーニンズー ②ショーニンズ

生年(〜16歳) 読み ○ショーネン　×セイネン

　　(〜月日) 読み ○セイネン　×ショーネン

上半身 読み ○ジョーハンシン　×カミハンシン

商標名　☞ コラム「**商品名**」

正法眼蔵(書名) 読み ○ショーボーゲンゾー　×ショーホーガンゾー

消防署員・消防士・消防官
　一般的な場合は、「消防署員」とする。必要に応じて「消防士」「消防官」を使う。
　消防士…消防に従事する人。消防吏員の階級名。
　消防官…人員募集などで使う。
条理・情理
　条理…（理論・筋道）〜が立たない言い分　不〜劇
　情理…（情け・義理）〜を尽くして説く
省略　☞ **コラム「ことばの省略」**（p.107）
精霊（〜送り）　[読み] ○ショーリョー　×セイレイ
精霊船　[読み] ショーリョーブネ（一般），セイレイセン（京都府宮津地方）
　地元での呼び方が全国的な呼び方と異なる場合で、地域の特殊性の強いものはその地域の読みにする。
　ただし、必要のある場合は、「一般的には○○と言われています」などと説明を付ける。

コラム

商品名
　NHKでは広告宣伝放送が禁止されている。それがニュースや番組に必須の要素である場合を除いて、商品名を放送しないことになっている。
　商品名などの特定名称ではなく、一般名称を使う。たとえば、「宅急便」は特定の商品名であるため、一般名称である「宅配便」に言いかえて使う。
　「セロテープ」も特定の商品名であり、「セロハンテープ」と言いかえて使っている。

■しよう〜しよな

条例・条令
条例…地方公共団体が議会の議決によって制定するもの。
〈例〉東京都条例
条令…箇条書きの法令。〈例〉法律の条令。

女王 読み ○ジョオー ×ジョーオー

小人〔ショーニン〕 ☞「**大人・中人・小人**〔ダイニン・チューニン・ショーニン〕」

女官 読み ①ジョカン ②ニョカン（皇室用語はニョカン）

植物人間
　　人間と植物を同一視する表現であり，人間の尊厳を尊重する立場から望ましくない。「○か月間意識がない」「自力で動いたり食事をしたりすることができない」「声は出るが意味のあることばが話せず，意思疎通ができない」などその人の状態で表現する。

食料・食糧
食料 …（食べ物やその材料）〜品　生鮮〜　〜事情
食糧 …（主に主食，穀物）〜庁　〜自給　〜年度
　　ただし，この使い方はさまざまで，農林水産省は，法律に基づく「食糧庁」や「食糧管理制度」を除いては「食料」を使っている。

処刑 ☞「**人質の処刑・釈放**」

徐行運転
　　新幹線などの高速列車の減速の場合は，画面表記では，「減速運転」，アナウンスでは，「速度を（時速〜キロまで）落として（下げて）進みました」とする。
　　高速列車でも，すぐ止まれる速度の場合は，「徐行運転」を使ってもよい。

所帯・世帯
所帯〔ショタイ〕…　〜やつれ　〜じみる　〜をもつ
世帯〔セタイ〕……（戸籍・統計などの場合）〜主　〜数

初七日 読み ①ショナヌカ・ショナノカ　②ショシチニチ

諸派

立候補者の党派別集計の際，解散時に議席のなかった党は，「諸派」として扱う。

ただし，個々の候補者の所属を伝える際は，党名を使う。

新羅　読み〉○シラギ

現代韓国・朝鮮語の原音（字音）読みである〔シルラ〕や漢字の日本字音読みの〔シンラ〕も一部で行われており，番組の趣旨や内容により，それぞれ適宜使ってもかまわない。

〔シラギ〕は古くから日本で言われている呼び名で定着しているが，現在の中学・高校の歴史教育では〔シンラ〕という呼び名（漢字の日本字音読み）や〔シルラ〕という呼び名（現代韓国・朝鮮語に基づく原音〈字音〉読み）も出てきている。

〔シラギ〕という呼び名を多くの教科書がなんらかの形で教えており，学校教育では，3とおりにわたる呼び名のいずれかを教えている状況である。

コラム

ことばの省略

日本語に限らず海外のことばでもことばの省略はよく行われている。また，これはマスコミに限らず，一般でもよくされることである。

電卓，パソコン，エアコンや政治のことばでは総理，衆院，外国語では，DNA，EUなどがある。そのほか，身近なものでは，コンビニ，スーパーなども，省略したことばが定着したものである。

ことばの省略は，簡潔に物事を伝えるのには適している。一方で，ことばを隠語化・特殊化してしまう。こうなると，意味が一般の人に伝わりにくくなり，送り手の意志の伝達を妨げる。

放送では，省略したことばを絶対に使わないとは言えない。意味が十分通じると判断した場合には省略したものを使う場合もある。しかし，無条件に使うのではなく，文章や番組でそのことばが初出するところでは省略しない形をいい，次から省略した形で伝えるなどの工夫をしている。

■ しらな～しんく

なお，表記は，〔シラギ〕〔シンラ〕という呼び名を使う場合は「新羅」という漢字表記でよいが，〔シルラ〕という呼び名の場合は，カタカナ表記となる。

☞「**百済**〔クダラ〕」

知らなすぎる・知らなさすぎる

助動詞「ない」の語幹の「な」のあとに，「さ」を入れずに，「知らなすぎる」のように言うのが一般的である。

ただし，「勉強をしなさすぎる」「来なさすぎる」のように，「な」の前の動詞が1音節のときは，「さ」を入れてもよい。

自力 読み ○ジリキ ×ジリョク

じりじりと遅れる

「じりじりと」は本来，「ある状態に少しずつ近づいていくさま」を意味し，「じりじりと距離を縮める」のように使われる。

マラソンの実況などで使われる「じりじりと遅れる」「じりじりと離される」というような表現は適切でない。

白一色 読み ①シロイッショク ②ハクイッショク

雪や霜の情景の描写や，競技場の観客席の情景などの描写では，原則として〔シロイッショク〕と言う。

ただし，文章全体が文語調，漢文調の場合など〔ハクイッショク〕と言うほうが適切なことがある。

師走 読み ○シワス ×シハス

ジンクス

「ジンクス」は「縁起の悪いもの（こと・人）」というのが英語本来の意味だが，日本語の中では，縁起の悪い場合とよい場合の両方の意味で使われている。

外来語について，その本来の意味や使い方を守るべきか，それとも，日本語として考えるべきかは，常に議論のあるところである。この語のように，人によって受け取り方に違いのあるものは，放送ではなるべく使わずに別の言い方を工夫するようにしたい。

人口

　人口を表現する場合は，原則として「人口○万」とするが，必要な場合には，「人口○万人」と「人〔ニン〕」を付けてもよい。

親書・信書

　親書 … （自筆の手紙）大統領の〜

　信書 … （個人間の手紙）〜の秘密

神職・神官

　一般には「神職」という。伊勢神宮の場合は「神官」を使うこともある。「神主さん」という呼称は，一般的な呼び方として使ってもよいが，正式な呼称ではない。

じんちょうげ［△沈丁△花］　読み〉○ジンチョーゲ　×チンチョーゲ

神道　読み〉○シントー　×シンドー

振動・震動

　振動 … （揺れ動く）振り子の〜　速力計が〜する　音の〜数

　震動 … （ふるえ動く）地震の〜　火山の〜

真筆・親筆

　真筆 … 真偽が問題の場合。

　親筆 … 身分の高い人が自ら書いた筆跡。

真面目　読み〉2つの意味があり，意味によって読み方が異なる。

　「本体そのままのありさま」の意味の場合：①シンメンモク　②シンメンボク　×マジメ

　真剣な態度の意味の場合：マジメ

森羅万象　読み〉○シンラバンショー　×シンラマンショー

■ す〜すへき

す

「頭〔ズ〕」の付く語 ☞「頭〔トー・ズ〕」の付く語

水害関係のことば ☞「風水害関係のことば」

水郷 読み〉①スイキョー ②スイゴー

　　固有名詞の場合は,地元の呼称による。

　　〔スイキョー〕… 大分県日田市ほか

　　〔スイゴー〕…… 茨城県霞ヶ浦周辺,福岡県柳川市ほか

遂行 読み〉○スイコー ×ツイコー

水上オートバイ・水上バイク

　　両方ともそのまま使ってよい。自動二輪車のような区別はなく,同じ意味で使われている。船舶安全法では「水上オートバイ」。

枢機卿（表外字特例）〔スーキキョー〕

　　Cardinalの訳語。読みは,カトリック教の全国司教会議の取り決めによる。

　　〔スーキケー〕という読みもあるが,放送では〔スーキキョー〕と読む。

末〔スエ〕 ☞「月末」の「末」

スクーター ☞「バイク」

すけそうだら・すけとうだら 読み〉①スケソーダラ ②スケトーダラ

　　略称の場合は, ○スケソー ×スケソ

　〈例〉すけそう漁　すけそう漁船

すべき・するべき

　　本来は「すべき」であるが,口語のサ変動詞「する」に「べき」が接続した「するべき」という言い方も認められる。

　　文語的表現なので,放送では,なるべく使わないほうがよいが,口語的な表現の「しなければならない」が冗長に感じられる場合は,「すべき」「するべき」を使ってもよい。

〈例〉本来,国のするべき仕事ではないうえ…

　→　本来は,国の（しなければならない＝する）仕事ではないうえ…

すほ〜するこ

スポーツ選手の呼称

　NHKではスポーツ選手の呼称については次のように決めている。

①スポーツニュースでは，原則として選手名に呼称を付ける。

　　ただし，実況中継や試合展開を追う形式のニュースなど，テンポの必要な場合は原則として，選手名に呼称を付けない。

②呼称としては，「〜選手」「〜関」「〜投手」などを適宜使い分ける。

③プロ・アマ・外国人などによる区別はしない。

住めば都

　「住み慣れれば，どんな土地でも住み心地が良くなるものである」という意味であり，「住むなら都会がよい」という意味で使うのは誤りである。☞ **コラム「ことわざの意味のゆれ」**（p.81）

スモッグ

　煙（smoke）と霧（fog）の合成語。狭義には，ばい煙で汚れた霧を指す。広義には，霧と関係なく見通しを悪くするような高濃度の大気汚染を示す場合に使われている。「光化学スモッグ」などはその一例である。

　スモッグを「煙霧」と誤解しやすいが，「スモッグ」と「煙霧」とは別なので注意する。☞ **「煙霧」**

○○＋する　☞ **コラム「サ変動詞○○＋する」**（p.88）

〜することから

　〈例〉円高不況が深刻になっていることから，県では…

　　　まもなく冬休みを迎えることから，県教育委員会では…

　ニュースでは「〜することから」がよく使われるが，話しことばとしてはあまり使われない言い方である。

　原因や理由を表す場合は「〜ので」「〜するため」といった日常語を使ったり，「冬休みを前に県教育委員会では…」などと構文を変えたりして，できるだけ「〜することから」を使わないようにする。

☞ **コラム「ニュースの常とう表現」**（p.97）

■ するこ〜するま

〜することにしています

　「〜の予定です」「〜の方針です」などと言いかえられる場合には，そのように表現したほうがよい。

　警察・行政関連のニュースなどで，「〜することにしている」が多用されるが，耳障りに感じられることがある。この言い方は，どちらかといえば，将来の方針や予定などで，必ずしも確定的でないときに使うことばであろう。それを翌日の確定的な予定などにまで使っている場合が多い。

〜するなどして

　ニュース文章特有の不自然な言い回しなので，使わないほうがよい。「ほかにもいろいろしたが」というニュアンスが含まれてはいるが，「〜して」「〜したりして」で十分である。

　また，「〜したり，〜するなどして」は誤った言い方で，「〜したり，〜したりして」とする。☞「**〜たり〜たり**」

〜する前・〜しない前

　　○〜する前

せ

「セイ」の発音 ☞ コラム「エイ・ケイ・セイ」の発音 (p.25)

制圧・征圧
　制圧 … 敵を〜する　反対派を〜する
　征圧 …（ガンのみ）ガン〜月間

西域〔セイイキ〕 ☞ **西域**〔サイイキ〕

成育・生育
　成育 …（主に動物の場合）稚魚の〜場
　生育 …（主に植物の場合）稲の〜

世紀の数え方 ☞「20世紀・21世紀の数え方」

盛漁期 読み ①セイギョキ　②セイリョーキ
　なるべく「漁業の忙しい時期」「漁〔リョー〕の盛んな時期」などと言いかえる。☞「**漁**〔ギョ〕の付く語」

成句などの用法 ☞「ことわざ・成句などの用法」

製作・制作
　製作 … 〜所　〜工場　機械の〜，映画の〜（慣用による）
　制作 …（芸術作品などの場合）番組の〜　卒業〜　絵画を〜する

清算・精算
　清算 …（結末をつけること）〜取り引き　借金の〜　過去を〜する
　精算 …（細かに計算すること）運賃〜　概算払いの〜

青春する ☞「**サ変動詞**」

正装・盛装
　正装 …（正式の服装）〜と略装
　盛装 …（着飾ること）〜を凝らす

成長・生長
　成長 … 経済〜　〜期の子ども　動物の〜　植物の〜
　生長 …「〜の家」のように固有名詞の場合など

■ せいと〜せつた

生徒・児童
　生徒 … 中学,高校,各種専門学校
　児童 … 小学校
　学生 … 大学,高等専門学校
　☞ 「**学生・生徒・児童**」

生年　読み〉セイネン …… 〜月日
　　　　　　　ショーネン … 〜16歳

西方　読み〉セイホー（一般），サイホー（仏教），
　　　　　　ニシガタ（相撲）

精も根も疲れ果てる　☞ **コラム「混交表現」**（p.83）

積雪ゼロ
　　放送では,たとえば「小雪がちらつくかもしれませんが,（雪は）積もらないでしょう」などと言いかえを工夫する。また,ニュースや番組のあいさつでは,「雪はほとんどありません」などとする。
　　気象関係者は,観測法に従って,「積雪ゼロ」あるいは「積雪なし」と表現する。

脊椎　読み〉○セキツイ　×セキズイ

施工　読み〉○セコー　×シコー（「施行」は〔シコー〕）

世帯数　読み〉○セタイスー　×ショタイスー
　（「所帯をもつ」は〔ショタイ〕）

節気　☞ **季節感の表現と節気**

節制・摂生〔セッセイ〕
　節制 …（慎むこと）酒・たばこを〜する
　摂生 …（養生すること）〜を重んずる　不〜な生活

絶対・絶体
　絶対 … 〜多数　〜主義　〜権　〜量
　絶体 …（「〜絶命」のみ）

迫る勢い

〈例〉(県内の交通事故による死者は) 1月としては過去最も多かった51年の23人に迫る勢いとなっています。

　交通事故の死者の数を言う場合には，期待感が含まれるため不適切な表現である。

　選挙の開票速報でも使われることがあるが，ニュースではこの表現を使わないほうがよい。

0〔ゼロ・レイ〕

　数字の「0」「零」は，原則として〔レイ〕と読む。

　ただし，「無い」ということを強調する場合，および固有の読みが決まっている場合は，〔ゼロ〕と言っても差し支えない。

〈例〉海抜ゼロメートル地帯　死亡者ゼロ　ゼロ歳児　零(ゼロ)戦

　なお，画面表記では「死亡者0」となっているような場合でも，アナウンスでは，「死亡した人はいませんでした」などと表現したほうがよい。

ゼロ歳児・0歳児

　「ゼロ歳児」ということばは使ってよい。しかし，1回は必ず「1歳未満の乳児」とか，場合によっては「(お)誕生日前の赤ちゃん」などと言い添えをする。〔レイサイジ〕とは言わない。

瀬渡し船〔セワタシブネ〕

　放送では，耳で聞いてわかりやすいように，〔セワタシブネ〕と読んだほうがよい。

　なお，関係者の間では，〔セワタシセン〕という慣用がある。

　☞「**遊漁船**〔ユーギョセン〕」

1000の読み方　☞**第5章「数字の発音」**

前〔ゼン〕・元〔モト〕(職業名・役職名)

　一般的には，職業名，役職名ともに「元警察官」「元小学校校長」というように「元」を付けるのが普通。

　ただし，その在任期間・順序が重要な要素となる場合や役職名を使う場合は，「前」「元」をはっきりさせることが多い。

■ せんい～せんせ

専一 読み ○センイツ ×センイチ

前科・前歴

　犯罪関係の用語としては次のように使う。

　前科 … 有罪の判決を受けた場合。

　前歴 … 有罪の判決を受けていない「逮捕歴」と「前科」を合わせて言う。

　なお，手口が類似した犯罪ではなく，まったく別の事件であれば，「前科」「前歴」に言及しないのが，人権報道の基本である。

千客万来 読み ○センキャクバンライ ×センキャクマンライ

選挙用語 ☞「**大票田**」,「**七つ道具**」

千言万語 読み ○センゲンバンゴ ×センゲンマンゴ

千載一遇 読み ○センザイイチグー ×センサイイチグー

漸次 読み ○ゼンジ ×ザンジ

　（「しばらく」の意の〔ザンジ〕は「暫時」と書く）

千字文 読み ○センジモン ×センジブン

千社札 読み ○センジャフダ ×センシャフダ

船主〔センシュ〕 ☞「**船主**〔フナヌシ〕」

千手観音 読み ○センジュカンノン ×センテカンノン

全焼・半焼・部分焼・ぼや

　東京消防庁では，次のように使い分けている。

　全焼……火災のあった建物の残存部分に補修を加えても再使用できない場合。または建物の面積の70％以上が焼失した場合。

　半焼……建物の面積の20％以上70％未満が焼失した場合。

　部分焼…建物の10％以上20％未満が焼失した場合。または，全焼，半焼にあたらず，3.3平方メートル以上が焼失した場合。

　（注）放送では，「部分焼」は使わない。「一部が焼けた」などとする。

　ぼや……建物の面積の10％未満で，かつ3.3平方メートル未満が焼けた場合。または建物の中にある家具などが焼けた場合。

先生の呼び方

　（1）各学校とも一般的に言う場合は「先生」。必要に応じて（2）

に示した肩書きをつける。
(2) 各学校の長については　1.大学は「学長」を原則とする　2.高等専門学校，高等学校，中学校，小学校，各種学校は「校長」を原則とする　3.幼稚園は「園長」を原則とする
(3)「教師」は他称としてはさけたほうがよい。教授・准教授を「教官」ということがある。資格名として「教諭」を使うこともある。

戦争・事変などの呼び方

　　放送では次のように呼ぶ。☞「**終戦の日・終戦記念日**」
(1) 日清戦争（1894年8月～1895年4月）　×～戦役
(2) 日露戦争（1904年2月～1905年9月）　×～戦役
(3) 第1次世界大戦（1914年7月～1918年11月）
(4) 満州事変（1931年9月～）
(5) 上海事変（1932年1月～）
(6) 日中戦争（1937年7月～1945年8月）
　　×支那事変　×日華事変　×中日戦争　×日華戦争
(7) 太平洋戦争（1941年12月～1945年8月）
　　（注）「大東亜戦争」は原則として使わない。
(8) 第2次世界大戦（1939年9月～1945年8月）
　　（注）ヨーロッパ，アフリカ，大西洋地域，太平洋地域における戦争を総称するもの。
(9) 朝鮮戦争（1950年6月～1953年7月）　×朝鮮動乱　×朝鮮事変

前半　読み＞　○ゼンハン　×ゼンパン

全半焼

　　ニュースの画面表記で，このことばを使うのはやむをえない。
　　アナウンスの場合，小規模な火事の短いニュースでは，「全半焼」という表現でよい場合があるが，大きな火災のニュースでは，「全焼」「半焼」をきちんと分けたほうがよい。

千変万化　読み＞　○センペンバンカ　×センベンマンカ

千万無量　読み＞　○センマンムリョー　×センバンムリョー

専門用語　☞　**コラム「専門用語」**（p.118）

■ せんり～せんを

全力を挙げる

〈例〉(警察は)原因の究明に全力を挙げています。

「～に全力を挙げる」が,不必要な場合に使われていることが多い。警察が全力を挙げるのはあたり前のことである。常とう的な大げさな表現になりがちなので,乱用しないほうがよい。

☞ **コラム「ニュースの常とう表現」**(p.97)

先を越す 読み ①センオコス ②サキオコス

現代語としてはやや古めかしい。放送では,なるべく「先手を打つ」などとほかの表現を使う。

コラム

専門用語

　放送では,いろいろな分野の専門用語が出てくる。一般の人たちにはなじみがなく,意味が伝わりにくい。しかし,専門的な事柄がニュースになる場面も多く,専門用語をまったくなくすことは難しい。専門用語を使わざるを得ない場合には,わかりやすく説明・言い添えをしたうえで,意味が通じるように注意しながら使う。

　専門用語の中には,ある時期,ニュースで多く取り上げられることによって,一般語化するものもある。こうしたものは,説明や言い添えを省くこともあるだろう。

　一方,いつまでも一般語化しない場合も多い。

　それぞれ的確な言い添えや説明を加え,視聴者が理解できるように配慮しなくてはいけない。

そ

早急 読み ①サッキュー ②ソーキュー

できるだけ,「取り急ぎ」「すぐに」「急いで」などと言いかえる。

相好（～を崩す） 読み ○ソーゴー ×ソーコー

相殺 読み ○ソーサイ ×ソーサツ

総長 ☞「学長・総長」

壮図・壮途〔ソート〕

壮図…（壮大な計画）～むなしく ～を抱く

壮途…（前途が期待される盛んな門出）勇躍～につく

曹洞宗 読み ○ソートーシュー ×ソードー～

総理大臣指名

アナウンスでは「総理大臣指名」,画面表記では「首相指名」とする。 ×首班指名

造林・植林

造林…「天然林」に対して言う。また,「植林」を含め,一連の作業を継続的に行う場合にも使う。「人工～」「～作業」など。

植林…木を植えることに重点を置く場合に使う。「植林」は「造林」の手段である。

素地 読み ①ソジ ②ソチ

空念仏 読み ソラネンブツ…口先だけの念仏。

☞「**空念仏**〔カラネンブツ〕」

それに

〈例〉立ち入り調査を受けたのは,A社,B社,C社,それにD社の4社で…

複数のものを並列させるとき,ニュースでは,最後のものの前に「そして」とか「それに」などの接続語を入れることがある。とくにラジオニュースでは,最後に「それに」を入れることで「これで終わり」という意味合いをもたせることができる。

ただし,最後に接続語を入れると,D社を強調しているように

■ それに〜そん

受けとれるという意見もあるので、読み方に工夫が必要である。
それによりますと

　ニュースなどで、発言や報告書、調査結果を具体的に言うときに使う。「こうした中で」などとともに、ニュース文章特有の決まり文句の1つで、乱用すると耳障りである。

　言いかえるとすれば、「この○○の発言は…」「この報告書（調査）では、…」など。

　なお、「それによりますと」で始めれば、「〜となっています」と結ぶのが首尾一貫した使い方である。

「存」の付く語　読み

　①〜ゾン　②〜ソン…依存　共存　現存　残存　併存
　○ソン　○ゾン…既存
　ソン … 存続　存廃　存立　存亡
　ゾン … 存念　存命　異存　生存

た

「大」の付く語

　ダイ（呉音）… 大寒　大事　大上段　大道（商人）　大同小異
　　　　　　　　大力　大黒柱
　タイ（漢音）… 大安　大気　大義名分　大業　大志　大敵　大道
　　　　　　　　（天下の～）　大破　大輪（～の花）　大略　大漁
　ダイ（呉音）タイ（漢音）… 大願成就
　オー（訓）… 大当たり　大一番　大入り　大歌舞伎　大看板
　　　　　　　大御所　大散財　大地震　大所帯　大勝負
　　　　　　　大掃除　大立者　大手　大名題　大吹雪　大雪

☞ **コラム「大」の付く語の読み**（p.31）

第○日・○日目

　「第○日目」は誤り。「第○日」または「○日目」とする。
　「第○回・○回目」なども，同様である。

大安　読み　○タイアン　×ダイアン

大安吉日　読み　①タイアンキチジツ　②タイアンキチニチ

大家　読み　○タイカ（その道の～）　○タイケ（資産家）　○オオヤ

体外受精（児）　×体外授精（児）　×胎外授精（児）

代替え地・代替地〔ダイガエチ・ダイタイチ〕

　原則として「替え地」「代わりの土地」などと言いかえる。

大寒　読み　○ダイカン　×タイカン

大規模　読み　○ダイキボ　×オーキボ

大逆事件　読み　○タイギャク～　○ダイギャク～

　1910年に起きた，無政府主義者による明治天皇暗殺計画に関与したとして，幸徳秋水などがとらえられた事件。

■ たいこ〜たいた

対抗・対校

対抗…（一般の場合）日米〜野球　〜馬

対校…（学校どうしの場合）〜試合　〜戦

☞「**本命・対抗**」

太公望

なるべく「釣り人」「釣りをする人」などと言いかえる。

周（中国）の太公望の故事によると，「静かに釣りを楽しむ人，釣り糸を垂れながら思索する人」といったイメージのことばである。

第三セクター

放送では，具体的に，前後に注釈を付けて使う。

公共性の高い開発事業を行うため，国や地方公共団体と民間企業とが共同出資して事業体を作り，事業を進める方式を言う。

〈例〉○○県と○○（会社）とが共同して開発（事業）を進める，いわゆる第三セクター方式…。

泰山木（植物）　[読み]　○タイサンボク　×タイザンボク

もくれん科の常緑高木。

大事に至る

火災のニュースなどで，「さいわい，大事には至りませんでした」という表現が使われる。

古風な表現なので，なるべく使わない。火災があったのに「さいわい」もふさわしくない。

大衆　[読み]　○タイシュー（一般），○ダイシュ（仏教）

大審院　[読み]　○タイシンイン　×ダイシンイン

明治憲法下での最高の司法裁判所のこと。1947年に廃止。

体制・態勢・体勢

体制…（統一的，持続的な組織・制度）政治〜　支配〜

態勢…（一時的な対応・身構え）受け入れ〜　即応〜　着陸〜

体勢…（体の構え）射撃〜　〜が崩れる

大それた　[読み]　○ダイソレタ　×オーソレタ

代替地〔ダイタイチ〕　☞「**代替え地・代替地**」

大東亜戦争 ☞「戦争・事変などの呼び方」

大人・中人・小人〔ダイニン・チューニン・ショーニン〕

　浴場関係や遊園地，展示館などの場合には，〔ダイニン・チューニン・ショーニン〕と言う。

　ただし，その区分は，都道府県によって異なることもあるので，「中学生以上のダイニン」「幼稚園以下のショーニン」などと具体的な言い添えが必要である。

待避・退避

　待避…（交通用語）〜所　〜線

　退避…（一般）〜訓練　〜命令

大票田

　選挙関係の報道で使われる「大票田」「出馬」「一騎打ち」「七つ道具」などのことばは，いずれも古めかしくパターン化しており，時代にそぐわない言い回しである。

　「大票田」は「有権者の多い都市部（地域）」などと具体的に表現する。

　☞「**七つ道具**」

大夫　読み〉タイフ…（大名の家老など）

　　　　　　ダイブ…　東宮〜　皇后宮〜

　　　　　　タユー…（役者，遊女など。「太夫」もある）

　☞「**太夫**」〔タユー・ダユー〕

台風くずれの低気圧

　語感が悪いので，ニュース・天気予報では使わない。「台風から変わった低気圧」などと表現する。

台風の大きさと強さ

　台風の大きさと強さは，別表のように定義されている。

■ たいふ～たいへ

〈台風の大きさと強さの分類〉

●大きさの階級

階級	風速 15m/s 以上の半径
（表現しない）	500km 未満
大型（大きい）	500km 以上～ 800km 未満
超大型（非常に大きい）	800km 以上

●強さの階級

階級	中心付近の最大風速
（表現しない）	33m/s 未満
強い	33m/s 以上～ 44m/s 未満
非常に強い	44m/s 以上～ 54m/s 未満
猛烈な	54m/s 以上

台風の数え方

　台風を「個」で数えることがあるが，放送ではなるべく「1つ，2つ…」と数える。

　ただし，場合によって，「回」を使ってもよい。

〈例〉この秋，日本には台風が，2回程度上陸するでしょう。

台風の目

　台風の中心にあって風がほとんどなく，雲のない地域。大部分が円形で長方形のものも2割くらいある。直径は20～100キロメートルぐらいで，平均すると40～50キロメートルである。

　台風が日本付近に来る頃には，勢力が弱くなっていたり温帯低気圧に変わりかけていたりして，台風の目がはっきりしていないことが多い。

大舞台　読み〉 晴れの場，活躍の場の意味のときは，①オーブタイ　②ダイブタイ

　古典芸能の場合は〔オーブタイ〕のみ。×〔ダイブタイ〕

太平洋戦争の呼び方　☞「戦争・事変などの呼び方」

逮捕 ☞「**検挙・逮捕**」

大文字の送り火（京都）

　略して「大文字〔ダイモンジ〕」と表現してもよい。「大文字焼き」とは表現しない。

　〈例〉きょうは大文字の送り火でにぎわいました。

　　　　きょうは大文字，五山（の）送り火です。

ダイヤルQ²〔ダイヤル・キュー・ツー〕（商品名）

　ＮＴＴが平成元年7月から開始した情報サービス。

大量（～の難民）

　「大量」を「大量解雇」などのように，「人」に使うこともあるが，本来は「物」に付くことばであり，なるべく「大勢の～」「おびただしい人数の～」などと表現する。

大漁旗　[読み]　①タイリョーバタ　②タイリョーキ

　〔タイリョーキ〕という慣用が強い地域の放送では，〔タイリョーキ〕と言ってもよい。

大輪（の菊）　[読み]　○タイリン　×ダイリン

高い水準

　「高い水準」にはプラスイメージがあり，「倒産件数」などを言う場合にはふさわしくない。次のように言いかえる。

　〈例〉今月も○○件と，高い水準での倒産が…

　→　今月も○○件と，依然として多くの倒産が…

高飛びする　☞「**犯人を割り出す**」

高波が押し寄せる　☞「**押し寄せる**」

高まる・高くなる

　「高まる」と「高くなる」には，次のような使い分けがある。

　「高くなる」

　　(1) ある時点とある時点との状態を比較するときに使う。

　　(2) 段階的，持続的な状態を指す場合に使う。

　「高まる」

　　段階的・持続的な場合に限って使われる。

■ たかめ～たてや

〈例〉○ここ数年は就職率が年々高まっている。
　　×去年に比べて，ことしは就職率が<u>高まっている</u>。
　　→ことしは就職率が<u>高くなっている</u>。

高め・低め

　概数を示すことばを付けて「およそ○度高め（低め）」「○度ぐらい高め（低い）」と言うのはよい。

　はっきり「○度」という数字がある場合には，「○度高く（低く）」と表現し，「○度高め（低め）」とは言わない。

竹工芸　読み〉○タケコーゲイ　×チクコーゲイ
　　（「竹工」は〔チッコー〕）

竹林　読み〉①チクリン　②タケバヤシ
　　（「竹林の七賢」は，〔チクリン〕）

多言　読み〉○タゲン　×タゴン

他言（～は無用）　読み〉○タゴン　×タゲン

多士済々　読み〉○タシセイセイ　×タシサイサイ

たち　☞「ら・たち・など」

立ち会い・立ち合い

　立ち会い…（その場に居合わせる）～のもとに契約する
　　　　　　　～演説会　～人
　立ち合い…相撲の～　武道の～

宅急便　☞ コラム「**商品名**」（p.105）

達する

　「～に達する」という表現は，ある場所，状態，程度，数量などについて，ある段階に到達した場合に使われる。

　したがって，必ずしも好ましい現象にのみ使われるとは限らないが，「交通事故の死者が○○人に達しました」のような場合は，「～にのぼりました」「～に（も）なりました」のような表現にするほうが適切な場合もある。

建屋〔タテヤ〕

　原子力発電所のニュースに出てくる「建屋」ということばは，

一般にはなじみのないことばであり、1度は「原子炉などが入っている建物」と言う。

☞ **コラム**「専門用語」(p.118)

多人数 読み ①タニンズー ②タニンズ

玉ぶとり（果物）

〈例〉今年のりんごは玉ぶとりがよい（悪い）。

「玉ぶとり」は西日本の業界用語（関東、東北は「玉のび」「玉はり」など）である。地元になじんだことばであれば、地域放送では使ってもよい。

ただし、全国放送では「玉ぶとり」を使わずに、具体的に実の出来具合を説明する。

太夫〔タユー・ダユー〕

芸名の一部として使われる場合、読み方は、「太夫」の前に付く語が2音の場合は〔タユー〕と澄んで読み、1音、または3音の場合は〔ダユー〕と濁って読む。

〈例〉津太夫〔ツダユー〕 住太夫〔スミタユー〕
　　　越路太夫〔コシジダユー〕

〜たり〜たり

日本語では「〜たり〜たりする」という形になる傾向がある。しかし、最近は、文が長い場合などに、後ろの「〜たり」が落ちることが多くなっている。意味をはっきりさせ、文体を整える意味でも、放送ではこの対応は守ったほうがよい。ただし、「〜たりする」であれば、単独で使うことができる。

〈例〉○本を読んだり、手紙を書いたりする暇もない。
　　　○本を読んだりする暇もない。
　　　×本を読んだり、手紙を書く暇もない。

断続的に続く

「断続的」とは、ある一定時間、止まったり起こったりする状態を指すものである。「断続的に続く」は、そうした状態が、全体的にみれば続くということで、必ずしも重複表現とは言えない。

■たんち〜たんと

端緒 読み〉 ○タンチョ ×タンショ
　常用漢字表では〔タンショ〕だが,放送では〔タンチョ〕と読む。

暖冬 ☞「**寒冬・暖冬**」

ち

○○池〔〜チ〕 ☞「池」の付く語

地

〔ジ〕………… 地で行く　地の文　雨降って地固まる
　　　　　　　　地についた態度

〔チ〕………… 地を払う　地に落ちる　一敗地にまみれる

〔ジ〕・〔チ〕… 足が地に着かない

逐一 読み ○チクイチ　×チクイツ

竹林 読み ①チクリン　②タケバヤシ

　（「竹林の七賢」は，〔チクリン〕）

「千島列島」の地名の呼称・表記

(1) 「千島列島」（総称）は，原則として日本語名だけでよい。

(2) 北方領土を除き，千島列島の個々の島の名前と地名は，必要に応じて日本語名を言い添える。

〈例〉「アトラソフ島，もとの阿頼度島（あらいととう）」など表記についても，ロシア語名とし，必要に応じて日本語名を併用する。

〈例〉「ウルップ島（得撫島）」など。

地熱 読み ①チネツ　②ジネツ

　「地熱発電所」の読みは，地元の慣用に従う。

ちびっ子

　固有名詞に含まれているような場合には，そのまま使うのもやむをえないが，放送では「ちびっ子」はなるべく避け，ほかのことばに言いかえるほうがよい。

ちゃん（愛称）☞「**敬称の扱い**」

　学生や未成年者には「君」や「さん」を付け，学齢前の幼児には「ちゃん」を付けて呼ぶのが一般的であるが，次のような場合には，小学生についても「ちゃん」を適宜使ってもよい。

(1) 誘拐，交通事故などの痛ましい事件に巻き込まれた場合。

■ ちゃん

(2) 愛らしさを特に強調したい場合。

チャンスの芽をつかむ

　スポーツ中継などで使われているが，おかしな表現である。「チャンスをつかむ」と「チャンスの芽を摘む」という2つの慣用句の混交表現であり，誤用。

☞ **コラム「混交表現」**（p.83）

～中〔チュー〕

〈例〉ジョギング中の人が… 睡眠中の家族が…

ニュースなどで,「～中」という表現が目立つ。

表記では字数の節約になることから「～中」でもよいが,アナウンスでは,「ジョギングをしていた人が…」「眠っている家族が…」などと話しことばにしたほうがわかりやすい。

注意報・警報

注意報 … 気象による災害が予想される場合に出されるもので,「強風注意報」「濃霧注意報」などがある。

警報 …… 気象によって重大な災害が予想される場合に出されるもので,「暴風警報」「大雨警報」などがある。

「○○注意報(警報)が発令される」は使わない。放送では「～が発表(出)される」「～が出ています」「～が出ました」などとする。

中押し(囲碁) 読み 〇チューオシ ×ナカオシ

中華料理 ☞「**中国料理・中華料理**」

中間宿主 読み 〇チューカンシュクシュ ×～ヤドヌシ

寄生虫が最後の宿主に到達する前の幼生時に寄生する一時的な宿主のことを言う。

中国の地名・人名の表記と呼び方

中国の地名・人名は次のようにする。

(1) 原則として,漢字のあるものは日本で通用している漢字(中国の簡体字ではなく)で書き,日本語読みにする。(注1)

〈例〉瀋陽(しんよう) 武漢(ぶかん) 広州(こうしゅう)
　　　台北(たいほく) 楊尚昆(ようしょうこん)
　　　江沢民(こうたくみん)

(注1) 学校教科書では原音をカタカナで書いているが,放送では視聴者の理解を第一に考え,日本語読みの慣用に従う。

(2) 国際的慣用の呼び方や原音が,日本でも広く行われている中国の地名・人名などは,漢字で書いても慣用音・原音で読む。

〈例〉北京(ペキン) 上海(シャンハイ) 南京(ナンキン)

■ **ちゅう**

　　　青島(チンタオ)　香港(ホンコン)　梅蘭芳(メイランファン)
(3) 少数民族地域の地名や一部の特別な地域は，原則としてカタカナで書く。
〈例〉ウルムチ（˟烏魯木斉）　ハルビン（˟哈爾浜）
　　　チチハル（˟斉斉哈爾）　アモイ（˟厦門）　スワトウ（˟汕頭）
　　　マカオ（˟澳門）
(4) 2つの国にまたがる自然地名で，複数の呼称があるものは，日本で広く通用しているもの，公式に使われているものを採る。ただし，必要な場合は，別の呼称を使ってもよい。
〈例〉エベレスト(チョモランマ)(注2)　アムール川(黒竜江)(注3)
　　　(注2)(注3) カッコ内は中国の呼称。
(5) 注意すべき地名
　　　×揚子江　→　長江（1996.10変更）
　　　×広東（カントン）市　→　広州市（広東〔カントン〕は省名）

中国料理・中華料理

　放送では，「中国料理」「中華料理」どちらの言い方を使ってもよい。高級で本格的なものが「中国料理」，庶民的で日本式にアレンジしたものが「中華料理」という使い分けがなされる場合もあるが，必ずしもこの傾向に従う必要はない。

「中秋の名月」の表記　○中秋の名月　×中秋の明月　×仲秋の名月

虫垂炎・盲腸炎

　俗に「盲腸炎」というのは，医学的には「虫垂炎」と言う。
　放送では「虫垂炎〔チュースイエン〕」を採り，「虫様突起炎」「盲腸炎」とは言わない。

中毒

　「中毒」に関する表現は，下記のように，場合に応じて使い分ける。
(1)「○○中毒になる」
　概して慢性的症状に使うこともあるが，現在は「依存症」とする場合が多い。（アルコール中毒　→　アルコール依存症（急性は別））
　なお，これらの場合は，「○○中毒にかかる」も使える。

「麻薬中毒」は「依存症」とはしない。
(2)「○○中毒にかかる」

　概して食物中に含まれる毒に起因する場合に使う(ふぐ中毒,きのこ中毒,急性アルコール中毒など)。

(3)「○○中毒を起こす」

　概して急性的症状の場合に使う(ガス中毒,急性アルコール中毒など)。

　ただし,これらの場合は,「○○中毒になる」も使える。

中力粉(料理用語)　**読み**〉○チューリキコ　×〜リョクコ

腸炎ビブリオ菌

　食中毒の病原菌。「腸炎ビブリオ」と言うと,病名,症状と誤解されるおそれもあるので,放送では「菌」を付けて使う。

釣果〔チョーカ〕

　「釣り」の成果を言うのであり,網で採れた魚の成果などに使うのはふさわしくない。また,耳で聞いた場合わかりにくいので,「収穫」や「えもの」などと言いかえたほうが適切である。

　ただし,釣りや漁業関係の専門番組では,一般に「釣果」を使うことができる。

朝鮮(韓国・北朝鮮)の地名・人名の読み方と表記

(1) 韓国と北朝鮮の地名・人名・企業名などは,原則として,カタカナで表記し,原音読みとする。

　必要に応じて,カタカナ表記の後に漢字表記をカッコに入れてつける。

(2) 在日韓国・朝鮮人の人名も同様とする。

　ただし,本人の意思を尊重して,漢字で表記し日本語読みを使用することがある。このほか,

・日本の公的機関などが発表した場合は,原則としてそれに準拠する。

■ **ちょう**

・著名な作家,学者,芸能人,音楽家など,その名前での活動が社会的に広く知られている場合もこれを尊重する。

(3) その他

① 「原音読み,カタカナ表記」の姓と名の間には中点「・」をいれる。

〈例〉キム・デジュン（金大中）

② 漢字表記に原音読みのフリガナを付けることは,原則としてしない。ただし,フリガナ付きの漢字表記が広く知られている場合は除く。

〈例〉金達寿^{キムダルス}（作家）

③ 同じ漢字の原音読みが,韓国と北朝鮮で異なる場合があるので注意する。

〈例〉李（韓国 …〔イ〕,北朝鮮 …〔リ〕）

朝鮮（韓国・北朝鮮）の人の呼び方

(1) 朝鮮の民族を全体的に言う場合と,帰属がはっきりしない場合は,「朝鮮人」「朝鮮の人」とする。

(2) 韓国籍がはっきりしている場合は,「韓国人」「韓国の人」とする。

(3) 北朝鮮の人は,「朝鮮人」「北朝鮮の人」と言う。「北朝鮮人」とは言わない。

(4) 在日韓国人・在日朝鮮人も上記に準ずる。また,この両者を総称する場合は,「在日韓国・朝鮮人」と呼んでもよい。

朝鮮（韓国・北朝鮮）の呼び方

国の正式名称は「大韓民国」（略して「韓国」）と「朝鮮民主主義人民共和国」（略して「北朝鮮」）。

朝鮮半島全体を指す場合は「朝鮮」と言う。

朝鮮戦争 ☞「戦争・事変などの呼び方」

超電導・超伝導

　NHKでは,「超電導」に統一している。

　学術用語としては,もともと「超伝導」であったが,昭和61年ごろに,「超電導」という表記が多く使われるようになった。

重複　読み ①チョーフク　②ジューフク

重複表現　☞ コラム「**重複表現**」(p.136)

貯水池　読み ○チョスイチ　×チョスイイケ　☞「**池**」**の付く語**

沈殿池　読み ○チンデンチ　×チンデンイケ　☞「**池**」**の付く語**

コラム

重複表現

「今, 現在」は, 確かに同じ意味のことばが重なった表現であり, 普通は「今」か「現在」かのどちらか一方を言えばよい。しかし,「今」を取り立てて強調したいような時など, このように同じ意味のことばを重ねて用いることはよくあることである。それに, 聞き手にしてみれば, 意味が重なることによって, わかりやすくなるという利点もあり, 重複表現がすべてよくないということにはならない。

しかし, 一般に重複表現が好ましくないとされている放送でも, その考えから大きくはずれることはなく, 明らかな重複表現は, やはり避けたほうがよい。

たとえば,「馬から落ちて落馬して~」のように, 重複表現であることが明らかなものや,「日本に来日する」「水道の水が断水する」「色が変色する」「元旦の朝」「炎天下のもと」「工事に着工する」などはできるだけ避けたほうがよいだろう。

「今, 現在」「歌を歌う」「犯罪を犯す」などは, そのことばを強調する役割もしており, 意味が重なることでわかりやすくしているとも言える。そのため重複に見えても場合によって許される。このほか重複表現としては「排気ガス」も「排気」と「ガス」が重複しており「排ガス」とすべきであるという意見があるが, 慣用として「排気ガス」という言い方も許容される。

ついき〜つける

つ

追及・追求・追究

追及 … (追い詰める,問いただす) 責任を〜する　余罪を〜する
追求 … (あくまでも追い求める) 利潤を〜する
追究 … (深く究める) 真理を〜する　学問を〜する

通じる・通ずる

放送では,「通じる」のほうがよい。

ことばとしてはどちらもあるが,「通ずる」は文語的であり,「通じる」は話しことばとして使われることが多い。

通船〔ツーセン〕

一般の定期的なフェリーボートなどとは違うので,「フェリーボート」とか「通い船」とは言いかえられない。

わかりやすくするために「本船と港を結ぶ通船」のように,説明を付けて使う。

通年施行　読み〉○ツーネンセコー　×ツーネンシコー

1年間,耕作を休んで,土地の改良事業を行うことを言う。「施行」と書いて〔セコー〕と読むのは例外扱い。

月遅れ (の) 盆

全国的にみて,盆の行事は1か月遅れで行うところが多いので,新暦の8月に行われる盆を表現する場合,必要な場合以外は「月遅れの」を付けないようにする。

場合によっては「8月の盆」などと言ってもよい。「旧盆」とは言わない。

月遅れ (の) 盆 … 新暦の8月に行われるうら盆
旧盆 ……… 旧暦の7月に行われるうら盆
盆 ………… (1) 新暦の7月のうら盆の略
　　　　　　 (2) うら盆の前後数日のこと

〜つける

〈例〉① (駅伝などで) ○○高校は依然として第3位につけています。

つつう〜つめた

　②ドルは120円台につけています。

　「つける」は他動詞であり、例文では目的語が表面に表れていないので、多少変わった表現に感じられるかもしれないが、①、②とも用法が間違いとは言えない。

　しかし、①は「第3位です」「第3位になっています」、②は「120円台です」「120円台になっています」などと言いかえたほうがわかりやすい。

津々浦々　読み〉①ツツウラウラ　②ツズウラウラ

続きまして

　「続いて」としたほうがよい。☞「**かかわりませんで**」

包まれる　☞「**覆われる・包まれる**」

積み残しの客

　「積み残し」は、乗客の場合には適切ではない。

　放送では「乗れなかった人は…」などとする。

冷たい高気圧

　〈例〉冷たい高気圧の影響で○○地方は気温が上がらず…

　例文のような場合、「高気圧から流れ出す冷たい空気の影響で…」と言いかえればより正確な表現にはなるが、短く言う場合には「冷たい高気圧の影響で…」という表現も許される。

手合・手合わせ（囲碁）

手合 ……囲碁の専門用語。将棋の「対局」と同じ意味で使う。

手合わせ … 一般の場合。

定員（旅客機）

旅客機の場合,「定員」に乗務員は含まれない。しかし, 一般にはわかりにくいので, 放送では次のように表現する。

〈例〉この旅客機には客席が〇〇あり…

この旅客機の乗客の定員は〇〇人で…

なお, 小型飛行機やヘリコプターで「〇〇人乗り」という場合は, 乗務員を含めた座席数を言う。

定型・定形

定型 … ～詩

定形 … ～郵便物

低公害車

画面表記では「低公害車」でもよいが, 耳で聞いてわかりにくいので, アナウンスではなるべく「公害の少ない車」「有害な物質をあまり出さない低公害車」などと言う。

丁字路・T字路

この2つのことばはどちらも誤りとは言えず, 一般には両方使われている。

古くは「丁字路〔テイジロ〕」が使われていたが, 最近は「T字路〔ティージロ〕」のほうがよく使われる。

定年・停年

新聞および法令用語も「定年」で統一しており, 現在の用語では「定年」を用いる。

定番〔テイバン〕

最近は,「流行に左右されない基本的なもの」というような意味で使われているが, 放送で使うときは, 言い添えをしたほうがよい。

■ てきは～てつく

もとは服飾業界のことば。

摘発・検挙

「事件の摘発」というように,「摘発」は「検挙」よりも広い意味をもつ。普通,「検挙」は刑事罰の場合に使い,「摘発」は脱税のような行政罰の場合に使う。ただし,行政罰も告発することによって刑事罰になるから,検察当局ではほとんど同じに使っている。

また,「検挙」は犯罪として警察が処理したものすべてを含むが,送検しないこともある。

なお,「摘発」は法令用語ではない。☞「**検挙・逮捕**」

適用・発動

適用 … 法律を具体的な事例に当てはめ,法律の規定を実施すること。
発動 … 法律に基づく強制権を行使すること。

〈例〉 ○災害救助法を適用。
　　　 ×　〃　　 を発動。

できるかどうか　☞「**どこまで～できるかどうか**」

～です・～なのです

「～です」は単に叙述する場合の形。「～なのです」「～なんです」は強調する場合に使われる。

強調すべきでない場合に「～なのです」を乱用すると,押しつけがましい感じがするので注意したほうがよい。

出初め式　|読み〉 ○デゾメシキ　×デソメシキ

手作り

最近,「手作り」ということばがよく使われるが,文字どおり「手で作ったもの,手製」のほかに,「自家製」というようなニュアンスでも使われている。どんな場合にも,「手作り」としないで,表現に工夫をしたほうがよい。

〈例〉 手作りの編み物　 → 手編み
　　　 手作りうどん　　 → 手打ち
　　　 手作り料理　　　 → 手料理

出所

　[読み] デドコロ……買収資金の<u>出どころ</u>　金の<u>出どころ</u>　<u>出どころ</u>のわからない金

　　シュッショ…出所不明の金

　（〔シュッショシンタイ〕は「出処進退」と書く）

手投げ弾・手りゅう弾　☞「手りゅう弾・手投げ弾」

～では

　「～ではないでしょうか」と言うべきところを「～では」とする表現がニュースなどで多用されている。

　放送ではわかりにくくなる場合もあるので，省略せずきちんと言い切ったほうがよい。

○○では・○○は

〈例〉○○公園では，花見客でにぎわっています。

　例文のような短い文章の場合は，「○○では」には抵抗感があり，「○○は」がふさわしいが，一般には「○○では」もありうる言い方である。

デパート・百貨店

　ことばとしてはどちらを使ってもかまわないが，一般には「デパート」を使うことが多い。

　経済ニュースでは「全国の百貨店の12月の売上高は…」（百貨店協会発表の統計）などと，「百貨店」を多く使う傾向がある。

出入り　[読み] ○デハイリ　○デイリ（「デイリの商人」などは，慣用が固定している）

テレビ画面の文字数

　示す時間の長さにも関係してくるが，ニュースでは，現在，1行の限度13字，7行以内を目安にしている。レイアウトや読みとりやすさなどを工夫する。なお，文字放送の場合は，1行15字，2～8行。

■ てれる〜てんき

出れる・見れる ☞ コラム「出れる・見れる」という言い方

手練（〜手管〔テクダ〕） 読み〔テレン〕 ☞「**手練**〔シュレン〕」

○○店

　放送では，原則として「○○店」とする。

　しかし，ドラマなどで，「○○店」と言いかえると不自然な場合には「○○屋さん」などとする。

〈例〉パチンコ店　すし店　料理店

天界 読み ○テンカイ（一般）　○テンガイ（仏教）

天気

　「天気」は一般に次の3つの意味で使われる。

(1) ある場所のある時刻の気象状態を言う。天気の要素としては，気圧，気温，湿度，風向き，風速，雲量，雲形，降水量などが含まれる。

〈例〉〜予報　あすの〜は…

(2) 上記(1)よりも狭い意味で，晴れ，曇り，雨，雪などに限定して言う。

コラム

「出れる・見れる」という言い方

　可能の意味の「見れる」は昭和の初期にはすでに登場していたらしいが，一般に注目されるようになったのは，太平洋戦争後である。昭和26年の雑誌にも取り上げられている。現在，NHKは，一段活用やカ変の動詞から出た「見れる」「出れる」「来れる」のような言い方は適当とは言えない，という態度をとっている。

　なぜか。これは「見る」「食べる」といった個々の動詞の問題ではなく，一段活用の動詞の可能形がすべて「〜られる」→「〜れる」になるという組織的変化の問題だと考えられる。しかし，それにしては，変化がまだ十分組織的なものになっていない。つまり，人によっては「ら抜け」表現をまったく用いないばかりか，強い抵抗感さえ抱いているからである。

〈例〉〜はよい　〜は晴れ
(3) 晴天の意味。(気象用語では，この意味は使わない)
〈例〉あすは〜だ

天気は持ち直す

　気象の解説などでは，このことばを使う場合もあるが，聞き手によって受ける印象も異なるので，天気予報では「晴れるでしょう」などと言う。

天気予報の表現

(1) 天気予報の文章は原則として客観的な表現を使うほうがよい。主観的，感覚的な表現は，大多数の人が共感を持って受け入れられる場合に限って使う。
(2) 予報であっても「です」と断定的に言える場合には「です」でよいが，予報に十分な確信を持ちえない場合は，「でしょう」「見込みです」など，いろいろな表現がある。

　「(晴れ) ましょう」は使わない。

電気料金・電力料金

　「家庭用電気料金」と「産業用電力料金」とがある。
　両方を一括して言う場合は「電気料金」とする。

殿上人　読み　○テンジョービト　×デンジョービト

伝導・伝道

　伝導 … (一般) 熱の〜　電気〜
　伝道 … (宗教の場合) 〜布教　〜師　キリスト教の〜

天日　(〜乾燥)　読み　○テンピ　×テンニチ

伝馬船　読み　○テンマセン　×デンマセン

点訳・点字訳

　両方を使ってよい。

■ と〜とうく

と

と・に（〜なる）☞「〜になる・〜となる」

「都」や「府」の省略

　放送では，都道府県名を付けるのが原則だが，例外として，東京と大阪だけは付けない。

〜とあって

　〈例〉11月に入って最初の日曜日とあって…

　「とあって」はニュースでよく使われる表現だが，乱用すると，耳につく。

　「〜なので」「〜ですから」あるいは「〜です」と言いかえることができるときは，言いかえたほうがいい。

　☞ **コラム「ニュースの常とう表現」**（p.97）

投網　読み〉　○トアミ　×トーアミ　×ナゲアミ

等　　読み〉　○トー　×ナド

　法律などの場合には〔トー〕と読む。

　〈例〉暴力行為等処罰ニ関スル法律

「頭〔トー・ズ〕」の付く語　読み〉

　〔トー〕… 頭角　頭取　頭髪　頭部外傷　地頭　口頭　冒頭

　〔ズ〕…… 頭がい骨　頭寒足熱　頭痛　頭突き　頭が高い

「登」の付く語　読み〉

　〔トー〕… 登場　登壇　登頂　登はん〔×攀〕　登坂　登用

　〔ト〕…… 登山　登城　登坂車線

冬季休暇　☞「夏季休暇」

同行二人　読み〉　○ドーギョーニニン　×ドーコーニニン

洞窟・洞穴〔ドーケツ〕

　場合により「洞穴」を使ってもよいが，「洞穴」は文章語で，耳で聞いてわかりにくいので，一般的には「洞窟」とする。

　〈例〉洞窟住居　洞窟遺跡

杜氏(とうじ)

酒を造る職人。

地方によっては〔トジ〕という言い方もあるが、〔トージ〕が標準的な言い方である。

動植物名の表記

動物や植物の名前は原則として、

(1) 和語・漢語のものは常用漢字で書ける場合は漢字書き
　（例　犬、桜）

(2) そうでない場合はひらがな書き（例　かもめ、ごぼう）

(3) 外来種のものはカタカナ書き（例　コアラ、ダリア）

である。ただし、そのことばに特別なニュアンスを持たせたり強調したりする場合、あるいは、ひらがなで書くと前後の関連でわかりにくくなる場合は、和語・漢語のものでもカタカナで書いてもよい。

（例　ウシ、イヌ、サクラ、ウメ）

道祖神　読み〉○ドーソジン　×ドーソシン

登録商標　☞ コラム「商品名」(p.105)

都下　☞「都内・都下」

「とか」の使い方

最近のリポートで、「〜とかが〜」「〜とかを〜する」といったように、「とか」の乱用が目立つ。

いわゆる並列助詞の「とか」には、次の2つの用法がある。

(1) 事がらや動作・状態などを例示的に並べあげるときに使う。
　一般には「〜とか〜とか」というように、並べたことばの最後のことばにも付けるが、時には最後のことばには付けないこともある。

(2) 不確かな想像や伝聞などを表す場合に使う。

他人から聞いたことであったり、自分ではっきり思い出せなかったりするような不確かなときに使う。

「私とかは〜」という言い方は、この2つの用法とは別の言い方

■ とかゆ～としん

であり，おかしい表現である。

ドカ雪

〈例〉12月としては記録的なドカ雪となり…

30センチを超える雪は「大雪」，警報級の雪は「豪雪」と使い分けている。「ドカ雪」は，1度に数十センチ降り積もる雪を言うことばで，実感が込められているが，乱用はしない。

また，「ドカ雪」による災害にあった地元の人々の感情を考慮に入れ，注意して使う。単に「大雪」と言えば十分な場合もある。

特別検疫

「特別検疫」は通常の検疫より厳しい検疫で，場合により「停留」「隔離」「検便」などを行う場合に使われる。

「検便」だけではないので，そのまま使うほうがよい。

どこまで～できるかどうか

リポートなどでときどき耳にする表現だが，「どこまで」「どれだけ」「だれが」（程度表現）と「できるかどうか」（選択表現）を結びつけて使うのは，語法としておかしい。

〈例〉警察の捜査権をどこまで行使できるかどうか。

　→　～行使できるか

所によって

「所によって」の定義は特にないが，予報区域の50％未満の面積で雨が降ると予想されるときに使っている。

必要に応じ，「～の所がある」と言いかえる。

土佐犬　読み〉①トサイヌ　②トサケン

都心

「都心」は「みやこの中心（部）」という意味のほかに「都会の中心（部）」という意味で使われることもあるので，首都，または，首都に準じるような大都市で「都心（部）」という慣用のある場合には「都心」を使ってよい。

〈例〉大阪の都心（部）

十月十日（産み月）　**読み**〉〇トツキトーカ　×ジッカゲツトーカ
届け出　**読み**〉〇トドケデ　〇トドケイデ
　（「届け出る」の場合は〇トドケデル　×トドケイデル）
ドナー・ドナーカード・レシピエント
　　一般にはなじみがうすいので，次のような説明を付ける。
　ドナー…………（臓器移植手術に必要な）臓器の提供者。
　ドナーカード…臓器の提供に同意したことを証明するカード。
　レシピエント…臓器の提供を受ける人（患者）。
都内・都下
　都内…東京都のうち，23区のみを指す場合と，東京都全域を指す
　　　　場合と2通りあって混乱を起こしやすいので，注意して使う。
　都下…東京都のうち，23区を除く地域を指して「都下」という表
　　　　現が使われることがあるが，放送では使わない。
〜となる・〜になる　☞「〜になる・〜となる」
共稼ぎ・共働き
　　現在では，夫婦がともに働くのはごく普通のことであり，あえて「共稼ぎ」あるいは「共働き」と表現する状況はそれほど多くない。
　　どちらかと言えば，「共稼ぎ」は「ともに(働いて)金を稼ぐ」のニュアンスが強く，「共働き」は「(収入の有無は別にしても)ともに働く」のニュアンスが強い。
取りたて・取れたて
　　「取りたてのあゆ」というような場合は，「取りたての〜」というのが一般的だが，最近では「取れたての〜」という言い方がされるようになった。
　　あるものが自然に「取れた」という感じの強い場合には，「取りたて」よりも「取れたて」のほうが心理的にぴったりするということになる。

■ とりは〜とんて

鳥肌が立つ

「鳥肌が立つ」というのは、気味の悪いものや恐ろしいものを見たときにゾクゾクして肌が粟立つ様子を言う。

しかし、最近ではスポーツや映画などで感激したときに、「感動で鳥肌が立つ」と言う人も増えてきている。こうした使い方には抵抗感を持つ人もいるので、放送では本来の使い方を心がける。

とる・脱ぐ（帽子を〜）☞**「帽子をとる・〜脱ぐ」**

とろ火・弱火

料理番組などで、「強火〔ツヨビ〕」に対して「弱火〔ヨワビ〕」ということばが使われることがあるが、放送では次のようにする。
(1) 原則として「とろ火」と言う。
(2)「弱い火で…」「火を弱めて…」などと言うほうがわかりやすい場合がある。
(3) 場合により「弱火」としてもよい。

豚汁 読み＞ ○トンジル ○ブタジル

全国を見ると両方の読みがある。北海道をのぞく東日本にやや〔トンジル〕が多く、西日本と北海道に〔ブタジル〕が多い傾向が見られ、地域によって呼び名が異なることがある。

とんでもない

「とんでもない」を「とんでもありません」「とんでもございません」という人がいるが、「〜なんて、とんでもないこと（話）です」という言い方が本来の形。☞**「ぎこちありません」**

な

内宮 読み〉 ○ナイクー ×ナイグー

　伊勢神宮の一部。

ないし

　なるべく「～から～」「～から～まで」「～または～」などと言いかえる。

　「ないし」は，「ないし」のあとの数より小さい数が前にきて，2つの数の差があまり大きくない場合に使うのが普通である。

　「3人ないし4人」などはよいが，「5万ないし20万」などと言うのはおかしい。

内分泌 読み〉 ①ナイブンピツ ②ナイブンピ

流れにさおさす［×棹］　☞ **コラム「ことわざの意味のゆれ」**（p.81）

無くす・無くする

　現在では「無くする」よりも「無くす」のほうが標準的な言い方とされているので，放送では「無くす」を優先する。

　「無くする」は，やや古く，文語的な感じがある。なお，関西では「無くする」が広く使われている。

情けは人のためならず　☞ **コラム「ことわざの意味のゆれ」**（p.81）

～など

　〈例〉～などの理由で

　「など」は口語ではあまりなじまないので，複数であることを特に示す必要がないときは省略する。また2つの事実がある場合には，2つとも具体的にあげたほうが親切である。

　「など」は正確さを期そうとして，あるいは反対にぼかそうとして使われる。しかし「など」がなくてもよいと思われる場合が多く，なるべく使わないようにしたい。☞「**ら・たち・など**」，**コラム「ニュースの常とう表現」**（p.97）

七草 読み〉 ○ナナクサ ×ナナグサ ×シチクサ

■ ななつ〜なんて

七つ道具（選挙）

　選挙関係のニュースで使われる「七つ道具」は，一種の常とう表現であり，実際には7種類ではないので適切な表現とは言えない。放送では，1つか2つ具体的なものを紹介して伝える工夫が必要である。なお，「七つ道具」ということばの起こりは，武士が戦場で用いた，具足・刀・太刀・弓・矢・母衣〔ホロ〕・兜〔カブト〕の7種だとされている。

七光り 読み〉 ○ナナヒカリ　×シチヒカリ

七日 読み〉 ①ナノカ　②ナヌカ

生兵法 読み〉 ○ナマビョーホー　×〜ヘイホー

〜なりの

　〈例〉先生なりのお考えをお持ちだと思いますが…

　「〜なりの」は，「(それ) 相応の」という意味がある。

　ただ，敬意を示す相手には使えず，例文の「先生なりの」は適切な表現ではない。

　「先生はどうお考えでしょうか」「先生には先生のお考えがおありと思いますが」などと言うほうがよい。

苗代 読み〉 ○ナワシロ　×ナエシロ

〜なんです

　「〜なんです」は，日常的なくだけた言い方として放送でも使われる。ただし，一種の強調表現なので，多用すると押しつけがましい印象を与える。普通に「〜です」と言える場合が多い。

　☞「〜です・〜なのです」

に

二・二六事件 読み ○ニーニーロクジケン ×ニーテンニーロクジケン

　長い期間にわたり，国民一般に広く慣用されているものは，このような言い方でよいが，まだ慣用の熟していないものは「○年○月○日の○○事件」などと表現する。

肉汁 読み ①ニクジュー ②ニクジル

　〔ニクジル〕は重箱読みであるが，この発音をする人が多いために②とした。

肉食 読み ○ニクショク（一般），○ニクジキ（仏教）

西方（にしがた）（相撲） 読み ○ニシガタ ×ニシカタ

　☞「**西方**〔セイホー〕」

20世紀の発音 ☞ **コラム「10本」の発音**（p.95）

西日本

　「西日本」の範囲は，一般的には関西地方以西を指す。

　統計など特定のテーマによっては，範囲が違ってくる。その場合には，範囲が視聴者にわかるように配慮して使う。

（参考）

・気象庁の予報区分

　西日本…九州（北部・南部）　中国　四国　近畿

　東日本…北陸　東海　関東甲信

　北日本…東北　北海道

　沖縄・奄美…沖縄　奄美

二者択一 読み ○ニシャタクイツ ×ニシャタクイチ

二十四孝 読み ○ニジューシコー ×ニジューヨンコー

二十四節気 読み ○ニジューシセッキ ×ニジューヨンセッキ

　☞「**季節感の表現と節気**」

二重衝突

　車2台が衝突し，そこへさらに1台が衝突した場合，衝突したこ

■ **にしゆ～ににん**

とは3台であっても事故は二重であるから,「3重衝突」とは言わず,「二重衝突」と言う。なお,4台以上の衝突の場合は,「多重衝突」と言う。

24時制 ☞「**時刻」の言い方**
24金（純金） 読み〉 ○ニジューヨンキン ×ニジューシキン
20世紀・21世紀の数え方

20世紀は1901年から2000年まで,21世紀は2001年からである。「1990年代」などと言うときは,1990年から数える。混同しないように注意する。

二世の契り 読み〉 ○ニセノチギリ ×ニセイノチギリ
日中

午前9時ごろから日没前1時間ぐらいまでで,「朝」と「夕方」は含まれない。

日中戦争・日華事変

×日華事変 ☞「**戦争・事変などの呼び方」**

二八月 読み〉 ○ニッパチズキ ×ニハチズキ
～になる・～となる

「～になる」と「～となる」は,意味に多少の違いがある。

「～になる」は,ある状態に無理なく自然に移行する場合に使われ,その状態が強調される。

これに対して,「～となる」は突発的,一時的に変化したときや,変化したことに強調を置く場合に使われる。また,「～となる」は一般に文語的な語感が強い。

〈例〉時刻は6時半に（と）なりました。

「2人（二人）」の付く語

○〔ニニン〕と読む語

(1) 一般

二人三脚 2人称 2人乗り（人力車） 2人張り（弓）
2人引き（人力車） 2人前 二人掛かり（時代語）
二人禿（かむろ）（時代語） 同行〔ドーギョー〕二人

(2) 題名など
　　二人女（小説）　二人景清（歌舞伎）　二人静（歌舞伎）
　　二人羽織（落語）　二人袴(ばかま)（歌舞伎）
○〔フタリ〕と読む語
(1) 2人がかり　2人掛け　2人口　2人連れ　二人船頭（時代語）
(2) 題名など
　　二人兄弟（日本昔話名彙(い)）　二人座頭（狂言）　二人静（謡曲）
　　二人大名（狂言）　二人袴（狂言）　二人御子（謡曲）
○〔フタリ〕または〔ニニン〕と読む語
　2人組〔①ニニン～　②フタリ～〕　2人乗り　2人分

2番手のピッチャー

　野球中継で投手が交代するときの,「○番手の～」という表現は，昔の戦で使われたことばであり，語感が古いので，なるべく使わないほうがよい。

　言いかえとしては,「2人目の～」「中継ぎの～」「おさえの～」「救援の～」「リリーフ」など，場合によっていろいろある。

「日本」の付く語　 読み

(1)「日本」

　正式の国号として使う場合は,〔ニッポン〕。

　そのほかの場合には〔ニホン〕と言ってもよい。

(2)「日本～」「～日本」

　○〔ニホン〕と読む語

　　日本画　日本海　日本海溝　日本海流　日本髪　日本共産党
　　日本紙　日本酒　日本書紀　日本大学　日本脳炎
　　日本橋（東京）
　　日本風　日本間　日本霊異記　日本料理　東（西）日本
　○〔ニッポン〕と読む語
　　日本（国号）　日本永代蔵　日本国　日本賞

にほん～にわか

　　日本橋（大阪）　日本放送協会　日本社会党（旧政党名）
　○〔ニホン〕または〔ニッポン〕と読む語
　　日本一　日本記録　日本犬　日本国民　日本語　日本三景
　　日本時間　日本製　日本男児　日本刀　日本晴れ　全日本
　○〔ニホン〕を第1とし，〔ニッポン〕を第2とするもの
　　日本アルプス

日本時間　読み　○ニッポンジカン　○ニホンジカン
　厳密に言えば「日本時刻」であるが，慣用に従って「日本時間」でよい。

荷役　読み　○ニヤク　×ニエキ

入漁権〔ニューギョケン〕
　共同漁業権または区画漁業権に入り会うことを認められた権利。なるべく「漁場に入る権利」などと解説を添える。
　×〔ニューリョーケン〕

入国　読み　○ニューコク　×ニューゴク

入魂式　読み　○ニューコンシキ　×ジッコンシキ

ニュースの常とう表現　☞ コラム「ニュースの常とう表現」（p.97）

入廷
　裁判官，検事，弁護士，傍聴人などが法廷に入ること。その具体的動作を示す。
　☞「出廷・入廷」

女官　☞ **女官**（ジョカン）

女人禁制　読み　○ニョニンキンゼイ　×〜キンセイ
　（「禁制品」は〔キンセイ〜〕）

二輪車　☞「バイク」

にわか雨・にわか雪・雷雨
　「しゅう雨性」のものが多く，普通は天気がよいときに降る一過性の雨を言う。また，積乱雲などから降る，強弱のある雨を指す場合もある。

曇りや雨のときに断続的に降る雨は「一時雨」「時々雨」と言う。「一時にわか雨」「時々にわか雨」は使わず，「時々雨」「時々小雨」などと言う。

なお，「にわか雨」「にわか雪」「雷雨」については，「降る」ではなく「ある」と言う。

〜にわたった ☞「〜わたった」

仁きょう［˟俠］ 読み〉 ○ニンキョー ×ジンキョー

人数 読み〉 ①ニンズー ②ニンズ

「大人数」「多人数」「小人数」「少人数」などの場合もこれに準ずる。

■ ぬかる〜ぬすみ

ぬ

ぬかるむ・ぬかる 読み ①ヌカルム ②ヌカル

　伝統的には「ぬかってきた(いる),ぬかった道(グラウンド)」だが,「ぬかるんできた(いる),ぬかるんだ道(グラウンド)」を優先する。なお「抜かる(＝油断して失敗する)」は,〔ヌカル〕のみ。

抜き手 読み ○ヌキテ ×ヌキデ

脱ぐ・とる ☞「**帽子をとる・〜脱ぐ**」

塗師・塗り師 読み ○ヌシ ○ヌッシ ○ヌリシ

盗みをはたらく

　盗みなどの悪事の場合に「〜をはたらく」という表現は使っても差し支えない。

　ただし,「はたらく」は「勤労」の意味で受け取るのが普通であり,疑問を抱く人もいるので,ニュースなどでは,できるだけ「盗む」「盗みに入る」「強盗に入る」などとするほうがよい。

ね

寝たきり老人
「寝たきり」のあとに，助詞の「の」を入れた形で使う。
画面表記 …… 寝たきり<u>の</u>老人。
アナウンス … 寝たきり<u>の</u>老人。寝たきりのお年寄り。

熱戦を繰り広げる　☞「繰り広げる」

熱帯夜
最低気温が25度以上の夜のことを言う。
また，日中の最高気温が35度以上の日のことは「猛暑日」と言う。

○年・○回生（大学生）
原則として「○○大学の○回生」は使わず，「○○大学○年」とする。ただし，地域放送に限って，地元の慣用が強ければ「○回生」としてもよい。

年月日の略記法
(1) 平成18年3月20日は「18.3.20」とする。
(2) 原則として3月20日を「3/20」あるいは「20/3」とはしない。やむをえず使う場合は，「3/20」とする。

○年計画・○か年計画
官庁などの公式発表の場合には「○か年計画」と使われることが多いが，固有のもの以外は「○年計画」でよい。
〈例〉○○県は○年計画で道路の整備を行います。
　　　○○県の「道路整備○か年計画」によれば…。

年号・元号
「昭和」や「平成」のような年に付ける称号については，一般には「年号」と言うが，必要に応じて「元号」と言ってもよい。

年号の呼び方
年号・元号のうち読みのゆれのあるものを抜粋して，年号に含まれる漢字ごとに整理して次に示す。（　）内の読み方もある。

ねんこ〜ねんし

- 「安」…〔〜ナン（〜アン）〕天安，仁安，文安，ほかはすべて〔アン〕
- 「応」…すべて〔オー〕
- 「元」…〔ガン〜〕元慶，ほかはすべて〔ゲン〕
- 「喜」…〔〜ピ（キ）〕天喜，寛喜，〔ピ〕延喜
- 「慶」…〔〜ギョー〕元慶，天慶，ほかはすべて〔ケイ〕
- 「治」…すべて〔ジ〕
- 「正」…すべて〔ショー〕
- 「貞」…すべて〔ジョー〕
- 「承」…〔ジョー（ショー）〕承平，承保，承暦，承徳，承安，永承，天承，長承，治承，ほかはすべて〔ジョー〕
- 「大」…〔ダイ〜（タイ）〕大宝，大永
  〔ダイ〜〕大同，大治
  〔タイ〜〕大正
- 「仁」…すべて〔ニン〕
- 「文」…〔〜ブン（モン）〕天文，ほかはすべて〔ブン〕
- 「平」…〔〜ピョー（ペイ）〕仁平
  〔ヘイ〕平治，承平，康平，正平
  ほかはすべて〔ピョー〕
- 「保」…〔〜ポー〕建保，文保，天保，ほかはすべて〔ホー〕
- 「暦」…〔〜レキ〕明暦，宝暦，ほかはすべて〔リャク〕
- 「和」…〔〜ナ〕仁和，安和，寛和，ほかはすべて〔ワ〕

○**年越し**・○**年ぶり**

「…年越し」は「足かけ…年」と同じように数える。
「…年（か月，週間，日，時間）ぶり」は，満の数え方をする。
しかし，あまり短い時間の場合には「ぶり」は使わない。
☞「〜ぶり」

年始回り ☞「**お年始回り・ご年始回り**」

年中行事 読み ①ネンジューギョージ ②ネンチューギョージ

「年度」の区切り

暦年（暦の上の1年）と混用しないように，また暦年との区別がはっきりわかるように注意する。

(1) 会計年度　☞「**会計年度**」
(2) 貿易年度（1月〜12月，年度名はその年）
(3) 米穀年度（11月〜翌年の10月，年度名は終わる月の年）
アメリカは8月〜翌年の7月で，年度名は始まる月の年。
(4) 麦年度〔ムギネンド〕（7月〜翌年の6月，年度名は終わる月の年）
(5) 需給年度（11月〜翌年の10月，年度名は終わる月の年）
(6) 肥料年度（7月〜翌年の6月，年度名は始まる月の年）
(7) 酒造年度（7月〜翌年の6月，年度名は始まる月の年）
なお，国によっては年度の扱いが異なるので注意する。
(注)「年度名は終わる月の年」というのは，たとえば，「2006年11月〜2007年10月」は「2007年度」になるという意味である。

年齢・年令

原則として「年齢」と書く。表などでは「年令」を使ってもよい。

■ のうさ〜のほう

の

農作物 読み 〇ノーサクブツ ×ノーサクモツ
「作物」は〔サクモツ〕。

脳死移植・臓器移植

　脳死移植ということばは,脳死そのものを移植することのように受け取られるので使わないほうがよい。正確には「脳死状態での(脳死患者からの)臓器移植」であり,誤解を招かないような表現の工夫が必要である。

　ただし,画面表記では,「脳死・臓器移植」などとしてもよい。

脳出血・脳いっ血

　放送では,「脳出血」を使う。以前は,「脳いっ血」と言ったが,現在,医学用語では「脳出血」を採っている。

軒並みに

　「列車は軒並みに10分から20分遅れました」などという場合の「軒並みに」は,「各列車とも」「いずれも」「次々と」などと言いかえるほうが適切な場合が多い。

　ただし,これらの言いかえと「軒並みに」とは,ニュアンスが若干異なる。好ましくない事態の発生に言及する場合は,もとの意味(軒が続いて家が並んでいること)にとらわれず,「軒並みに」を使ってもよい。

〜のです

　「〜のです」は,原因・根拠などの説明を強く言うときに使う表現なので,乱用すると耳障りになる。

　「〜しているのです」は,「〜しています」でよい場合が多い。

　☞「〜なんです」

野天風呂　☞「露天風呂・野天風呂」

〜のほう

　最近の放送で,「気温のほうは…」「時間のほうは…」などのように,区別をするためではないのに「ほう」をつけた,ぼかした

言い方が目立つ。

「～とか」「～の部分」と同様,ぼかす表現には,抵抗感を持つ人が多いので注意する。

野分き・野分け 読み ①ノワキ ②ノワケ

ノンバンク

なるべく説明を付けるか,1度は,「いわゆる」を付ける。クレジット,信販,リース,ファイナンスなどの貸し金業務をする企業の総称。銀行と違い,預金は扱わない。

■ はあき～はえ

は

パーキンソン病 ×パーキンソン氏病

人名の付く病名は,「氏」を付けない。

パーセントとポイント

〈例〉ことしは前の年より5パーセント増えて,○○パーセントとなりました。

例文の「～は前の年より5パーセント増え…」という言い方はあいまいである。

①前の年に20パーセントだったものが,25パーセントになる。

②前の年に20パーセントだったものが,(20パーセントの)5パーセント増えて21パーセントになる。

の2つの場合がありうる。

官庁の発表などでは,これらを区別するため,①の場合には,「前の年より5ポイント増え…」のように「ポイント」を使って表現することが多い。

しかし,この「ポイント」の使い方は一般的にはなじみの薄いものなので,放送では①の場合にも「5パーセント増え…」と言ってよい。ただし,「5パーセント増えて25パーセントになり…」などと,誤解のおそれのないようにできればことばを補ったほうがよい。

パーセント・割

場合により,「○割」と「○パーセント」の2通りがあり,適宜使い分ける。図表などでは「○％」と表記してもよい。

廃液

「排液」は使わない。

〈例〉廃液を出す　工場の廃液　☞「**排水・廃水**」

はえ・はい［×蠅］ 読み 〉①ハエ　②ハイ

「×蠅×叩」→①ハエタタキ　②ハイタタキ

「×蠅帳」→①ハエチョー　②ハイチョー

バイオテクノロジー

バイオロジー(生物学)とテクノロジー(技術)の合成語で、「生命工学」「生物工学」「遺伝子工学」などと訳されている。意味する範囲が広いので、「遺伝子組み換え技術」「細胞融合」などといった説明を付けたほうがよい。「バイテク」は俗称なので使わない。

ほかに、「バイオ食品」「バイオ農業」「バイオ野菜」「マリンバイオ」などとも使われているが、同様に説明が必要である。

排ガス・排気ガス

「排気 ガス」は重複であるという考えの人もいるが、一般的には、「排ガス」「排気ガス」でよい。

法律上または学術上の必要に応じて、「排出ガス」「排気」を使ってもよい。

バイク

道路交通法によると、「二輪車」は次の2つに分類される。

　①原動機付き自転車(総排気量50cc以下)

　②自動二輪車(総排気量50ccを超えるもの)

①には原則として「原付きバイク」を用いる。②には「オートバイ」「バイク」が含まれる。

ただし、「バイク」は、一般には①の意味でも使われる。なお、放送では①を指して「スクーター」という言い方はしない。「スクーター」は排気量に関係のない名称である。

なお、「ミニバイク」は、小型の二輪車のレースのときなど、必要に応じて使うことができる。

排水・廃水

排水 … 水はけ、水を外に排出すること、あるいは排出された水の意味で使う。

〈例〉工場排水　排水溝　排水量

廃水 … 使用済みの水の意味で使う。

〈例〉工場の廃水

■ はいま～はたさ

俳枕〔ハイマクラ〕

〈例〉この地は俳枕として有名で…

和歌に詠まれた名所を「歌枕」というのに対して，俳句に詠まれた名所を「俳枕」という。例えば象潟，松島，佐渡などである。

俳枕ということばが使われるようになったのは，最近のことであり，俳人の間でも，まだ十分，普及していることばではない。したがって，放送で使う場合は一度は必ず説明を付ける。

はえなわ［△延縄］ 読み ○ハエナワ ×ノベナワ

白衣 読み ハクイ… ～の天使　ビャクイ… ～の行者
　　　　　ハクエ… ～の装束　ビャクエ… ～観音

白一色 読み ①シロイッショク ②ハクイッショク

☞「**白一色**〔シロイッショク〕」

博士 読み

ハクシ … 正式な学位の呼称として言う場合

ハカセ … 文章博士〔モンジョー～〕，お天気博士

白砂青松 読み ①ハクシャセイショー ②ハクサ～

爆発 ☞「**噴火・爆発**」

白夜 読み ①ビャクヤ ②ハクヤ

薄力粉（料理用語） 読み ○ハクリキコ ×ハクリョクコ

はさ［△稲△架］

地域により，いろいろな言い方があるが，全国的な呼び方としては「はさ」。できるだけ，「稲を乾かすはさ（はせ・はぜ・いなぎ）」などと，地域の読み方に従って表現する。

バセドー病

人名の付く病名は，「氏」を付けない。×バセドー氏病

肌寒い 読み ①ハダザムイ ②ハダサムイ

俳句の世界では「肌寒（はださむ）」が秋の季語になっており，秋が来て肌に寒さを感じることを言う。したがって，伝統的には夏の終わりから秋にかけてのころの表現として使うのがふさわしい。

春先などに「肌寒い」というのは，現在ではかなり一般的になってはいるが，抵抗感を持つ人もいるので，「（少し）ひんやり…」などの言いかえもできる。

八掛け　読み〉ハチガケ …（8割の意）　×ハッカケ
　　　　　　　　ハッカケ … 着物の〜　　×ハチガケ

八文字（〜を踏む）　読み〉○ハチモンジ　×ハチモジ

発煙筒・発炎筒

　発煙筒 … 煙を出す。防災訓練などで使う

　発炎筒 … 炎で明るい光を放つ。自動車，鉄道の事故現場や道路作
　　　　　　業で使う

初冠雪〔ハツカンセツ〕

　山頂が雪で白くなったのが気象台や観測所から初めて見えることを，その山の「初冠雪」と言う。

〈例〉富士山の頂上付近が，うっすらと雪化粧しました。これは去年より○日早い初冠雪です。

初産　読み〉①ウイザン　②ハツザン

発疹　読み〉①ハッシン　②ホッシン

発動・適用　☞「**適用・発動**」

初乗り運賃・〜料金

　運賃値上げのときに使われる「初乗り運賃」は，なるべく次のようにする。

　電車・バス … 最低運賃（料金）　タクシー … 基本運賃（料金）

八百八町（江戸）　読み〉○ハッピャクヤチョー　×ハッピャクハッチョー

初孫　読み〉○ハツマゴ　○ウイマゴ

初詣客

　「客」と言うと，神社や仏閣，あるいは鉄道会社の側から見た言い方になるので，「初詣の人たち」「参拝に来た人々」などと言いかえるほうがよい。

■はとん～はらは

バトンタッチ・バトンパス

　バトンタッチ … 比喩的に言う場合　〈例〉政権の～
　バトンパス …… 陸上競技のリレー

はなむけ［×餞］

　旅立つ人などにおくる品物・金銭や詩歌などを指すことばなので,「校長が卒業生にはなむけのことばをおくり…」のように使う。次のような言い方は誤用。
　「社長が新入社員に対してはなむけのあいさつをし…」。

八幡船［△八×幡］　読み〉　○バハンセン　×ハチマンセン　×ヤハタブネ

バブル経済

　1985年のいわゆるプラザ合意以降の円高と低金利などを背景に,地価や株価が収益性を超えて異常に高騰した現象。政策や金融機関のありかたも問われた。
　英語のバブル（bubble）には「実体のないもの,誇大な思想,夢のような計画」の意味もあり,あいまいな言い方なので,説明を付けて誤解を招かないように注意する。

はみ出し禁止区域

　道路交通法の「追い越しのための右側部分はみ出し通行禁止区域」のことであるが,放送では,「追い越し禁止区域」でよい。

ばらける

　マラソン,駅伝などの放送でグループを作っていた集団が少しずつ崩れてゆくことを「ばらける」と表現することがあるが,やや俗っぽい言い方なので,放送では,普通に「ばらばらになる」「集団が（少しずつ）崩れる」などと言ったほうがよい。

腹鼓　読み〉　①ハラツズミ　②ハラズツミ

腹八分目　読み〉　○ハラハチブンメ　×ハラハチブメ

　（「腹八分」は〔ハラハチブ〕）

はれる～はんせ

ばれる

〈例〉酒を飲んでいたのがばれるのをおそれ…

「ばれる」は俗っぽいので,放送ではなるべく「わかる,知られる,表ざたになる」など,普通のことばに言いかえる。

バレル（原油の取り引き単位）**・リットル**

産油国の生産量や輸入国への割り当て削減など,きわめて大きな量を扱うニュースの場合は,「バレル」を使う。「バレル」は,国際的な原油の取引単位（1バレルは約159リットル）である。

ただし,灯油の値段などを扱う生活関連のニュースでは,「リットル」を使う。

晩

一般には,日没後の人々がまだ起きている間を指すが,現在は夜の意味で使われることもある。

天気予報の予報期間を表す用語としては,「晩」「今晩」は使わず,「今夜」とする。

判　|読み〉

書籍や紙の大きさを表す「○○判」の読みは,〔バン〕と濁って発音する。

〈例〉B6判,四六判,菊判

ただし,「A5判」「B5判」については,〔ハン〕と発音してもよい。

万感（～胸に迫る）　|読み〉　○バンカン　×マンカン

判官〔ハンガン〕　☞「**判官**〔ホーガン〕」

万古焼　|読み〉　○バンコヤキ　×マンコヤキ

万策（～尽きる）　|読み〉　○バンサク　×マンサク

万事休す　|読み〉　○バンジキュース　×マンジキュース

半焼　☞「**全焼・半焼・部分焼・ぼや**」

万障（～繰り合わせて）　|読み〉　○バンショー　×マンショー

万全（～の策）　|読み〉　○バンゼン　×マンゼン

ハンセン病　×ハンセン氏病

人名の付く病名は,「氏」を付けない。

■ はんた〜はんれ

万端 読み ◯バンタン ×マンタン
万難（〜を排して） 読み ◯バンナン ×マンナン
般若心経［般△若心△経］ 読み ◯ハンニャシンギョー ×〜シンキョー
万人 読み ①バンニン ②バンジン ×マンニン
犯人を割り出す（警察用語）

　「犯人を割り出す」「高飛びしたもよう」などは，場合によっては効果的なことばである。しかし，「犯人をさがし出す」「海外に逃亡」など具体的に言える場合は言いかえるほうがよい。
　ただし，「ホシ」「ガイシャ」など隠語に類するものや慣用の熟していないものは，放送では使わない。

万能選手 読み ◯バンノーセンシュ ×マンノー〜
反ばく［×駁］ 読み ◯ハンバク ×ハンパク
万有引力 読み ◯バンユーインリョク ×マンユー〜
万里（〜の道） 読み ◯バンリ ×マンリ
凡例 読み ◯ハンレイ ×ボンレイ

ひ

pH〔ピーエイチ〕

　水素指数記号。表記は「pH」。読みは〔ピーエイチ〕。

　ただし，医学，農業関係者の間では，〔ペーハー〕と読む慣用が強いので，この種の番組では〔ペーハー〕と言ってもよい。

被害を与える・被害をこうむる

　現在の語感としては，「被害＝損害（危害）」という意識で受け取られている場合があるので，必ずしもおかしい表現とは言えない。

　ただし，画面表記などで文字を意識すると多少抵抗を感じるむきもあるようなので，注意する。場合によっては，「被害がある」「損害がある」と言いかえるほうが適切である。

東方（相撲）　読み〉○ヒガシガタ　×ヒガシカタ

引き揚げる・引き上げる

　引き揚げる…（引き払って，もとに戻る・戻す）
　　　　　　　外国から〜　軍隊を〜　沈没船を海上に〜
　引き上げる…（高い方へ上げる，引っ張り上げる）
　　　　　　　給料を〜　価格を〜　金利を〜

悲喜こもごも

　入学試験合格者発表関係のニュースで，「〜悲喜こもごもの風景でした」と表現するのは適切でない。

　「悲喜こもごも」は1人の人の心境について言う場合に使う。「喜ぶ人もあり悲しむ人もあり，さまざまな情景でした」などとすればよい。

　なお，こういう古めかしい成句はなるべく使わない。

弾き初め　読み〉○ヒキゾメ　×ヒキハジメ

ひき逃げ

　テレビのタイトルなどで，簡略に表現するときは，「はねて逃げる」場合でも，広い意味で「ひき逃げ」を使ってよい。

　アナウンスで具体的に説明する場合には，実態に即して「ひい

■ ひくめ～ひたは

て逃げ…」「はねて逃げ…」などとする。

　なお，追突された車に乗っている人が負傷し，追突した車が逃げた場合には，「ひき逃げ」は使わない。

低め ☞「高め・低め」

鼻こう・鼻くう［˟腔］ 読み〉 ○ビコー（一般）　○ビクー（医学）

　医学用語では，「鼻孔」と区別して〔ビクー〕と読む。

被告・被告人

　放送では，原則として「被告」を使う。

　法律用語としては，民事訴訟の場合は「被告」，刑事訴訟の場合は「被告人」と，それぞれ使い分けている。

被告・容疑者

　たとえば，汚職事件で逮捕起訴されたあと保釈になった○○市の元職員が，1か月後に再逮捕されたような場合，事件の経過を含め詳しく報道しているのであれば，1度は「○○被告」とし，あとは「○○元補佐」などとする。

　また，窃盗などで逮捕起訴されたときは報道しなかったが，同じ人物が余罪で再逮捕されてニュースにするような場合は「○○容疑者」とする。

　さらに，ニュースを出す時点で起訴されているのであれば，「○○容疑者」でなく「○○被告」としてよい。

久しぶり・久々

　「久しぶり」は期待感があるときに使われることが多いので，台風の襲来などには使いにくい。「○○（具体的な台風名）以来の…」「このところなかった…」などとするほうが無難である。

　「久々」も同様である。

鼻濁音 ☞ コラム「鼻濁音」

ひた走り 読み〉 ○ヒタハシリ　○ヒタバシリ

　「ゴールを目指してひた走りました」のように「ひた走る」を単独の動詞として使う場合があるが，「ひた走りに走る」が本来の用法である。

ひてお

〈類例〉ひた隠しに隠す　ひた押しに押す

ビデオ・VTR

　「ビデオ」は「ビデオテープレコーダー」「ビデオテープ」「ビデオカメラ」の略語として,「ビデオ(の)作品」,「ビデオ(の)映像」

コラム

鼻濁音

　〔ガッキ〕(楽器)や〔ギジュツ〕(技術)のように,語の最初に来る〔ガ・ギ・グ・ゲ・ゴ〕は,息が鼻に抜けない普通の濁音で発音される。それに対して,〔オンガク〕(音楽)や〔エイゴ〕(英語)のように,語中や語尾に来るガ行の音は,しばしば息が鼻から抜けるようなしかたで発音される。これがガ行鼻音または鼻濁音と呼ばれるもので,普通の濁音と区別して特に「ガ°・ギ°・グ°・ゲ°・ゴ°」と書かれることがある。

　ただ,ガ行鼻音は,全国的なものではなく,地域によっては,普通の濁音しか発音しない所がある。また,従来,2つのガ行音を区別していた地域でも,最近は鼻音を発音できない人が増えており,これは全国的な傾向であると言われている。

　ガ行鼻音を用いる場合の大体の規則は次のとおりである。

①和語・漢語の場合,語頭に来るガ行音は鼻音にならないが,語中と語尾に来るガ行音は鼻音になる。

②助詞の「が」は常に鼻音になる。

③語頭にカ行音を持つ語が複合語の後部要素になって連濁現象を起こす時は,すべて鼻音になる。〈例〉コエ(声)→カスレゴ°エ(かすれ声)

④外来語や擬声語のガ行音は,語頭,語中のすべてで鼻音にならないのが原則である。しかし,日本語化の進んだ外来語や「ン」の後ろでは,鼻音になることがある。

　これまで,このガ行鼻音は,ことばの響きを柔らかにするとして標準的な発音の1つに数えられ,NHKのアナウンサーも新人研修などで,鼻濁音教育を受けている。しかし,全国的にこの音を発音できない若者が増えている現状からすると,将来も標準的な発音として存続するかどうかは何とも言えない。

などと，一般に広く使われている。放送では誤解を招かないよう，わかりやすく伝える工夫をする。

また，「VTR」は，放送のことばとしてそのまま使うのは，避けたほうがよい。

〈例〉皆さんからのビデオをご紹介しましょう。

→ 皆さんから寄せられたビデオの作品を…

ひと事 [△他△人]　読み〉○ヒトゴト

人質の処刑・釈放

ゲリラなどの行動については「人質の殺害」と言い，「処刑」とは言わない。また，「人質の解放」であって「釈放」とは言わない。

人出

人出について表現する場合に，「人出がある（ない）」「人出が多い（少ない）」のいずれを使ってもよい。

一幕物　読み〉○ヒトマクモノ　×イチマクモノ

独りぼっち　読み〉○ヒトリボッチ　×ヒトリポッチ

姫御前　読み〉○ヒメゴゼ　×ヒメゴゼン

白衣〔ビャクイ・ビャクエ〕　☞「**白衣**〔ハクイ〕」

百条委員会

地方自治法100条に基づき，地方議会が設ける調査委員会。調査権を持ち，関係者が，出頭や証言を拒否したときや偽証したときは，議会が告発することもある。

110番する　☞ コラム「サ変動詞○○＋する」（p.88）

白夜　読み〉①ビャクヤ　②ハクヤ

百貨店　☞「**デパート・百貨店**」

「秒」の略記法　☞「**「分」「秒」の略記法**」

表外音訓・表外字の特例の文字　☞ コラム「漢字で書く語」（p.54）

表外字を含む固有名詞の扱い

原則として常用漢字表にある字を使って書く。

ただし，関係者から要請のあった場合など，時には表外字を使うこともありうる。

〈例〉竜谷大学（京都）→ 龍谷大学

評価する

　従来、「高く評価する」「努力のあとが見られると評価する」のように、（主にプラスの）評価の程度や理由を表す語とともに使われてきたが、最近は、この語単独で「価値を認める」の意味で使われるようになっている。

表記・標記

　表記 … かな〜　〜の住所

　標記 …（標題、目印）〜の件について

標高　☞「**海抜・標高**」

標札・表札・門標

　官公庁の玄関や門に、「○○省」「○○市役所」などと、その名称を表示してある物は、「標札」または「門標」と言い、「看板」とは言わない。

　この場合、「標札」の表記に「表札」は使わない。「表札」は、個人の家の場合に使う。

標準語と共通語　☞ コラム「**標準語と共通語**」(p.61)

評定　読み〉○ヒョージョー（小田原〜）　○ヒョーテイ（勤務〜）

平等　読み〉○ビョードー　×ビョートー

兵法　読み〉①ヘイホー　②ヒョーホー

　生兵法は〔ナマビョーホー〕

○○日和

　「野球日和」「ゲートボール日和」など、「○○日和」は乱用しない。

昼ごろ・昼まえ・昼すぎ

　昼ごろ … 正午の前後各1時間ぐらい、合計2時間ぐらいの間

　昼まえ … 正午まえ2時間ぐらいの間

　昼すぎ … 正午から2時間ぐらいの間

びんなが〔×鬢長〕（「まぐろ」の一種）　○ビンナガ　×ビンチョー

■ ひんは〜ひんら

ピンはね
　俗語なので，放送では使わない。
　しかし，ドラマなど場面によって，このことばが適切な場合には使ってもよい。
　☞「上前をはねる」

便覧　読み　①ビンラン　②ベンラン

ふ

無・不〔ブ〕

　無 … ～愛想　～遠慮　～礼

　不 … ～細工　～作法　～祝儀　～調法　～用心　筆～精

「府」の省略　☞「都」や「府」の省略

不一　読み　○フイチ　○フイツ

　手紙の結びに書く語。

VTR　☞「ビデオ・VTR」

富貴　読み　①フーキ　②フッキ

風水害関係のことば

　次にあげる風水害のことばは，なるべく右に示したように言いかえる。

家屋（建物）の全壊・半壊→壊れた家（建物）

家屋（建物・橋りょう）の流失→流された家（建物・橋）

床上浸水・床下浸水→床上まで（床下が）水につかった家

橋りょうの破損→壊れた橋

田畑の冠水→水をかぶった田畑

り災者→被災者

流れたり，壊れたりした家○棟→流された家や，壊れた家，合わせて○棟

風速

　空気がほぼ水平に動く速さ。地上およそ10メートルの高さで，10分間の平均をとる。普通「(毎秒) ○メートル」で表す。

風物詩〔フーブツシ〕

　季節の感じをよく表しているものを指して，「冬（夏）の風物詩○○」という表現がよく使われる。

　しかし，「風物詩」の対象が当事者にとって厳しい作業の場合などは，現実からかけ離れた表現となるおそれもあるので，安易に使わないようにする。

■ ふうり～ふくろ

☞ **コラム「ニュースの常とう表現」**（p.97）

風力

　風の強さを表すのに風速で示す方法と風力で表す方法とがある。風速を実用上便利なように，その強さに従って区切ったものが，気象庁風力階級で1～12まである。たとえば漁業気象の「各地の天気」の中で「風力3」と言うのは，風速毎秒3.4メートル以上5.5メートル未満を言う。

　「風力0」の場合は，放送では「風弱く」と言う。

噴き上げる・打ち上げる

　「噴き上げる」は，自動詞としては使わない。

〈例〉×党内に議論が<u>噴き上げる</u>。　○党内に議論が<u>噴き上がる</u>。

　ただし，「打ち上げる」は，自動詞として用いる。

〈例〉○高波が<u>打ち上げる</u>。　×高波が<u>打ち上がる</u>。

不具合〔フグアイ〕

　「不具合」は「不都合」や「不調」に比べると，日常あまり使われず耳になじまないことばである。

　放送では，「具合が悪い（よくない）」とか「調子が悪い（よくない）」などと言ったほうがわかりやすい。また，具体的にどういう状態なのかを言ったほうがよい。

副作用・副反応

　放送では「副作用」に統一している。

　種痘の場合などの「副作用」と「副反応」は，同じ事がらを別々の視点から見た言い方であるが，「副反応」は，一般にはあまり知られていない。ただし，ワクチンの場合は「副反応」を使う慣用もある。

袋（米の量を表す助数詞）

（1）原則として〔フクロ〕と読む。

　　ただし，番組によっては〔タイ〕と読んでもよい。その場合「○キログラム詰め」と説明を付けることが望ましい。また，「○キログラム詰めの袋○個」などと言いかえることもできる。

（2）個数が重要でない場合は，総量を「キログラム」「トン」など

に換算して表現する。

父兄

「父兄」ということばは，使わない。「保護者」「親」「父母」などと場面に応じて言いかえる。「父兄会」などもこれに準ずる。

分限 読み〉 ○ブゲン ○ブンゲン

（「分限者」は〔ブゲンシャ〕のみ）

無事

本来は，「心配な出来事がない」などの意味であるが，事故の場合などで生命の安否が気遣われているときに，生命に別状がなかったことに対する関係者の安ど感を表す表現として，「無事救出されました」などと使ってもよい。

ただし，大けがをしているときなどは使わないほうがよい。

不審火 読み〉 ○フシンビ ×フシンカ

アナウンスでは，なるべく「原因に不審な点があるとみて…」などと言いかえる。

敷設 読み〉 ○フセツ ×シセツ

2桁の死亡者

警察発表として「ことしの交通事故の死亡者は，すでに2桁となり…」などというニュースが出る場合があるが，死亡者の数を「桁」で表すのは好ましくない。

具体的な数字を示すなど表現を工夫したい。

二心 読み〉 ○フタゴコロ （漢語的表現では〔ニシン〕も）

豚汁 読み〉 ○ブタジル ○トンジル ☞ **豚汁**〔トンジル〕

「2人（ふたり）」の付く語 ☞ 「2人（ににん）」の付く語

不治 読み〉 ①フジ ②フチ

最近では医学も進歩しているので，特定の病気を指して「不治の病〔ヤマイ〕」とは言わないほうがよい。

物価指数の動き

物価指数の動きを表現する場合は，「指数が上がる（下がる）」「指数が高くなる（低くなる）」と言う。「指数が増える（減る）」とは

■ ふとい〜ふり

言わない。

太いめ・太め ☞「濃いめ」

府内・府下

府内…全域を指して使う。

府下…大阪府,京都府のうち,大阪市,京都市を除く地域を指して「府下」という表現が使われることがあるが,放送ではなるべく使わない。

船主 [読み] ①フナヌシ ②センシュ

できるだけ「(船の)所有者」などと言いかえる。

「日本船主協会」は〔センシュ〜〕と読む。

文箱［△文箱］ [読み]

熟語としての発音は,①フバコ ②フミバコ

①②を表記する場合は,①ふ箱 ②文箱

文月 [読み] ①フミズキ ②フズキ ×フミツキ

冬型が強まる・冬型が弱まる

厳密には,「冬型の気圧配置の気圧傾度が強まる(弱まる)」ことを,慣用として,「冬型(の気圧配置)が強まる(弱まる,ゆるむ,崩れる)」と言っている。

プラス(気温)

北海道などで,厳寒期に気温0度以上がむしろまれな場合,特に氷点下に対比して表現したいときは,「プラス○度」と言ってもよい。ただし,気温に「プラス」を付けて言う場合は,例えば次のように表現して,「平年より○度高く」と言う意味の「プラス」と混同されないように注意する。

〈例〉旭川では氷点下にならず,プラス2度…

⟶ 旭川では,平年に比べて3度高く,プラス2度…

〜ぶり

(1)「〜ぶり」(○年〜,○日〜など)は,時日がたって,その前の状態が再び起こるときに使われるのが普通である。

〈例〉1か月〜の雨

ただし,「3時間」ぐらいの短い時間の時に使うのはおかしい。しかし,期待感がある場合とか,実現するまでに努力があり,しかもそのことが起こるまでに心理的に長い時間の経過がある場合には,必ずしももとの状態が再現されなくても使える。

〈例〉着工以来10年ぶりに開通した。

(2)「○時間～」「○日～」「○週間～」「○か月～」は,すべて満の数え方をする。☞**「～目」,「○年越し・○年ぶり」**

振り替え休日

日曜日と国民の祝日が重なった場合の翌日の休日の呼び方は,「振り替え休日」である。　×振り替え祝日

降る・ある　☞**「にわか雨・にわか雪・雷雨」**

プレジャーボート

モーターボートやヨットなどの海や湖のレジャーに使う船のこと(海上保安庁航行安全課による)。

放送では具体的な説明を付けて使う。「遊漁船」とは異なる。

☞**「遊漁船〔ユーギョセン〕」**

「分」「秒」の略記法

時間の長さの単位の「分」「秒」の表記は,学校放送などでは,略表記をしない。一般の番組でもできるだけ略さず,「分」「秒」を使う。

図表などで略表記する場合には「1′30″」としてもよいが,アナウンスなどで誤解の生じないように配慮する。略表記としての「m, s」は使わない。

噴火・爆発

火山の「噴火」と「爆発」の違いは,明確な定義がない。

「爆発」は「噴火」のひとつの型で,「爆発的噴火」のことである。マグマ(溶岩)が噴出したか,しなかったかはあまり関係がない。一連の活動としてとらえるときは「噴火」であり,個々の現象としては,「爆発」とすることが多い。

〈例〉去年から噴火活動をしていた桜島は,きょう大爆発しました。

■ ふんし〜ふんひ

粉じん（公害）・車粉（公害）

　スパイクタイヤが路面を削り取ることによって起こる砂ぼこりのこと。「車粉」と言うと，車自体が出す粉じんと受けとられるおそれがあるので，放送では，原則として「粉じん（公害）」を使う。できるだけ，「スパイクタイヤによる〜」としたほうがわかりやすい。

　ただし，地域によっては，実態に応じて「車粉（公害）」を使ってもよい。

分泌　読み〉①ブンピツ　②ブンピ

へ

平行・並行

平行 …（どこまでも交わらない）　〜線　〜移動　〜する2直線

並行 …（並んで，同時に）　道に〜して走る　〜審議　〜して実施する

（注）「併行」は使わない。

併存　読み＞ ①ヘイゾン　②ヘイソン　☞「**存**」**の付く語**

平年（気象）

　気象庁が決めた最近30年間の平均的な状態（10年ごとに更新する）。〈例〉平年並みの気温

兵法　読み＞ ①ヘイホー　②ヒョーホー

平和・和平

平和 …（戦争がなくて安穏なこと）　〜運動　〜会議　〜主義

和平 …（和ぼくして平和になること）　〜交渉　〜工作

ペーハー　☞「**pH〔ピーエイチ〕**」

別世界　読み＞ ①ベッセカイ　②ベツセカイ

別天地　読み＞ ○ベッテンチ　×ベツテンチ

ベニヤ（板）　☞「**合板・ベニヤ**」

変態・変体

変態 …（正常でない状態，形態を変えること）　〜心理　昆虫の〜

変体 …（形，体裁が変わっている）　〜がな　〜詩

便覧　読み＞ ①ビンラン　②ベンラン

ほ

母音 読み ○ボイン ×ボオン
ポイント ☞「パーセントとポイント」
ほう ☞「〜のほう」
放映

　放送では,原則として「放映」は使わない。
　テレビで放送することを,新聞・雑誌などでは「放映する」と表現している例もみられるが,「放映」は,テレビ放送を指す場合と,映画を放送する場合とがあり,その範囲がはっきりしない。
〈例〉○月○日,NHK総合テレビで放送した○○は…

判官 読み ホーガン … 九郎〜　〜びいき　×ハンガン
　　　　　　ハンガン …（裁判官の古い言い方）　塩冶（谷）〔エンヤ〕〜

方言 ☞ コラム「ドラマと方言」
邦詞〔ホーシ〕

　外国の曲に,日本語の歌詞をつける際,「蛍の光」「庭の千草」のように,翻訳でもなく,全くの創作でもない場合に「邦詞」と言うことがあるが,日本語としては熟していないので放送では使わない。
　「作詞」「訳詞」と言えない場合は,放送では「歌詞」とする。
　画面表記は「詞○○,曲△△」でもよい。

放射性降下物

　核実験などにより,雲の中に放射能の金属酸化物の粒子が吸収され,それが地上に降ってきたもの。原子炉などの事故によって出る放射性の灰を含めることもある。俗に「死の灰」と言う。

放射性廃棄物・核廃棄物

放送では,原則として「放射性廃棄物」を使う。場合により「核廃棄物」を使ってもよい。

放射能汚染

一般には「放射能汚染」を使う。厳密に言うときには「放射性物質による汚染」とする。

「放射能」は本来,放射性物質が放射線を出す現象,または能力・性質を言う。しかし,現在,「放射能汚染」という表現は一般に広く使われている。

放射能灰

核爆発実験でできた微細な放射性物質の粒子。

放射能ちりは空気中に浮遊する放射能灰のこと。 ×放射能じん

放射冷却現象

〈例〉よく晴れあがって,地表の熱が奪われる放射冷却現象が起き…

放送では,例文の言い方でよい。

コラム

ドラマと方言

ドラマで「方言」を使う場合,視聴者から,「ドラマで使われている方言は実際使われていることばとは違う。本当の方言を使ってほしい」という要望が寄せられることがある。

その地域に住んでいる人にとって,いい加減な方言を使われることに不快感を抱くことは確かであろう。しかし,放送はその地域だけではなく,全国の不特定多数の視聴者を対象にしており,ドラマなどでの方言使用にはある程度の制約を設けざるをえない。

ある地域の方言をそのままの形で放送しても,誰もが理解できるわけではない。ドラマでは,誰もが同じように理解できる,わかりやすいセリフを使わなければいけない。

こうしたことから,ドラマでは純粋の方言ではなく,ある程度までに「共通語化した」方言を使わざるをえないのである。

■ほうし〜ほうと

　気象庁では，放射冷却を「地表面の熱が放射により大気中に奪われ，気温が下がること」と説明している。

報酬　☞「給料・報酬・給与」

帽子をとる・〜脱ぐ

　「帽子を脱ぐ」に抵抗を感じる人もいるようだが，どちらも一般的な表現である。

　「脱ぐ」には「身につけていたものを取り去る」という意味があり，「上着」「ズボン」など衣類だけでなく，「くつ」「帽子」についても，普通に使われている。

放送と敬語　☞ コラム「放送と敬語」（p.68）

放送のことば　☞ コラム「放送のことばとは」

放送文章の基本　☞ コラム「放送文章の基本」

放送用語委員会　☞ コラム「NHK放送用語委員会」（p.186）

報道官

　ホワイトハウスのpress secretaryの訳語。×新聞係秘書　×報道担当官

コラム

放送のことばとは

　放送のことばとは，放送に出てくるすべてのことばを指すが，ここでは，放送局に所属するアナウンサーや記者が放送で用いることばの意味で使う。

　放送のことばは，「美しい語感に富む耳のことば」を目標として考えられている。

　つまり，耳で聞いて理解しにくいことばや意味の紛れやすいことばはできるだけ言いかえをする。

　文を短く，構文を簡単にする。明瞭な発音でわかりやすく話すことが重要だと考えられている。

暴風域・強風域・暴風警戒域

暴風域………台風や発達した低気圧の周辺で,平均風速がおおむね毎秒25メートル以上の風が吹いている領域。　×暴風圏

強風域………平均風速がおおむね毎秒15メートル以上25メートル未満の風が吹いている領域。　×強風圏

暴風警戒域…台風が予報円内に進んだとき,暴風域にはいるおそれがある範囲。

暴風警報・暴風雪警報

平均風速がおおむね毎秒20メートルを超えるとき「暴風警報」が出される。

コラム

放送文章の基本

放送文章を書く際には,次のような基本を守る必要がある。

1. センテンスを短く

第一に心がけるべきことは,「センテンスは,できるだけ短く」ということである。センテンスが長い文章はわかりにくい。

2. 長い連体修飾語を避ける

長い連体修飾語は,センテンスが長くなる一因でもある。特に,主語にかかる連体修飾語が長いと,主題がはっきりせず,聞き手の理解の妨げになる。

3. 見出しをできるだけ簡潔に

ニュースの見出しは,本文の内容の要約を伝えるものだが,多くの情報を盛り込もうとして,長文化する傾向にある。できるだけ,必要な情報のみを簡潔に伝えるようにしたい。

4. 常とう的な表現を避ける

ニュース特有の常とう語が使われ,とりわけ文末表現が類型化する傾向が強い。表現に工夫をこらし,新鮮な文体を心がけたい。

5. 専門用語や官庁用語をわかりやすく

専門用語や官庁用語には,難解な漢語やなじみの薄い外国語が多い。このようなことばが視聴者にとって最もわかりにくい。

■ ほうり〜ほお

雪を伴うときは「暴風雪警報」となる。
昭和64年（1989年）1月1日に「暴風警報」が設けられた。

放流・放水（ダム）

放流 … 貯水量が増えたとき，ダムから下流の河川に水を流すこと。
放水 … 発電のため，ダムからパイプで発電所に水を流すこと。

「ほお」の付く語 読み

(1) 単独の場合
　①〔ホー〕　②〔ホホ〕
(2)〔ホー〜〕とするもの
　ほおげた　ほおじろ　ほおづえ　ほおばる　ほおひげ　ほお紅
(3)〔ホホ〜〕とするもの
　ほほえみ　ほほえむ

コラム

NHK放送用語委員会

　NHK放送用語委員会とは昭和9年1月に，標準語の確立と放送による普及という社会的要請にこたえて，NHKが国語問題についての学識経験者を委員に委嘱して設立した委員会である。

　何回かの名称変更を経て，現在まで「NHK放送用語委員会」として存続している。

　放送用語委員会での審議内容は，基本的には，次の2つに分けられる。

①放送で使うことばの発音，表記，語の選び方，使い分けなどについて，審議・検討し，放送での扱いを決める。
②ニュースや番組の文章・ことばづかいについて検討する。

　現在では東京での委員会のほか，地域拠点局ごとに用語委員会を開いている。

　放送用語委員会のメンバーは，ことばの専門家などの学識経験者と，部内の関係部局の代表で構成されている。

「僕」という言い方

外部の出演者が自分のことを「僕」と言うのはしかたがないが、放送では「わたくし・わたし」を使うのが原則である。

僕は…?（インタビュー）

小さい男の子にインタビューをするとき、「僕はいくつ?」という言い方はなるべくしないほうがよい。

「君は…?」「あなたは…?」と言うか、相手の名前を呼ぶほうがよい。

保護・補導

少年（未成年）の検挙は、厳密な意味での「逮捕」を除いて、「保護」を使い、街頭の一斉取締りなど、場合によっては「補導」とする。

発足 読み＞ ○ホッソク ×ハッソク

北方四島

原則として漢字で書く。必要によりふりがなを付ける。

歯舞（はぼまい） 色丹（しこたん）
国後（くなしり） 択捉（えとろふ）

ほど近い

「ほど遠からぬところにある」などというのが本来の用法であるが、「ほど近いところにある」という端的な表現も認められる。

なお、時間的な場合などに「ほど遠い」の反対語として、「ほど近い」を使うのはおかしい。

炎 読み＞ ○ホノオ ×ホノホ ×ホノー

ほほえみ・ほほえむ

「ほお」が笑うのではなく、「ホホ」という擬声語と「笑む」という文語動詞からなることばなので、〔ホホエミ〕〔ホホエム〕となる。〔ホーエミ〕〔ホーエム〕は採らない。

☞「ほお」の付く語

ぼや ☞「全焼・半焼・部分焼・ぼや」

盆 ☞「月遅れ（の）盆」

本性 読み＞ ○ホンショー ○ホンセイ

■ ほんす～ほんめ

ポン酢 読み〉 ○ポンズ ×ポンス

本来は外来語の〔ポンス〕だが，すでに定着している〔ポンズ〕を使う。

「～本線」について

JRの線路名称のうち「本線」の付くものの呼び方は，ニュースでは原則として「本」を省いて「～線」とする。ただし，番組によっては，必要に応じて「～本線」を用いてよい。

本然 読み〉 ①ホンネン ②ホンゼン

盆の入り

「盆の入り（明け）」は，放送では原則として使わない。

☞「**入り・明け**」

本番

(1)「夏本番を迎え…」「秋祭り本番を迎え…」などと「本番」が乱用されがちであるが，安易に使わずこの場合，「猛暑が続いていますが…」「あちこちで秋祭りが行われていますが…」などと表現を工夫する。

(2) 防災の日の訓練のニュースで「本番のときは…」などという言い方があるが，この場合の「本番」は本当の火災のことを指すことになり，適切な使い方とは言えない。「実際に火災が起きたときは…」などと言うべきである。

「本番」や「ぶっつけ本番」は，映画や放送の世界の部内用語が一般化したもので，どんな場合にも使えることばではない。

本命・対抗

選挙の放送などで，「本命」「対抗」を使用すれば効果的な場合もあるが，その表現が個人的判断と受け取られるおそれもあり，放送では乱用しない。

ま

〜まい(助動詞)

動詞との接続のしかたは次の表に従う。

	①標準的	②許容される	③認められない
サ変(する)	しまい	すまい するまい	せまい
カ変(来る)	来まい	来るまい	きまい くまい
五段(書く)	書くまい		書かまい
上一段(見る)	見まい	見るまい	
下一段(考える)	考えまい	考えるまい	

ただし、「まい」はやや文語的な表現なので乱用しない。言いかえとしては次のような例がある。

〈例〉書くまいと思っても → 書かないようにしようと思っても

迷子・迷い子 読み〉①迷子〔マイゴ〕 ②迷い子〔マヨイゴ〕

マイナス

気温を表す場合に、「氷点下〇度〇分(氷点下〇.〇度)」を「マイナス〇度〇分(マイナス〇.〇度)」と言ってもよい。

ただし、「零下〇度〇分(零下〇.〇度)」は使わない。

参る

〈例〉×先生はどちらへ参られましたか。

×今日はご自宅から参られたのですか。

「参る」は話し手が相手に敬意を表すため、自分の「来る」「行く」という行為を、へりくだって言うときに使う謙譲語である。

例文のように、話し相手や第三者に対して敬意を表す場合は、「おいでになる」「いらっしゃる」などを使うべきである。

前倒し ☞「**先送り**」

■まかす〜まくあ

任す〔マカス〕

　本来は,「任せる」(下一段活用)である。しかし,現在では「任す」(五段活用)のほうが,使われやすく,特に受け身の形は,五段活用のほうが使いやすい。

〈例〉…を任された(任せられた)

〈類例〉申し合わす―申し合わせる　泣かす―泣かせる
　　　　取らす―取らせる

曲がり屋〔マガリヤ〕

　南部地方の「まがりや」は,原則として「曲がり屋」とする。他の類似の語(平屋,長屋,母屋)の表記の慣用に従う。

×曲がり<u>家</u>

巻き込まれる(事件に〜)

　「小学生が行方不明になっており,何らかの事件に巻き込まれたのではないか…」などと言う場合の「巻き込まれる」と言う表現は,誘拐や殺人などの事件である可能性が強いが,まだ断定できないときに使われる。

　断定できない以上,家族の気持を考えると安易に誘拐や殺人事件などということばは使えないので,間接的な表現として使うことができる。

巻き添えになる

　「巻き添えを食う」が普通の言い方であるが,「他人を巻き添えにする」という言い方もあるので,「〜になる」と言ってもおかしくはない。

　類似表現に「巻き込まれる」「かかわり合いになる」などがあるが,ニュアンスが違うので使い分ける。

幕あい・幕間

　表記は「幕あい」を第1とし,場合により「幕間」(音訓特例)と書いてもよい。○〔マクアイ〕　×〔マクマ〕

まくあ〜まち

幕開き・幕開け

芸能関係では「幕開き」。

芸能以外,一般の「開始」の意味で使う場合は,「幕開け」でもよい。

「幕が開く」の名詞形であるから「幕開き」が本来の形である。

「夜が明ける」「梅雨が明ける」などの自動詞の「あける」からの連想,また,「幕を開ける」の他動詞の「あける」などの連想から「幕開け」が使われるようになったのであろう。

マグニチュード

地震の規模を表す数字で,記号はMで表し,数字は,普通小数点の第1位まで表す。〈例〉M7.5

マグマ

地下の岩石が高温で溶けた状態になっているもの。地表に噴出すると,溶岩や火山岩になる。

火山の比較的浅い所にマグマが蓄えられている場所があると考えられており,これを「マグマだまり」と言う。

〜まして

〈例〉話し合いが行われまして…

「ます」と「ました」は文章の終わりに1回言えばよく,文中で「〜まして」を使うのは好ましくない。

話しことば口調を意識して使うのであろうが,口癖になるおそれがあるので,注意する。

ませ・まし

〈例〉〜してくださいませ（まし）

「ませ」と「まし」は両様がある。

「まし」は,東京の下町的な感じのことば。

「町・村」の読み

地名の付かない「町」「村」は一般的には〔マチ〕〔ムラ〕と読むが,地域によっては,地名に準じて〔チョー〕〔ソン〕と読むことがある。

〈例〉町（村）では

■まつ～まんし

　　　町（村）当局

　　ただし「町（村）当局」ということばは，かたい感じがするので，「町としては，町では」「村としては，村では」などと言いかえたほうがよい。

末〔マツ〕　☞「月末」の「末」

真っ白に・真っ黒に

　「真っ白」を副詞として使う場合は，「真っ白に」とし，「真っ白く」とはしない。「真っ黒く」も同様。

　〈例〉○真っ白に雪化粧した　×真っ白く～

まとまった雨

　雨が少ないときに，かなりの雨量が予想される場合，期待感とともに「まとまった雨」という言い方がされる。

　しかし，あいまいな表現なので，できれば具体的な数字を示すほうがよい。

真夏日

　1日の最高気温が30度以上の日を言う。☞**「熱帯夜」**

免れる　読み　①マヌガレル　②マヌカレル

目の当たり　読み　○マノアタリ　×メノアタリ

迷〔マヨ〕い子　☞「迷子・迷い子」

丸焼け

　「丸焼け（になる）」と表現すれば効果的なこともあるが，当事者の感情や周囲の状況を考慮して，注意して使う。

満，かぞえ，足かけなどの用法について

　「○○百周年」「○○から100年前」などすべて満で計算する。

万一　読み　○マンイチ　×マンイツ

万華鏡　読み　○マンゲキョー　×バンカキョー

満州事変

　使ってよい。☞**「戦争・事変などの呼び方」**

万灯会 読み ○マンドーエ ×マントーエ
　（「万灯」は①〔マンドー〕　②〔マンドン〕）
満杯
　〈例〉下りの新幹線はほぼ満杯です。
　俗っぽい表現であり，人を物扱いしているような印象を与えるので，放送では「満員」または「満席」と言うほうがよい。
　帰省列車や飛行機の予約情況を伝えるニュースや情報番組の中でよく耳にすることばである。
まんべんなく
　〈例〉まんべんなく票を集める
　古くは「まんべんに」とも言ったが，今は「まんべんなく」が普通。放送では「まんべんなく」を使う。
万力 読み ○マンリキ ×バンリキ

■ みかき〜みそひ

み

身欠きにしん 読み ○ミガキニシン ×ミカキ〜
三くだり半（離縁状） 読み ○ミクダリハン ×サンギョーハン
（本来の表記は［三△行半］）
見事に
　放送では，「見事に失敗する」のような反語的な用法の場合は，注意して使う。
　とくに，災害などの深刻な事態を客観的に形容する表現としては使わない。〈例〉×見事に家が焼けています。
見込まれます・見込みです
　(1)「見込まれます」という表現は，交通事故による死亡者数などのように，望ましくない事柄を言う場合に使うと違和感を与えることがある。
　　しかし，文脈によっては，「予想されます」「おそれがあります」「心配されます」などと言いかえると，かえって不正確になることがある。そのような場合には「見込まれます」を使わざるをえないであろう。
　(2)「見込みです」という表現は，その事柄がよい場合や望ましい場合に使われるのが普通である。ストライキの影響などのような望ましくない事柄の場合には，「見込みです」という言い方は違和感を与えることがある。
　　ただし，「台風○○号は，あすの朝○時ごろ○○に上陸する見込みです」などのように，確率の高い予測を表す場合には，使ってもよい。
実生 読み ○ミショー ×ミセイ
水鳥 読み ①ミズトリ ②ミズドリ
三十一文字［△十］（和歌） 読み ○ミソヒトモジ ×サンジューイチモジ

みぞれまじりの雨／雪

「みぞれ」は雨と雪の混ざった状態なので「みぞれまじりの雨」という表現は，現象としてありえないので，不適切である。

満たない〔ミタナイ〕

「満つ」は，古くは四段または二段活用であったが，現在，口語では「満ちる」で上一段活用であるから，否定形は「満ちない」となるはずである。

しかし，実際には「20歳に満たない」のように言うのが普通である。

三つぞろい［×揃］　読み〉　〇ミツゾロイ　×ミツゾロエ
三つどもえ［×巴］　読み〉　〇ミツドモエ　×ミッツドモエ
みなも・みのも［△水△面］　読み〉　〇ミナモ　〇ミノモ
ミニバイク　☞「バイク」

未必の故意・〜殺意

「未必の故意」は法律用語であるがわかりにくいので，1度は「〜すれば重大な結果になるかもしれないと知りながら〜した」などの説明を付ける。

見まい　☞「〜まい（助動詞）」

見舞われる（大雪に）

「見舞われる」には「好ましくないことが，急に襲いかかるように起こる」という意味もあり，慣用として「大雪に見舞われる」と使われることが多い。しかし，「大雪が降って（積もって）」などと具体的に表現するほうがよい。

未満（年齢）

「20歳未満」は，「20歳」を含まず「19歳以下」を言う。

「〜以下」は，その数を含めて，それより下を指す。

耳障り〔ミミザワリ〕

このことばは，本来は「耳障りな音」のように，聞いて不愉快に感じたり，うるさく思ったりする場合に使われる。

最近では「手触り」「舌触り」などの連想からか，「耳触り」と

みめい〜みれる

書いて「耳触りのよい音」「耳触りのいいことば」のように使われる例が増えているが、このような使い方には、まだ抵抗を感じる人が多い。

未明

　本来,「夜がまだすっかり明けきらぬ時」を指すことばであるが, 放送では次のような場合にも使う。

　午前0時〜3時ごろまでの事件をニュースなどで取り上げるとき

(1) 特に必要がなければ「未明」と言うのを省略するか,「午前〇時ごろ」と具体的に時間を言うほうがよい。

　　〈例〉(きょう午前1時ごろ), 東京の江東区亀戸で火事があり, 材木店など3棟が焼けました。

(2) 時間を特定しにくいときや, 漠然と午前0時〜3時ごろを指して簡略に表現する必要があるときは,「未明」を使ってもよい。

　　〈例〉大手私鉄労使の交渉は, ストライキが予定されている13日未明まで続けられる見通しです。

見られます・見られています

　「見られます」は取材者や話し手の観測を表す。

　「見られています」は, その観測がより一般的で客観性が強い場合に使われる。

見れる・来れる・出れる（ら抜きことば）

　可能の意味を表す「見れる」「来れる」などの言い方は, 現在は, かなり一般的になってきているが, まだ抵抗を感じる人も多いので, 放送のことばとしては適当とはいえない。

☞ **コラム「出れる・見れる」という言い方**（p.142）

む

無一物 読み〉 ○ムイチモツ　○ムイチブツ
無重力・無重量
　　人工衛星やスペースシャトルの場合，厳密な意味で無重力の状態になることはないので，放送では，原則として「無重量」を使う。
　　ただし，一般の慣用に従って，「無重力」を使ってもよい。
　　学校教科書，新聞などでも，両方が使われている。
無人島 読み〉 ○ムジントー　×ムニントー
難しい漢語表現　☞ **コラム「難しい漢語表現」**(p.53)
「村〔ムラ〕」の付く語
　　〔ムラ〕と読む慣用の強いもの…国民休暇村，勤労者いこいの村
　　〔ソン〕と読む慣用の強いもの…自然休養村，青少年旅行村

■ め～めつか

め

～め ☞「濃いめ」

～目

単にある点から点までの隔たりを示す。したがって,「～ぶり」を「～目」に置きかえるのが必ずしも適当でない場合がある。

事件などの「〇日目」の数え方は,発生した日を含めて数える。
☞「～ぶり」

メーター meter

(1) 長さの単位としては,「メートル」とする。略記は「m」。「米」とは書かない。

ただし,スポーツの実況アナウンスに限り,「メーター」と言ってもよい。

(2) 「計器」は「メーター」。

メセナ活動

放送では,「企業による社会への貢献,文化芸術への貢献」などと説明を付ける。フランス語で文化・芸術活動に対する支援の意。

目線

「視線」の意味で「目線」が使われる傾向があるが,「本番」「絵」などと同様,部内用語なので,放送ではなるべく使わない。

もともと「目線」は映画,演劇用語で,それがテレビの世界に入って使われるようになった。

目玉

「〇〇の目玉は…」という形で使われるが,俗っぽい常とう表現なので,できるだけ「〇〇の呼び物・売り物・見もの」などと言いかえたほうがよい。

〈例〉祭りの目玉はパレードです。—→ 祭りの呼び物は…。

メッカ

イスラム教の聖地のことであり,比喩的には使わない。

〈例〉×修験道のメッカ,〇〇山　×高校野球のメッカ,甲子園

めっきり

「めっきり」は,状況・状態が急激に変化した様子,予想外な様子を表すことばである。

しかし,「めっきり」を望ましい方向やはっきりと豊かなイメージに変化したことに関して使うと,不自然になることが多い。

○父は～老けこんだ　～寒くなりました　～春めいてきました
△～若返る

めどがつく・めどがたつ

「めどがつく」「めどがたつ」のどちらを使ってもよい。

目を楽しませる

〈例〉訪れた人たちの目を楽しませていました。

「訪れた人たちを楽しませていました」で十分ではないかという意見もあるが,「人を楽しませる」と「目を楽しませる」は少し意味合いが違うので,「目を楽しませる」と表現することもありうる。

ただし,ニュースで常とう的に使われる表現なので,安易に使わず,具体的な描写をするように心がける。

目を半眼に開く〔メオハンガンニヒラク〕

禅の用語としては,「～開く」といい,「～閉じる」とは言わない。

■ もうす〜もくね

も

申す・申される

「申す」は「言う」の謙譲語。相手の行為の敬語として「申されます」という言い方が,最近多く使われるが,「申す」は,本来,目下の人が自分の行為を目上の人に言う場合に使うのが原則である。

放送では「おっしゃいます」「言われます」などと表現する。

〈例〉○○さんも申されたように

→ 〜おっしゃったように,〜おっしゃいましたように

孟宗竹 [×孟宗竹] 読み ○モーソーチク ○モーソーダケ

盲腸炎 ☞「**虫垂炎・盲腸炎**」

もうひとつ

「もうひとつパッとしない」などのように,数を示さず,期待,予想に達しなかった場合に用いる「もうひとつ」は,放送で乱用すると抵抗感を持つ人もかなりある。

しかし,ほかのことばに言いかえるとニュアンスが生かしきれない場合には使ってもよい。

ただし,なるべく「あと一息」「少し不足している」「期待していたほど〜ない」「ちょっと〜ない」などと言いかえられる場合は,言いかえるほうがよい。☞「**いまひとつ・いまいち**」

モーターバイク ☞「**バイク**」

黙示録 読み ○モクシロク ×モクジロク

(注)「黙示」単独の場合　宗教用語　○モクシ　×モクジ
　　　　　　　　　　　　一般用語　○モクシ　○モクジ

木道 読み ○モクドー ×ボクドー

尾瀬沼や日光戦場ヶ原などの湿地帯で,板や木を渡した道。

〔モクドー〕ではわかりにくい場合には,「木や板を敷いて,人が歩けるようにした道」などと言い添えをする。

黙然 読み ○モクネン ×モクゼン

文字どおり〔モジドーリ〕 ×〔モンジドーリ〕

「文字どおり」は「文字に書いてあるとおり，まったくそのまま」という意味なので，単に強めのために乱用すると，聞いていて抵抗感がある。放送では，不自然にならないように注意して使う。

○ △△県北部の国道や県道は，文字どおり寸断され…
× △△地方は文字どおりの日本晴れです。

文字放送

法律上の正式名称は「テレビジョン文字多重放送」であるが，日常使用する名称としては「文字放送」でよい。

燃す・燃やす ☞「**燃やす・燃す**」

もたらす

よいことにも悪いことにも使う。

〈例〉○○が初めてメダルをもたらしました。
　　　台風は大きな被害をもたらしました。

ただし，多用はしないで，なるべく「初めてのメダルです」「大きな被害を与えました（残しました）」など表現を工夫する。

持ち直す ☞「**天気は持ち直す**」

元結 読み ①モットイ ②モトユイ

最も（いちばん）〜のひとつ

外国語の直訳的表現。よく使われるし，ありうる表現である。

しかし，放送では，誤解のないようにわかりやすい表現を考えたほうがよい。

「最も」「いちばん」などの副詞をつけないのも1つの方法である。

元・前 ☞「**前**〔ゼン〕**・元**〔モト〕」

戻り梅雨 読み ○モドリズユ ○モドリツユ

できるだけ「梅雨の戻り」を使う。

■ ものて〜もんひ

〜ものです
〈例〉新幹線建設については，地元がかねてから強く要望していた<u>ものです</u>。

前後の文脈からみて，特に強調する場面でないときに，「〜ものです」を使うと違和感がある。

また，多用するとくどい感じになる。

中立的意味合いの表現は「要望していました」であり，「〜ものです」は，強調した場合の表現である。

〜ものの
〈例〉朝のうちは曇っていた<u>ものの</u>午後から晴れ上がり…

「〜ものの」は，「〜ことから」「〜などして」と同様，ニュース文章に多い言い回しである。逆説を意味するが，伝え手の姿勢や主観が入ることもあり，やや文章的で，かたい感じがする。

おそらく，「〜が，…」の多用を避けたい気持がはたらいて「〜ものの」に言いかえているものと思われる。いずれにしても，多用しない。☞ コラム「**ニュースの常とう表現**」(p.97)

燃やす・燃す　　読み〉①モヤス　②モス
「情熱を燃やす」などのときは〔モス〕は使わない。

模様〔モヨー〕・文様・紋様〔モンヨー〕
模様…「文様」「紋様」を含む広い意味で一般的に使う。

文様… 美術・工芸における模様の様式を指す場合。

紋様… 特定の分野で慣用が固定している場合に限って使う。

〈例〉ちょうの羽の紋様，小紋の紋様

盛り土
ニュースや一般番組では，〔モリツチ〕と言うが，土木関係などの専門番組では，〔モリド〕と言ってもよい。

もろ刃の剣 [△両]　　読み〉○モロハノツルギ　×リョーバノケン

門標 ☞ 「標札・表札・門標」

や

夜間部〔ヤカンブ〕

　この名称は特に必要とする場合以外，乱用しない。

　特に必要な場合は，「第2○○学部学生」「○○学部　第2部」などその大学固有の名称に従う。

　法令上は「夜間において授業を行う学部」（学校教育法第54条）とあるだけであるが，通称として「夜間学部」と呼んでいる。

　私立大学では「(第)2部」と称しているところが多い。

役不足

　「役不足」は「芝居や演劇で割り当てられた役が自分にとって軽すぎる」ということから出たことばで，一般には「与えられたポストや仕事が実力に対して軽すぎる」という意味である。

　最近，「こんな大役は私には役不足なので，お断りします」など，「荷が重い」「大役すぎる」という反対の意味に使われることがあるが，明らかな誤用。

焼け死ぬ　☞「焼死・焼け死ぬ」，「溺れ死ぬ」

焼けた・焼いた

　ニュースの扱いとして「焼けた物件」が主語の場合には，「○平方メートルが焼けた」などの表現とする。「火事そのもの」が主語の場合には，「○平方メートルを焼いて鎮火した」などと表現することもできるが，一般的なニュースでは用いない。

やけどをする・〜負う

　「やけどをする」が普通の言い方。航空機事故やタンカー火災などで，重傷の場合は，「やけどを負う」も使う。なお，重傷の場合，日常語では「大やけどをする」が普通。

やさき

　「〜に警告したやさきのことでした」のような，すでに完了してしまった場合には，使わない。「警告したばかりでした」などと言いかえる。

やしう〜やなみ

一般には、物事がまさに始まろうとするときに使う語。「警告しようとする<u>やさき</u>」または「警告しようとした<u>やさき</u>」の形で使うのが普通である。

これらはいずれも、「あることがまさに起ころうとする際に、別の何かが起こる」という場合に使われる。

やじ馬

原則として、「集まってきた群衆」「見ていた群衆」「遠まきにしていた群衆」などと言いかえる。

しかし、「やじ馬」と言うほうが適切であると判断できる場合には「やじ馬」を使ってもよい。

安来節 読み ○ヤスギブシ ×ヤスキブシ

野生・野性

野生…（山野に生息・自生する） 〜の動物 〜の植物 〜化する
野性…（自然のままの性質） 〜に返る 〜的 〜味

やって来た

「やって来た」「やって来られた（敬語形）」は、「来た」「来られた」では表現できないニュアンスがあるので、使っても差し支えない。
〈例〉楽しみにやって来たスキー客。
　　　日本にはるばるやって来られました。

ただし、やや俗っぽい語感もあるので、使いにくい場合もある。
〈例〉いつ、東京へやって来られましたか。
　→ 〜いらっしゃいましたか。

やなあさって・やのあさって

「あさって」の翌日を東京などでは「しあさって」というが、地方（関東・東北の一部）によってはあさっての翌日を「やなあさって・やのあさって」、あさっての翌々日を「しあさって」と言う。

したがって、放送では誤解のないように「しあさって・やな（の）あさって」を使わず、「○月○日」「○日後」と具体的に言う。

家並み 読み ○ヤナミ ○イエナミ

家主 読み〉 ○ヤヌシ　○イエヌシ
夜半

　「夜半」は午前0時の前後およそ1時間（各30分），「夜半すぎ」は午前0時から2時間ぐらいのことだが，できるだけ具体的な時間で言ったほうがわかりやすい。「真夜中」も同様にわかりにくい。

　また，「昨夜半」と言うと，1日前の夜中というように考えられるおそれもあるので，次のように言う。

〈例〉昨夜半から降り出した…　─→昨夜遅くから降り出した…
　　　台風は昨夜半に○○に上陸─→台風は○日午前0時ごろ○○に上陸

山沿い　☞「**山間部・山沿い・山地**」

山手線（東京）　読み〉 ○ヤマノテセン　×ヤマテセン

山姥［×姥］　読み〉 ○ヤマンバ　×ヤマウバ

「**やる**」と「**あげる**」　☞ コラム「**あげる」と「やる**」（p.12）

ゆ

遺言〔ユイゴン〕

　法律用語としては〔イゴン〕だが,放送では〔ユイゴン〕を使う。

夕方

　日没前後各1時間ぐらい,合計2時間ぐらいを指す。

遊戯・遊技

　遊戯 …（一般の遊び）〜の時間

　遊技 …（許可営業の娯楽,パチンコ,麻雀など）〜場

遊漁船〔ユーギョセン〕

　総称として使うのは差し支えないが,「釣り船」「瀬渡し船」などと,具体的に言うほうがわかりやすい。

　海上保安庁では,「遊漁船」と「プレジャーボート」を区別している。

　「遊漁船」は釣り人だけを対象にした船で,「釣り船」と「瀬渡し船」を含む。ただし,釣り目的ではあっても「モーターボート」は含まない。　☞「**瀬渡し船**」,「**プレジャーボート**」

遊水池　読み〉○ユースイチ　×ユースイイケ　☞「**池**」の付く語

優生・優性

　優生 … 〜学

　優性 … 〜遺伝

遊説　読み〉○ユーゼイ　×ユーゼツ

Uターンする

　人口移動現象の1つを指す「Uターン現象」などのことばを使うときは,説明を付ける必要がある。

　「若者が故郷の町にUターンする」のような使い方も文脈しだいで許されるが,乱用しないようにする。

床上浸水〔ユカウエシンスイ〕・**床下浸水**〔ユカシタ〜〕

　そのまま使ってよい。言いかえる場合は,「床上まで（床下が）水に浸かった家」とする。

　「床下浸水」の場合は,「床下に水が入った家」などとも言いかえられる。

　☞「風水害関係のことば」

雪質　読み〉○ユキシツ　×セッシツ

逝く夏

　「逝く夏」は,場合によって使ってもよい。

　春と秋は1年じゅうでもよい季節であり,去っていくのを惜しむ気持を抱く人が多いので,「逝く春」と「逝く秋」は,昔から使われている。

　ただし,「逝く冬」とは言わない。

ゆで卵〔*茹〕　読み〉○ユデタマゴ　×ウデタマゴ

ゆでる〔*茹〕　読み〉○ユデル　×ウデル

■ よあけ〜よくも

よ

夜明け
　日の出前の東の空が薄明るくなる頃を指す。

宵（のうち）
　日没後2〜3時間の間を指す。およそ午後9時までが限度である。
　気象用語で「宵のうち」は午後6時から午後9時の意味で使っていたが，現在は「夜のはじめ頃」と表現している。

溶岩流
　噴出した溶岩が火口から地表を流れ下る現象。溶岩を構成する岩石が玄武岩の場合は粘性が低いため流れ下る速度が速く，安山岩質は粘性が高いため遅い。
　特に粘性が高いと，流れずに火口にドーム状の火山体を形成し，「溶岩ドーム」（溶岩円頂丘）と呼ばれる。

用件・要件
　用件 …（用向き）　〜を済ます　〜を伝える
　要件 …（必要な条件）　〜を満たす　〜を備える

要綱・要項
　要綱 …（要約した大綱）　政策〜　法案の〜
　要項 …（必要な事項）　募集〜　入試〜

要衝・要所
　要衝 …（交通，軍事上の中心）　交通の〜
　要所 …（一般的にたいせつな場所）　〜を占める

養殖池　読み＞　○ヨーショクイケ　×ヨーショクチ　☞「池」の付く語
用水池　読み＞　○ヨースイイケ　×ヨースイチ　☞「池」の付く語
容体　読み＞　○ヨーダイ　×ヨータイ
要てい・要たい［×諦］　読み＞　①ヨーテイ　②ヨータイ（仏教関係）
よく燃える
　火事のニュースで「台所付近がいちばんよく燃えており…」というのは，適切ではない。「よく」の代わりに「ひどく」を使う。

よこれ〜よみく

たとえば「台所付近がいちばんひどく燃えており…」「台所付近がいちばん燃え方がひどく…」など。

汚れ

「汚染」「汚濁」の言いかえとして使う。☞「**汚染・汚濁・汚れ**」

4次元 読み 〇ヨジゲン ×ヨンジゲン

四畳半 読み 〇ヨジョーハン ×ヨンジョーハン

余剰米〔ヨジョーマイ〕

生産された米から消費された米を引いた物，つまり，消費されずに，倉庫に眠っている米。

読み癖 読み ①ヨミクセ ②ヨミグセ

コラム

「世論」の読み

放送では，〔ヨロン〕という読みを採っている。「世論」と書いて，人により〔ヨロン〕または〔セロン〕とまちまちに読んでいるが，元来，〔ヨロン〕と〔セロン〕（または〔セイロン〕）とは，意味はほとんど変わらないが，別々のことばだった。

伝統的には〔ヨロン〕は乗り物の「輿」という漢字を使って「輿論」と書き，〔セロン〕は「世界」の「世」を使って「世論」と書いていた。

ところが，戦後，昭和21年に当用漢字が定められた際，「輿」という字は当用漢字表から外された（のちの常用漢字でも同様の扱い）。以来，新聞などでは「輿論」という書き方をやめ，「世論」と書くようになった。つまり，漢字を書き換えたわけだが，新聞の場合，「世論」を〔ヨロン〕と読むか〔セロン〕と読むかは，読者の自由にまかされた。

一方，放送では，当時はラジオだけの時代で，文字にとらわれる必要がなかったこともあって，ことばとして，より一般的な〔ヨロン〕を統一的に使っていた。テレビが登場して，放送でも〔ヨロン〕を文字で表すことが必要になった。しかし，書き方は「世論」とするほかなく，NHKでもこれを採用することにした。

■よる〜よんた

夜〔ヨル〕

「昼間」に対して,日没後暗くなってから翌日の明け方までを指す。

万朝報〔ヨロズチョーホー〕

黒岩涙香(るいこう)創始(1892年)の日刊紙。日本の大衆新聞の初めとして知られる。

〔マンチョーホー〕という読みもあるが放送では使わない。

世論 読み〉 ○ヨロン ×セロン ☞ **コラム「世論」の読み**(p.209)

弱火 ☞「**とろ火・弱火**」

4大生 読み〉〔ヨンダイセイ〕

4年制の大学生を指して言うことがあるが,一般にはなじみがないので,放送では,「4年制の大学の学生」と言う。

ら

ら・たち・など(複数を示すことば)

(1) 人の場合 …… ら,たち,など

「地元の中学生ら」のように,3人称に付けた「ら」は,蔑視の意味・ニュアンスがあると受けとられることもあるので,次のようにする。

①複数であることを特に示す必要がないときは省略する。

②なるべく,「たち」「など」そのほかの表現に言いかえる。

(注)(ア) 特に,災害や事故の被害者・遺族,身近な話題の中で取り上げる一般市民,表彰者などに「ら」を付けると,場合によっては違和感が強いので注意する。

(イ) いわゆる硬派ニュースで,人名を肩書付きで取り上げる場合をはじめ,ドキュメンタリー番組や歴史物のナレーション,スポーツニュース,画面表記などでは,「ら」を使っても抵抗感は少ない。

③「ら」には,「そのほか」の意味が含まれるので,A,B,Cの3人を示すのに,「Aさん,Bさん,Cさんら」と言うのは誤り。

(2) 事柄の場合 …… など。

(3) 法律などの場合 … 等〔トー〕。

〈例〉暴力行為等処罰ニ関スル法律

来日 読み 〇ライニチ ×ライジツ

礼拝 読み 〇ライハイ(仏教),〇レイハイ(キリスト教など)

拉致

なるべく,「(無理やりに)連れていく」などと言いかえる。

ラッセル車・ロータリー車

一般には,いずれも「除雪車」でよい。

区別して言う必要のある場合には,「ラッセル車」「ロータリー車」などとそのまま使う。

■ りき〜りよう

り

「力〔リキ〕」の付く語 ☞ **「力〔リョク〕」の付く語**

六書 [△六]　読み〉 ○リクショ　×ロクショ

　　漢字の成立と使用についての6種の区別。

り災者 [×罹]

　　「被災者」「焼け出された人」「火事にあった人」「災害にあった人」などと言いかえる。

離着陸・離発着

　　放送では,「離着陸」とし,「離発着」は使わない。米軍や自衛隊のいわゆる「タッチアンドゴー」訓練も「離着陸訓練」でよい。

立像（仏像・神像）　読み〉 ○リツゾー　○リューゾー

　　固有名称では〔〜リューゾー〕と読むものが多い。

リットル ☞ **「バレル**（原油の取り引き単位）**・リットル」**

利払い　読み〉 ○リバライ　×リハライ

略語 ☞ コラム「ことばの省略」(p.107)

略称の扱い

　〈例〉県警・地裁・地検・県教委

　　はっきりと特定する必要がある場合は,フルネームにする。繰り返しの際は,場合によっては,「警察」「裁判所」「検察庁」「教育委員会」とする。画面表記は略称でもよい。

流刑　読み〉 ○リューケイ　○ルケイ（古くは〔ルケイ〕）

「流〔リュー〕」の付く語 ☞ **「流〔ル〕」の付く語**

漁〔リョー〕 ☞ **「漁〔ギョ〕」の付く語**

料金・運賃 ☞ **「運賃・料金」**

両国（2つの国）　読み〉 ○リョーコク　×リョーゴク

漁師

　　「漁師（さん）」はそのまま使ってもよいが,「漁業者」「漁船員」などという表し方もある。また,「漁をしている人」「浜の人たち」などの表現も使える。

両刀使い 読み 〇リョートーツカイ 〇リョートーズカイ
両にらみ ☞「**先送り**」
量目 読み 〇リョーメ ×リョーモク
両様・両用
　両様 …（2通り）和戦～の構え　～の意味にとれる
　両用 …（両方に使う）水陸～　遠近～
「力」の付く語 読み
　〔リョク〕…圧力　火力　原子力　人力（飛行機）
　　　　　　水力　電力　風力
　〔リキ〕……力泳　力演　力学　力作　力士　力走
　　　　　　力点　力闘　力む　力量　怪力　眼力
　　　　　　強力〔ゴーリキ〕　金剛力　自力
　　　　　　神通力　人力車　千人力　他力　念力
　　　　　　馬力　非力　法力　万力〔マンリキ〕　与力
臨時休校
　学校全体が休校になる場合。「学校閉鎖」は使わない。

■る〜るけい

る

「流」の付く語
　ル ……… 流罪　流説　流転　流伝　流人　流布　流浪
　リュー … 流会　流感　流儀　流言　流通　流動的　流木　流用
類焼　☞「延焼・類焼」
流刑　読み〉○ルケイ　○リューケイ（古くは〔ルケイ〕）

れ

0〔レイ〕 ☞「0〔ゼロ・レイ〕」

零下○度○分

「零下」は使わない。「氷点下○度○分」とする。場合によっては,「マイナス○度○分」と言ってもよい。

霊験 読み〉①レイゲン ②レイケン

0〔レイ〕歳児 ☞「ゼロ歳児・0歳児」

冷水塊(かい)・冷水渦(か)

原則として「冷水塊」を使う。専門番組などで,やむをえず「冷水渦」を使うときは,次のようにする。

画面表記 …… 冷水渦

アナウンス … 冷たい水の渦,または冷水の渦など

「冷水塊」と「冷水渦」は同じ対象を指し,「冷水塊」は水温に,「冷水渦」は(渦の)流れに,重点を置いた言い方である。

0％(降水確率)

降水確率は10％きざみであり,5％未満が0％,5％以上15％未満が10％となる。

したがって,「0％」と％を付けるべきである。この場合も読みは〔レイ〕であり,〔ゼロ〕ではない。

礼拝〔レイハイ〕 ☞「**礼拝**〔ライハイ〕」

レシピエント ☞「ドナー・ドナーカード・レシピエント」

れる・られる ☞ コラム「出れる・見れる」という言い方(p.142)

連判(〜状) 読み〉○レンバン ○レンパン

ろ

老人・老女・老婆・おじいさん・おばあさん

「老人・老女・老婆・おじいさん・おばあさん」ということばは,当人に不快感を与える場合もあるので,使い方に注意する。

できるだけ「○歳の女性(男性)」などと言いかえるほうがよい。

また,「還暦を迎えた老人たち」などという場合は,「還暦を迎えた(過ぎた)人たち」などと言いかえられる。

労組 読み ○ローソ ×ロークミ

郎党 読み ○ロートー ○ロードー

老若男女 読み ○ローニャクナンニョ ×ロージャクダンジョ

路肩 読み ○ロカタ ×ロケン

露地・路地

露地 …(茶席の庭,屋根などの覆いのない土地) 〜栽培

路地 …(狭い通路) 〜裏

六歌仙 読み ○ロッカセン ×ロクカセン

露天・露店

露天 …(屋根のないこと,屋外) 〜風呂 〜商 〜掘り

露店 …(屋外に設けた店) 〜で買い物 縁日の〜

露天風呂・野天風呂

どちらを使ってもよいが,最近の温泉地では,「露天風呂」を使う傾向が強い。

論客 読み ○ロンキャク ×ロンカク

わ

わが国

「わが国」は，文語調のことばであり，やや主観の入ったことばと受けとられるおそれもあるので，ニュースなどの客観的な報道では，原則として使わない。

〈例〉わが国の経常収支は … ⟶ 日本の経常収支は …

ワゴン車

「ワゴン」とそのまま使ってもよいが，「手押し車」と区別するために「ワゴン車」と言ったほうがよい。

和尚〔ワジョー〕 ☞「**和尚**〔オショー〕」

和声（音楽） 読み〉○ワセイ ×カセイ

〜わたった

「15日間にわたった秋場所も終わりました」などの「○日間にわたった…」の形は，慣用がないのでなるべく使わない。

「○日間にわたる…」「○日間にわたって行われた」「○日間行われた…」などと表現する。

割賦 読み〉○ワップ ○カップ

なるべく「分割払い」と言いかえる。

和平 ☞「**平和・和平**」

割・パーセント ☞「**パーセント・割**」

割り出す ☞「**犯人を割り出す**」

割る・切る（スポーツ）

スポーツの記録で，数や時間の短縮を表現する場合には，「割る」は使わないで，「切る」を使う。

〈例〉このままのペースでいきますと，2時間8分を割る好記録が期待できそうです。

⟶ 〜2時間8分を切る好記録が期待できそうです。

第2章 外来語のカナ表記

基本方針と原則

Ⅰ.基本方針
Ⅱ.原則
Ⅲ.細則

外来語のカナ表記

Ⅰ. 基本方針

外来語（中国以外の外国の地名・人名，固有名詞と一般名詞を含む）の発音表記は，それぞれのことばの日本語化の程度を考慮し，次のように扱う。

1. 原音とは異なる慣用が熟しているものは，慣用の形を尊重する。
2. 1に示したような慣用が熟していないものは，なるべく原音に近い形にする。

〈注〉中国の地名・人名についてはP.131参照。

Ⅱ. 原則

1. 用字

文字は，原則としてカタカナを使う。

使用するカタカナは，別表「外来語に使うカナと符号」に記載のものに限る。

2. 一般的な発音・表記と専門用語の発音・表記

放送では，視聴者にわかりやすく親しみやすいことを旨とし，なるべく一般に広く通用している発音・表記を使う。

ただし，必要がある場合には，原則1の用字の範囲内で，専門分野などで使われている発音・表記を使ってもよい。

3. 発音

原則として発音と表記は一致させるものとする。

4. 他のマスメディアとの関係

個々の外来語については，できる範囲で，新聞など他のマスメディアで使用されている表記との統一をはかる。

■ **外来語のカナ表記**

Ⅲ. 細則

別表のカナを用いて外来語を表記する場合の注意事項を，〈原音に近く表記する場合に用いるカナ〉および〈その他〉の2部に分けて以下に示す。なお，第1部における各項の記述の順序は，原音に近く書き表す場合の表記を（1）とし，次に一般的表記，慣用的表記の順である。ただし，一般的表記が（1）に一致する場合，慣用的表記が一般的表記に一致する場合などは，それらを省略する。また，必要に応じて，各項の末尾に〈注〉を付す。

第1部
原音に近く表記する場合に用いるカナ（各項見出しの最初にある太字のカナ）に関する注意事項

1. (**ティ・ディ**)(**チ・ジ**)(**テ・デ**)
   原音［ti・di］は次のように扱う。
   (1) 原音に近く書き表す場合は「**ティ・ディ**」と書く。
      〈例〉ティーパーティー tea party，コメディー comedy
   (2) 慣用により「**チ・ジ**」と書くものがある。
      〈例〉チケット ticket，ジレンマ dilemma
   (3) 慣用により「**テ・デ**」と書くものがある。
      〈例〉ステッキ stick，アイスキャンデー ice candy
   〈注〉スポーツ中継などでは，「チーム」を「ティーム」のように発音してもよい。

2. (**トゥ**)(**ツ**)(**ト**)
   原音［tu］は次のように扱う。
   (1) 原音に近く書き表す場合は「**トゥ**」と書く。
      〈例〉ハチャトゥリアン Khachaturyan（人）

ラ・トゥール La Tour（人），トゥナイト tonight
(2) 一般的には「**ツ**」と書く。
〈例〉ツーピース two-piece，ツアー tour
ツール tool，ツンドラ（ロ）tundra
〈注〉原音 [t] が語末にきた場合，あるいは他の子音の前にきた場合は，次のように扱う。
(1) 原則として「**ト**」と書き，「**トゥ**」とは書かない。
〈例〉ヒット hit，トロフィー trophy
トリスタン Tristan（人）
(2) 慣用により「**ツ**」と書くものがある。
〈例〉クリスマスツリー Christmas tree
ツイン twin，ツイード tweed

3. (**ドゥ**)(**ド**)(**ズ**)
原音 [du] は次のように扱う。
(1) 原音に近く書き表す場合は「**ドゥ**」と書く。
〈例〉カルドゥッチ Carducci（人）
ドゥシャンベ Dushanbe（地）
(2) 一般的には「**ド**」と書く。
〈例〉ドガ Degas（人），ドンケル Dunkel（人）
ドビュッシー Debussy（人）
(3) 慣用により「**ズ**」と書くものがある。
〈例〉ズック（オ）doek，ズルチン（独）Dulzin
〈注〉原音 [d]（子音単独か，あるいは他の子音が続く場合）は，原則として「**ド**」と書き，「**ドゥ**」とは書かない。
〈例〉コード code, cord，ドリンク drink

4. (**ヴァ・ヴィ・ヴ・ヴェ・ヴォ**)(**バ・ビ・ブ・ベ・ボ**)
原音 [va・vi・v(u)・ve・vo] は次のように扱う。
(1) 原音に近く書き表す場合は「**ヴァ・ヴィ・ヴ・ヴェ・ヴォ**」

■外来語のカナ表記

と書く。

〈例〉ヴィヴァルディ Vivaldi（人）

(2) 一般的には「**バ・ビ・ブ・ベ・ボ**」と書く。

〈例〉ベルサイユ Versailles（地），ドライブ drive

(3) ドイツ語の語頭に来るW-[v-]は，原則として「**ワ・ウィ・ウェ・ウォ**」を用いて書く。また，スラブ語の語末の[va]は，原則として「**ワ**」と書く。

〈例〉ワーグナー Wagner（人）
　　　ウェーバー Weber（人）
　　　テレシコワ Tereshkova（人）

〈注〉「ヴァ・ヴィ・ヴ・ヴェ・ヴォ」の発音は「バ，ビ，ブ，ベ，ボ」で差し支えない。

5. (**ヴャ・ヴュ・ヴョ**) (**ビャ・ビュ・ビョ**)

原音［vja・vju・vjo］は次のように扱う。

(1) 原音に近く書き表す場合は「**ヴャ・ヴュ・ヴョ**」と書く。

〈例〉ヴュイヤール Vuillard（人）

(2) 一般的には「**ビャ・ビュ・ビョ**」と書く。

〈例〉インタビュー interview

〈注〉「ヴャ・ヴュ・ヴョ」の発音は「ビャ・ビュ・ビョ」で差し支えない。

6. (**テュ・デュ**) (**チュ・ジュ**)

原音［tju・dju］は次のように扱う。

(1) 原音に近く書き表す場合は「**テュ・デュ**」と書く。

〈例〉テュレンヌ Turenne（人），デュマ Dumas（人），
　　　プロデューサー producer

(2) 一般的には「**チュ・ジュ**」と書く。

〈例〉スチューデント student，ジュース deuce

外来語のカナ表記

7. (**イェ**) (**イエ**) (**エ**)

   原音 [je] は次のように扱う。
   (1) 原音に近く書き表す場合は「**イェ**」と書く。
      〈例〉イェスペルセン Jespersen（人）
   (2) 一般的には「**イエ**」または「**エ**」と書く。
      〈例〉イエナ Jena（地），エルサレム Jerusalem（地）

8. (**シェ・ジェ**) (**セ・ゼ**)

   原音 [ʃe・(d)ʒe] は次のように扱う。
   (1) 原音に近く書き表す場合は「**シェ・ジェ**」と書く。
      〈例〉シェパード shepherd，ジェンナー Jenner（人）
   (2) 慣用により「**セ・ゼ**」と書くものがある。
      〈例〉ミルクセーキ milk shake，ゼリー jelly

9. (**チェ**)

   原音 [tʃe] を原音に近く書き表す場合は「**チェ**」と書く。
      〈例〉チェーン chain，チェック check

10. (**ニェ**) (**ニエ**)

    原音 [nje] は次のように扱う。
    (1) 原音に近く書き表す場合は「**ニェ**」と書く。
       〈例〉インジェニェーリ Ingegneri（人）
    (2) 一般的には「**ニエ**」と書く。
       〈例〉レニエ Régnier（人），ニエレレ Nyerere（人）

11. (**ヒェ**) (**ヘ**)

    原音 [çe] は次のように書く。
    (1) 原音に近く書き表す場合は「**ヒェ**」と書く。
       〈例〉ベルヒェム Berchem（人）
    (2) 一般的には「**ヘ**」と書く。

■ 外来語のカナ表記

〈例〉メルヘン（独）Märchen

12. (**ウィ・ウェ・ウォ**) (**ウイ・ウエ・ウオ**) (**イ・ー・ー**)

原音［wi・we・wo］は次のように扱う。

(1) 原音に［wi］［we］の発音が含まれる外来語は「**ウイ**」「**ウエ**」と発音・表記することを原則とする。

〈例〉ウイスキー whisky, ウエディング wedding

(2) 原音に［wo］の発音が含まれる外来語は「**ウォ**」と発音・表記することを原則とする。

〈例〉ウォーキング walking, ストップウォッチ stop watch

(3) 慣用により［wi］を「**イ**」と書くものがある。

〈例〉サンドイッチ sandwich, スイッチ switch

〈注〉新しく入ってきた外来語を中心に、現代では原音に近く［ウィ］［ウェ］という発音が行われる場合も多い。より原音に近く発音し、そのとおりに表記したい場合には、「ウィ」「ウェ」の発音・表記を使ってもよい。

なお、「ハロウィーン」「アウェー」のように、すでに「ウィ」「ウェ」で発音・表記されることが慣用として固定している語は、「ウィ」「ウェ」で示す。

〈注〉地名・人名は「**ウィ・ウェ・ウォ**」と書く。

〈例〉ウィルソン Wilson（人）, ウェールズ Wales（地）

13. (**クァ・クィ・クェ・クォ**) (**クア・クイ・クエ・クオ**)
   (**カ・キ・ケ・コ**)

原音［kwa・kwi・kwe・kwo］は次のように扱う。

(1) 原音に近く書き表す場合は「**クァ・クィ・クェ・クォ**」と書く。

〈例〉クィンティリアヌス Quintilianus（人）

(2) 一般的には「**クア・クイ・クエ・クオ**」、または「**カ・キ・ケ・コ**」と書く。

〈例〉クエスチョン question, クオーツ quartz
キルティング quilting, イコール equal

14.（**グァ・グィ・グェ・グォ**）（**グア・グイ・グエ・グオ**）

原音［gwa・gwi・gwe・gwo］は次のように扱う。

(1) 原音に近く書き表す場合は「**グァ・グィ・グェ・グォ**」と書く。
〈例〉グァルディーニ Guardini（人）
(2) 一般的には「**グア・グイ・グエ・グオ**」と書く。
〈例〉グアテマラ Guatemala（地），グアム Guam（地）

15.（**ツァ・ツィ・ツェ・ツォ**）（**ー・チ・ー・ー**）

原音［tsa・tsi・tse・tso］は次のように扱う。

(1) 原音に近く書き表す場合は「**ツァ・ツィ・ツェ・ツォ**」と書く。
〈例〉ソルジェニツィン Solzhenitsin（人）
ティツィアーノ Tiziano（人）
カンツォーネ canzone
(2) 慣用により［tsi］を「**チ**」と書くものがある。
〈例〉ベネチア Venezia（地），ライプチヒ Leipzig（地）

16.（**ファ・フィ・フェ・フォ**）（**ハ・ヒ・ヘ・ホ**）

原音［fa・fi・fe・fo］は次のように扱う。

(1) 原音に近く書き表す場合は「**ファ・フィ・フェ・フォ**」と書く。
〈例〉ファン fan, フィールド field, フェルト felt
フォークダンス folk dance
(2) 慣用により「**ハ・ヒ・ヘ・ホ**」と書くものがある。
〈例〉ヘッドホン headphone
〈注〉「ファ・フィ・フェ・フォ」の発音は，原音のような歯と唇を使った発音でなく，両唇を使った日本語としての発音で差し支えない。

■ 外来語のカナ表記

17.（**ファ・フュ・フョ**）（**ヒャ・ヒュ・ヒョ**）

原音［fja・fju・fjo］は次のように扱う。
  (1) 原音に近く書き表す場合は「**ファ・フュ・フョ**」と書く。
    〈例〉フュージョン fusion，ドレフュス Dreyfus（人）
  (2) 一般的には「**ヒャ・ヒュ・ヒョ**」と書く。
    〈例〉ヒューズ fuse
〈注〉「ファ・フュ・フョ」の発音は，原音のような歯と唇を使った発音でなく，両唇を使った日本語としての発音で差し支えない。

第2部
その他，撥音、促音，長音などに関するもの

1.「ン」 はねる音（撥音）
  (1) 原語の発音中に「ン」に聞こえる音が含まれない場合は，「ン」は原則として用いない。
    〈例〉イニング inning（←インニング）
       コミュニケーション communication（←コンミュニケーション）
  (2) 原語の発音中に「ン」に聞こえる音が含まれない場合でも，慣用により「ン」を用いるものがある。
    〈例〉ランニング running，カンニング cunning

2.「ッ」 つまる音（促音）
  (1) 原語の発音中に「ッ」に聞こえる音が含まれない場合は，原則として「ッ」は用いない。
    〈例〉バンコク Bangkok（地）（×バンコック）
       ヒトラー Hitler（人）（×ヒットラー）
       ジョギング jogging（×ジョッギング）
  (2) 原語の発音中に「ッ」に聞こえる音が含まれない場合でも，

外来語のカナ表記

慣用により「ッ」を用いるものがある。
〈例〉カット cut, キャッチャー catcher
　　　トピックス topics, バッグ bag
　　　マッハ　Mach（独）

3.「ー」長音符号
(1) 原語の二重母音 [ei] [ou] などは原則として「ー」を用いて書く。
　〈例〉ゲーム game, メール mail, レート rate
　　　　ボート boat, ホーム home, ローン loan
　〈例外〉エイト eight, ペイ pay, レイアウト layout
　　　　　フェイルセーフ fail-safe, ケインズ Keynes（人）
　　　　　サラダボウル salad bowl, ボウリング bowling
(2) 英語などの語末の -er・-or・-ar・-y は原則として長音符号を用いて書く。
　〈例〉コンピューター computer, エレベーター elevator
　　　　パーティー party, オーソリティー authority
　〈例外〉ケネディ Kennedy（人）
(3) 慣用により長音符号の代わりに母音字を添えて書くものがある。
　〈例〉バレエ ballet, ミイラ（ポ）mirra

4. イ列・エ列の次の「ア」
イ列・エ列の次の「ア」または「ヤ」の音は、次のように扱う。
(1) 原則として「ア」と書く。
　〈例〉ピアノ piano, イタリア Italia（地）
　　　　ヘア hair, デイケア day care
(2) 慣用により「ヤ」と書くものがある。
　〈例〉タイヤ tire, ダイヤル dial, イヤホン earphone

■外来語のカナ表記

5. 語末の「〜(イ)ウム」

元素名等の語末の-(i)umは,原則として「〜(イ)ウム」と書く。

〈例〉アルミニウム aluminium, プラネタリウム planetarium

〈注〉「〜(イ)ウム」の発音は「〜(ュ)ーム」とも。

6.「・」 中点

複合した語であることを示すつなぎ符号としては中点「・」を用いる。

〈例〉ブレトン・ウッズ協定　Bretton Woods Agreement

(1) 原語が複合の語であっても,読みやすさに支障を生じない限り,なるべく中点を省略する。

〈例〉ケースバイケース case-by-case

　　　ニューヨーク New York (地)

(2) 人名で,姓と名の両方を書き表すときは,原則として中点を用いて区切る。

〈例〉チャールズ・ダーウィン Charles Darwin

ただし,次のような区切り方もある。

〈例〉レオナルド・ダビンチ Leonardo da Vinci

　　　フェルディナン・ド・ソシュール

　　　　　　　　　　　　Ferdinand de Saussure

　　　グエン・ズイ・チン Nguyen Duy Trinh

外来語のカナ表記

別表　外来語に使うカナと符号

＊印は細則中に説明のある文字を示す

							＊				＊	＊	＊
ア	イ	ウ	エ	オ	ヤ	ユ	イェ	ヨ	ワ		ウィ	ウェ	ウォ
カ	キ	ク	ケ	コ	キャ	キュ		キョ	＊クァ	＊クィ		＊クェ	＊クォ
サ	シ	ス	セ	ソ	シャ	シュ	＊シェ	ショ					
タ	チ	ツ	テ	ト	チャ	チュ	＊チェ	チョ	＊ツァ	＊ツィ		＊ツェ	＊ツォ
	＊ティ	＊トゥ				＊テュ							
ナ	ニ	ヌ	ネ	ノ	ニャ	ニュ	＊ニェ	ニョ					
ハ	ヒ	フ	ヘ	ホ	ヒャ	ヒュ	＊ヒェ	ヒョ	＊ファ	＊フィ		＊フェ	＊フォ
					＊フャ	＊フュ		＊フョ					
マ	ミ	ム	メ	モ	ミャ	ミュ		ミョ					
ラ	リ	ル	レ	ロ	リャ	リュ		リョ					
ガ	ギ	グ	ゲ	ゴ	ギャ	ギュ		ギョ	＊グァ	＊グィ		＊グェ	＊グォ
ザ	ジ	ズ	ゼ	ゾ	ジャ	ジュ	＊ジェ	ジョ					
ダ			デ	ド									
	＊ディ	＊ドゥ				＊デュ							
バ	ビ	ブ	ベ	ボ	ビャ	ビュ		ビョ					
パ	ピ	プ	ペ	ポ	ピャ	ピュ		ピョ					
＊ヴァ	＊ヴィ	＊ヴ	＊ヴェ	＊ヴォ	＊ヴャ	＊ヴュ		＊ヴョ					

「ン」… はねる音（撥音）　「ッ」… つまる音（促音）
「ー」… 長音符号

第3章 外来語のカナ表記

用例集

この用例集は，放送で使用する外来語（中国以外の外国の地名・人名・固有名詞と一般名詞を含む）のカナ表記（一部例外がある）を，代表的なもの，迷いやすいもの，むずかしいものを中心に収録し，五十音順に配列したものである。発音は表記に一致させるものとする。各項目の記載内容は，左から順に以下のとおりである。

① 見出し（太字の部分）＝<u>放送で使用するカナ表記例</u>。なお，地名については，国名の場合は国家形態の別，山・川など自然地名の場合はその種類などを，かっこに入れて示した。

② <u>地名</u>（記号 地），<u>人名</u>（記号 人），その他一般の外来語・外国語（記号なし）の別。

③ もとの外国語（原語）の表記。ただし，アラビア文字，ロシア文字などは英文字に変換して表記した。

④ かっこ内には次の事柄について示した。
　　○一般の外来語・外国語の場合，<u>原語の別</u>。ただし，原語が英米語のときは省略した。
　　○地名の場合，<u>所在地に関する情報</u>。ただし，国名の場合は省略した。また，首都の場合はその旨を記した。
　　○人名の場合，<u>国籍</u>。
　　なお，以上に関しては，次の略記を用いた。
（英）＝イギリス　　（米）＝アメリカ　　（独）＝ドイツ（語）
（仏）＝フランス（語）（伊）＝イタリア（語）（ロ）＝ロシア（語）
（旧ソ連）＝旧ソ連邦（和製）＝和製語
　　○必要に応じて，<u>参考事項</u>。

⑤ 適宜次の事柄をかっこの外に補った。
　　見出し語の<u>複合語での使用例</u>（見出し部分は「〜」で示す）。
　　放送では<u>使用しないカナ表記例</u>（×を付す）。

ア

アーカイブス　archives
アーティスト　artist　×アーチスト
アイシャドー　eye shadow
アイスキャンディー／アイスキャンデー　ice candy
アイスランド（共和国）　地　Iceland
アイゼナハ　地　Eisenach（ドイツ東部）
アイデア　idea　×アイディア
アイデンティティー　identity
アイルランド（共和国）　地　Ireland（正称：エール）
アイロニー　irony
アインシュタイン　人　Einstein, Albert（米，理論物理学者，1879-1955）
アウェー　away（サッカー）
アウグスティヌス　人　Augustinus, Aurelius（古代ローマ）
アウグストゥス　人　Augustus（古代ローマ）
アウクスブルク　地　Augsburg（独）
アウシュビッツ　地　Auschwitz（ポーランド，現オシフィエンチム）
アウン・サン・スー・チー　人　Aung San Suu Kyi（ミャンマー，「スー・チー」と略してもよい）
アカシア　acacia　×アカシヤ
アクセサリー　accessory　×アクセッサリ
アコースティック　acoustic　〜ギター　×アコースチック
アコーディオン　accordion　×アコーデオン
アコンカグア（山）　地　Aconcagua（アルゼンチン）
アジェンデ　人　Allende, Salvador（チリ）
アストラハニ　地　Astrakhan'（ロ）
アズナブール　人　Aznavour, Charles（仏，歌手）

■ アスレ〜アホリ

アスレチック athletic ×アスレティック
アスンシオン 地 Asunción（パラグアイ，首都）
アセスメント assessment 環境〜
アゼルバイジャン（共和国） 地 Azerbaijan
アタッシェケース attaché case（仏） ×アタッシュ〜
アットホーム at home
アディスアベバ 地 Addis Abeba（エチオピア，首都）
アドバルーン ad balloon
アドバンテージ advantage
アトラソフ島（阿頼度島） 地 （千島列島）
アトランタ 地 Atlanta（米）
アトランティックシティー 地 Atlantic City（米）
アバダン 地 Abadan（イラン）
アバディーン 地 Aberdeen（英・米）
アパラチア（山脈） 地 Appalachian（米）
アパルトヘイト apartheid（南アフリカ共和国にあった人種差別政策）
アバンギャルド avant-garde（仏）
アビニョン 地 Avignon（仏）
アフガニスタン（共和国） 地 Afghanistan（国名は「アフガン」とは略さない）
アフターサービス after service（和製）
アブダビ 地 Abū Dhabi（アラブ首長国連邦，首都）
アップリケ appliqué（仏）
アフロディテ 人 Aphrodite（ギリシャ神話の美と愛の女神）
アベック avec（仏）
アベニュー avenue
アベレージ average ×アベレッジ
アボカド avocado（スペイン） ×アボガド
アボリジニ Aborigine（オーストラリアの先住民族）

アマチュア　amateur（略して「アマ」）
アムール（川）　地　Amur（ロ・中国, 中国名：黒竜江）
アムステルダム　地　Amsterdam（オランダ, 首都）
アムダリア川　地　Amu-Dar'ya（トルクメニスタン・ウズベキスタン）
アメーバ　Amöbe, ameba　〜運動　〜赤痢
アメダス　AMeDAS（Automated Meteorological Data Acquisition System, 地域気象観測システム）
アメリカ（合衆国）　地　United States of America
アメンホテプ4世　人　Amen-hotep Ⅳ（古代エジプト, 通称：イクナートン）
アモイ　地　Amoy（中国名：シアメン「厦門」）
アラビア（湾）　Arabia　→ ペルシャ湾（イラン, アラブ側公式発表では「アラビア湾」となることが多い）
アラブ首長国連邦　地　United Arab Emirates（UAE）
アリススプリングズ　地　Alice Springs（オーストラリア）
アリストファネス　人　Aristophanes（古代ギリシャ）×アリストパネス
アリューシャン（列島）　地　Aleutian（米）
アルカイックスマイル　archaïque smile（美術, フランス語「アルカイック」と英語「スマイル」の混交）
アルジェリア（民主人民共和国）　地　Algeria
アルゼンチン（共和国）　地　Argentina
アルバニア（共和国）　地　Albania
アルハンゲリスク　地　Arkhangel'sk（ロ）
アルハンブラ（宮殿）　地　Alhambra（スペイン）地元の発音はアランブラ
アルファ　alfa, α（ギリシャ）
アルベールビル　地　Albertville（仏）
アルマトイ　地　Almaty（カザフスタン, 旧称：アルマアタ）

■アルミ〜イエス

アルミニウム　Aluminium（化学）
アルメニア（共和国）　地　Armenia
アルメリア　地　Almería（スペイン）
アレクサンドリア　地　Alexandria（エジプト）
アレクサンドロス大王　人　Alexander（古代オリエント，英語名：アレキサンダー）
アレクサンドロフスク（・サハリンスキー）　地　Aleksandrovsk-Sakhalinskiy（ロ・サハリン）
アンカレジ　地　Anchorage（米，アラスカ）
アンゴラ（人民共和国）　地　Angola
アンダーウエア　underwear
アンタナナリボ　地　Antananarivo（マダガスカル，首都）
アンダンテ・カンタービレ　andante cantabile（伊・音楽）ゆるやかに歌うように
アンチョビ／アンチョビー　anchovy（料理）イワシの油漬け
アンツーカー　en-tout-cas（仏）
アンティーク　antique（仏，活字の字体は「アンチック」）
アンティグア・バーブーダ　地　Antigua and Barbuda（中米）
アンティル（諸島）　地　Antilles（西インド諸島）
アンドラ（公国）　地　Andorra
アンドラベリャ　地　Andorra-la-Vella（アンドラ，首都）
アンパイア　umpire
アンモニア（NH_3）　ammonia　×アンモニヤ

イ

イージス　Aegis　〜艦　〜システム
イーブンパー　even par（ゴルフ）
イェーツ　人　Yeats, William（アイルランド）
イエーテボリ　地　Göteborg（スウェーデン）×エーテボリ
イエス・キリスト　人　Iēsous Khristos

イェスペルセン　　人　Jespersen, Otto（デンマーク）
イエナ　　地　Jena（独）
イエペス　　人　Yépès, Narciso（スペイン，ギター・リュート奏者）
イエメン（共和国）　　地　Yemen
イエローストン　　地　Yellowstone（米，世界最初の国立公園）
イオネスコ　　人　Ionesco, Eugène（ルーマニア）
イギリス　　地　United Kingdom（「イギリス」はポルトガル語Inglezからの慣用名）
イグナティウス・デ・ロヨラ　　人　Ignatius de Loyola（スペイン，宗教家）
イコール　equal
イスタンブール　　地　Istanbul（トルコ，旧称：コンスタンティノープル）
イスラエル（国）　　地　Israel
イスラマバード　　地　Islamabad（パキスタン，首都）
イタリア（共和国）　　地　Italia
イディオム　idiom
イニシアチブ　initiative　×イニシアティブ
イニシャル　initial　×イニシアル
イニャンバネ　　地　Inhambane（モザンビーク）
イニング　ining（野球）
イヌイット　Inuit（カナダの先住民族のひとつ）
イプセン　　人　Ibsen, Henrik（ノルウェー）
イブニングドレス　evening dress
イブン・サウド　　人　Ibn Saʻūd（アラビア）
イベント　event
イメージ　image　～チェンジ
イヤホン　earphone
イラク（共和国）　　地　Iraq
イラワジ（川）　　地　Irrawaddy（ミャンマー）

■イラン〜インフ

イラン（・イスラム共和国） 地 Iran
イリアンジャヤ 地 Irian Jaya（インドネシア，旧称:西イリアン）
イリイチ 人 Illich, Ivan（オーストリア，思想家）
イリジウム Iridium（化学）
イレブン eleven
イワン4世（雷帝） 人 Ivan Ⅳ（ロ）
インク ink（印刷業界では「インキ」）
インジケーター indicator ×インディケーター
インシュリン／インスリン insulin（医学）
インスブルック 地 Innsbruck（オーストリア）
インターカレッジ intercollege（略称：インカレ）
インターチェンジ interchange（略称：インター，略記IC）
インターナショナル international
インターバル interval
インターフェア interfere
インターフェロン interferon（医学）
インターホン interphone
インターラーケン 地 Interlaken（スイス）
インタビュー interview
インタビュアー interviewer ×インタビューアー
インディアナ（州） 地 Indiana（米）
インテルサット International Telecommunications Satellite Organization（略称：INTELSAT，国際電気通信衛星機構）
インドネシア（共和国） 地 Indonesia
インフォームドコンセント informed consent「納得診療」という訳もあるが，まだ一般的ではなく，「患者に十分な説明をして同意を得る」などの言い添えをする。コラム「外来語の言いかえ」（p.43）参照。
インフォメーション information
インフラストラクチャー infrastructure

インフルエンザ influenza　正式の病名としては「インフルエンザ」。場合により、「流感」「流行性感冒」を使ってもよい。

インマルサット　International Marine Satellite Organization（略称：INMARSAT，国際海事衛星機構）

ウ

ヴァレリー　[人] Valéry, Paul Ambroise（仏）
ウイーク　week　〜デー
ウイークエンド　weekend　「ウイークエンド」はなるべく使わず「週末」を使う。
ウイークポイント　weak point
ウィースバーデン　[地] Wiesbaden（独）
ウィーン　[地] Wien（オーストリア，首都）
ヴィヴァルディ　[人] Vivaldi, Antonio（伊）
ウイスキー　whisky
ウィスコンシン（州）　[地] Wisconsin（米）
ウィスワ（川）　[地] Wisła（ポーランド）　×ウィスラ　×ビスラ
ウィトゲンシュタイン　[人] Wittgenstein, Ludwig（英，哲学者）
ウイニングボール　winning ball（和製）
ウィリアムズ　[人] Williams, Tennessee（米）
ウイルス／ビールス　Virus（医）
ウィルソン　[人] Wilson, Thomas Woodrow（米）
ウインタースポーツ　winter sport
ウインドー　window
ウィントフーク　[地] Windhoek（ナミビア，首都）
ウィンブルドン　[地] Wimbledon（英）
ウーチ　[地] Łódź（ポーランド）　×ウッジ　×ルージ
ウーマンリブ　women's lib（women's liberation）女性解放運動

■ ウーロ〜ウスへ

ウーロン茶 ×烏龍茶
ウエア ware
ウエイトリフティング weightlifting
ウェーク（島） 地 Wake（太平洋）
ウェーバー 人 Weber, Max（独，政治学者）
ウエーブ wave
ウェールズ（地方） 地 Wales（英）
ウエスタン western ～音楽
ウェストバージニア 地 West Virginia（米）
ウェストミンスター 地 Westminster（英，ロンドンの寺院）
ウエディングドレス wedding dress
ウエハース wafers
ウェブ web ×ウエブ
ウェリントン 地 Wellington（ニュージーランド，首都）
ウェルギリウス 人 Vergilius（古代ローマ）
ウェルズ 人 Wells, H.G.（英，作家）
ヴェルディ 人 Verdi, Giuseppe（伊，作曲家）
ヴェルヌ 人 Verne, Jules（仏，作家）
ヴェルレーヌ 人 Verlaine, Paul（仏，詩人）
ヴェロネーゼ 人 Veronese, Paolo（伊，画家）
ウォーキング walking
ウォーホル 人 Warhol, Andy（米，画家，アンディー・〜）
ウォール街 地 Wall Street（米，ニューヨークの金融街）
ウォッカ （ロ）（ロシアの酒）
ウォッチング watching
ヴォルテール 人 Voltaire（仏，文学者）
ヴォルフ・フェラーリ 人 Wolf-Ferrari, Ermanno（伊）
ウガンダ（共和国） 地 Uganda
ウクライナ 地 Ukraine
ウズベキスタン（共和国） 地 Uzbekistan（略称：ウズベク）

内モンゴル（自治区） 地 （中国）×内蒙古
ウプサラ 地 Uppsala（スウェーデンの州，州都）
ヴュイヤール 人 Vuillard, Jean（仏）
ウラジーミル 人 Vladimir（ロ：男子名）×ウラジミール
ウラジオストク 地 Vladivostok（ロ）×ウラジオストック
ヴラマンク 人 Vlaminck, Maurice de（仏）
ウラン Uran（独，ウラニウムとも，化学）
ウランウデ 地 Ulan-Udé（ロシア東部）
ウランゲル（島） 地 Vrangelya（ロ）
ウルグアイ（東方共和国） 地 Uruguay
ウルップ島（得撫島） 地 Ostrov Urup（千島列島）
ウルトラライトプレーン ultralight plane　1人乗りのレジャー用の軽飛行機
ウロツワフ 地 Wrocław（ポーランド，独語名：ブレスラウ）

エ

エアコン（ディショナー） air conditioner
エアバス airbus（A-300）
エアバッグ air bag
エアロビクス aerobics
エアロビックダンス aerobic dance
エイズ AIDS（acquired immunodeficiency syndrome，後天性免疫不全症候群）
エイト eight
エウクレイデス 人 Eukleides（古代ギリシャ，英語名：ユークリッド）
エウリピデス 人 Euripides（古代ギリシャ）
エーア（湖） 地 Eyre（オーストラリア）
エージェント agent
エービーシー ABC

■ エーフ～エリツ

エープリルフール　April fool
エーリアン　alien
エカテリーナ　人　Ekaterina（ロ）
エキシビション　exhibition
エキストラ　extra
エキゾチック　exotic　×エキゾティック
エクアドル（共和国）　地　Ecuador
エクサン・プロバンス　地　Aix-en-Provence（仏）
エグゼクティブ　exective
エジソン　人　Edison, Thomas（米）
エジプト（・アラブ共和国）　地　Egypt
エストニア（共和国）　地　Estonia
エスワティニ　地　Eswatini（旧称：スワジランド）
エチオピア（連邦民主共和国）　地　Ethiopia
エチケット　étiquette（仏）
エチュード　étude（仏）
エッセイスト　essayist
エッセー　essay
エッチング　etching（美術）
エディンバラ　地　Edinburgh（英）　×エジンバラ
エドバーグ　人　Edberg, Stefan（スウェーデン，プロテニス選手）
エニウェトク（環礁）　地　Eniwetok（太平洋）
エニセイ（川）　地　Enisei（ロ）
エピクロス　人　Epikuros（古代ギリシャ）
エフトゥシェンコ　人　Evtushenko, Evgenii（ロ，詩人）
エベレスト（山）　地　Everest（ネパール・中国，中国名：チョモランマ，ネパール名：サガルマタなど）
エホバ　人　Jehovah（イスラエルの神,「ヤハウェ」「ヤーヴェ」とも）
エマソン　人　Emerson, Ralph（米）
エリツィン　人　Yel'itsin, Boris（ロ）

エル・グレコ　　人　El Greco（スペイン，画家）
エルサルバドル（共和国）　　地　El Salvador
エルサレム　　地　Jerusalem（イスラエル）
エルベ（川）　　地　Elbe（チェコ・ドイツ）
エレクトロニクス　electronics
エレバン　　地　Yerevan（アルメニア，首都）
エレベーター　elevator
エンターテイナー　entertainer　×エンターティナー
エンターテインメント　entertainment　×エンターテイメント
エンダビーランド　　地　Enderby Land（南極大陸）
エンツェンスベルガー　　人　Enzensberger, Hans（独）

オ

オイストラフ　　人　Oistrakh, David（旧ソ連，バイオリニスト）
オースティン　　人　Austin（米）
オーストラリア（連邦）　　地　Australia
オーストリア（共和国）　　地　Austria
オーソリティー　authority
オーディション　audition
オートクチュール　haute-couture（仏）
オートバイ　auto-bicycle（和製）
オートボルタ → ブルキナファソ
オートマチック　automatic　〜車　×オートマティック
オーバー　over　〜コート，〜ホール
オーベルニュ（地方）　　地　Auvergne（仏）
オーマンディー　　人　Ormandy, Eugene（米，指揮者）
オキシダント　oxydant（酸性化物質）
オクターブ　octave（音楽）
オサマ・ビン・ラディン　　人　Osama Bin Laden（アフガニスタン）×ウサマ・ビン・ラディン

■ オシロ〜カウホ

オシログラフ　oscillograph（科学・物理の計測器）
オストロウェンカ　地 Ostrołęka（ポーランド）
オッフェンバック　人 Offenbach, Jacques（仏，作曲家）
オディシャ（州）　地 Odisha（インド）
オトゥール　人 O'Toole, Peter（英，俳優）
オネゲル　人 Honegger, Arthur（スイス）
オフィス　office
オホーツク（海）　地 Okhotsk（ロ・日本）
オマーン（国）　地 Oman　×オーマン
オランダ（王国）　地 Holland
オリエンテーリング　orientering
オリジナリティー　originality
オルリ（空港）　地 Orly（仏，パリの国際空港）
オンブズマン（制度）　ombudsman（スウェーデン）　種々の目的や形態があるので，一度は具体的な説明を付ける

カ

ガーシュウィン　人 Gershwin, George（米）
カーディガン　cardigan
カーディフ　地 Cardiff（英）
ガーナ（共和国）　地 Ghana
カール　人 Karl（独：男子名）
カールスクルーナ　地 Karlskrona（スウェーデン）
カールマルクスシュタット　地 Karl-Marx-Stadt（独，1953〜90年の名称。現在はケムニッツ）
ガイアナ（協同共和国）　地 Guyana（旧イギリス領ギアナ）
カイバル（峠）　地 Khyber（アフガニスタン）
カウツキー　人 Kautsky, Karl（独，政治家）
ガウディ　人 Gaudí y Cornet, Antonio（スペイン）
カウボーイ　cowboy

カエサル　[人]　Caesar, Julius（古代ローマ，英語名：シーザー）
カザニ　[地]　Kazan'（ロシア西部，タタールスタン共和国の首都）
カザフスタン（共和国）　[地]　Kazakhstan（略称：カザフ）
カシミール（地方・州）　[地]　Kashmir（インド・パキスタン）
カシミヤ　cashmere
カシュガル　[地]　×喀什（中国新疆ウイグル自治区の都市）
カタール（国）　[地]　Qatar
カタストロフィー　catastrophe（劇）戯曲の終幕
カダフィ　[人]　Mu'ammar al-Qadhāfi（リビア）
カタルーニャ　[地]　Cataluña（スペイン，英語名：カタロニア）
ガッシュ　gouache（仏，絵の具の一種）
カット　cut
ガット　General Agreement on Tariffs and Trade（関税と貿易に関する一般協定。1995年，ＷＴＯ＝世界貿易機関に移行）
ガツン（湖）　[地]　Gatun（パナマ）×ガトゥーン
カトウィツェ　[地]　Katowice（ポーランド）×カトーウィツェ
カドゥナ　[地]　Kaduna（ナイジェリア）×カズナ
カトリック　katholiek（オランダ）×カソリック　×旧教
カトレア　cattleya
カナダ　[地]　Canada
カナリア（諸島）　[地]　Canarias（大西洋）
カバレージ　coverage
カブール　[地]　Kabul（アフガニスタン，首都）
カフカス（地方）　[地]　Kavkaz（アジア・ヨーロッパ，英語名：コーカサス）～山脈
カボベルデ（共和国）　[地]　Cabo Verde
ガボン（共和国）　[地]　Gabon
カムチャツカ（半島）　[地]　Kamchatka（ロ）×カムチャッカ
カムフラージュ　camouflage　×カモフラージュ
ガムラン　gamelan（インドネシア，民族音楽）×ガメラン

■ カメル〜カンマ

カメルーン（共和国） 地 Cameroon
カラガンダ 地 Karaganda（カザフスタン）
カラリスト colorist（色彩家）
カリカチュア caricature（風刺画）
ガリバー 人 Gulliver（スウィフトの小説の主人公）
ガリバルディ 人 Garibaldi, Giuseppe（伊，活動家）
ガリレイ 人 Galilei, Galileo（伊，科学者）
カルーソー 人 Caruso, Enrico（伊，オペラ歌手）×カルーゾ
カルカッタ Calcutta → コルカタ
カルガリー 地 Calgary（カナダ）
ガルシア・マルケス 人 García Márquez（コロンビア，作家）
カルテット／クァルテット quartetto（伊，四重奏）
カルドゥッチ 人 Carducci（伊，詩人）
カルパチア（山脈） 地 Carpathian（東ヨーロッパ）
カルビン／カルヴァン 人 Calvin, Jean（スイス，宗教家）
ガルブレイス 人 Galbraith, John（米）
カンザス（州，市はカンザスシティー） 地 Kansas（米）
カンザスシティ・ロイヤルズ KANSAS CITY ROYALS（大リーグのチーム名）
ガンジー／ガンディー 人 Gandhi（インド）
カンチェンジュンガ（山） 地 Kanchenjunga（ネパール，ヒマラヤ山脈）
カンツォーネ canzone（伊）
カンディンスキー 人 Kandinskii, Vasilii（ロ）
カンニング cunning（和製）
カンパーニャ 地 Campania（伊）
カンバス／キャンバス canvas（画布。野球の塁は「キャンバス」）
ガンビア（共和国） 地 Gambia
カンボジア（王国） 地 Cambodia
カンマ comma → コンマ

キ

キー　key　〜ワード　〜ホルダー
キーウ　地　Kyiv（ウクライナ，首都）
キーウェスト　地　Key West（米）
キウイ（フルーツ）　kiwi（fruit）
ギエレク　人　Gierek, Edward（ポーランド，政治家）
キオソーネ　人　Chiossone, Edoardo（伊，画家）
キシナウ　地　Chisinau（モルドバ，首都）
キス　kiss　×キッス
キッシンジャー　人　Kissinger, Henry（米，政治家）
キッチュ　Kitsch（独）
キッチン　kitchen
ギニア（共和国）　地　Guinea
ギニアビサウ（共和国）　地　Guinea-Bissau
ギブアンドテイク　give-and-take
ギプス　Gips（独）　×ギブス
キプリング　人　Kipling, Joseph Rudyard（英，作家）
キプロス（共和国）　地　Kypros
キム・イルソン（金日成）　人　Kim Il-son（北朝鮮）
キム・ジョンイル（金正日）　人　Kim Jong-il（北朝鮮）
キム・ジョンウン（金正恩）　人　Kim Jong-un（北朝鮮）
ギア／ギヤ　gear
キャスチングボート　casting vote　×キャスチングボード
キャスティング　casting（釣り，配役）
キャッチャー　catcher
キャビア　caviar
キャブレター　carburetor
ギャラ（ンティー）　guarantee
キャラバン　caravan

■キャラ〜クアラ

ギャラリー　gallery
キャンディー／キャンデー　candy
キャンバス／カンバス　canvas（野球の塁。画布は「カンバス」）
キャンパス　campus
キャンプデービッド　地　Camp David（米）
キャンプファイア　campfire
キャンペーン　campaign
キューバ（共和国）　地　Cuba
キュリー　curie（放射能の単位，マイクロ〜 ）
キュレーター　curator（博物館の館長・学芸員）
ギョーザ　×餃子
キラウエア（山）　地　Kilauea（米，ハワイ）
ギリシャ（共和国）　地　Greece（英語，参考：ポルトガル語 Grecia, ラテン語Grecia ）
キリバス（共和国）　地　Kiribati
キルギス（共和国）　地　Kyrgyz
キルケゴール　人　Kierkegaard, Sören（デンマーク，哲学者）
キルティング　quilting
ギロチン　guillotine（仏）
キングストン　地　Kingston（ジャマイカ，首都）
キンシャサ　地　Kinshasa（コンゴ民主共和国，旧ザイール，首都旧称：レオポルドビル）
キンバリー　地　Kimberley（南アフリカ）

ク

グアテマラ（共和国）　地　Guatemala
クアハウス　Kurhaus（種々の形態があるので，実態に即した説明を付ける）
グアム　地　Guam（米，太平洋）
クアラルンプール　地　Kuala Lumpur（マレーシア，首都）

クアリ〜クラフ

グァリーニ　[人]　Guarini（伊，建築家）
クァルテット／カルテット　quartetto（伊，四重奏）
クイーン　queen
クィンティリアヌス　[人]　Quintilianus（古代ギリシャ）
クウェート（国）　[地]　Kuwait
クーセヴィツキー　[人]　Kussevitzky, Sergei（米，指揮者）
クーデター　coup d'État（仏）
グーテンベルク　[人]　Gutenberg, Johannes（独, 活版印刷発明者）
クーデンホーフ・カレルギー　[人]　Coudenhove-Kalergi, Richard（オーストリア，政治学者）
クールベ　[人]　Courbet, Gustave（仏）
クエーカー　Quaker（キリスト教の一派）
クエスチョン　question
クエスチョンマーク　question mark
クオーツ　quartz　×クォーツ
クオリティー　quality
グダニスク　[地]　Gdańsk（ポーランド，独語名：ダンチヒ）
クライマックス　climax
クラウゼヴィッツ　[人]　Clausewitz, Karl von（独，プロイセン時代の将軍）
グラウンド　ground　×グランド
クラクフ　[地]　Klaków（ポーランド）
グラスノスチ　glasnost'（ロ，情報公開）
グラズノフ　[人]　Glazunov, Aleksandr（ロ, 作曲家）×グラズーノフ
グラナードス　[人]　Granados y Campiña, Enrique（スペイン，作曲家）
クラナハ　[人]　Cranach, Lucas（独，画家）×クラナッハ
グラビア　gravure
グラブ　glove（ボクシングの場合は「グローブ」）

■ クラン〜クロー

グランドスラム　grand slam
グランプリ　grand prix（仏）
グリーグ　[人]　Grieg, Edvard（ノルウェー）　×グリーク
クリーブランド　[地]　Cleveland（米・英）
クリーンアップトリオ　cleanup trio（和製，「クリーンナップ〜」とも）
クリスチャニア　Kristiania（独，スキー）
クリスティー　[人]　Christie, Agatha（英）
クリスマス　Christmas（略記：Xmas）×X'mas　〜イブ　〜ツリー
グリニッジ　[地]　Greenwich（英）
クリミア（半島）　[地]　Crimea（ウクライナ）
グリューネヴァルト　[人]　Grünewald, Mathias（独）
グリンピース　green peas　×グリーンピース
グルジア　→　ジョージア
グレアム　[人]　Graham, Katharine（米）
グレー　gray
クレーター　crater
グレープフルーツ　grapefruit
クレール　[人]　Clair, René（仏）
グレゴリ　[人]　Gregory（英，男子名）
グレゴリウス　[人]　Gregorius（ローマ）
クレジット　credit　〜カード
グレシャム　[人]　Gresham, Sir Thomas（英）
クレッチマー　[人]　Kretschmer, Ernst（独）
グレナダ　[地]　Grenada（中米）
クレバス　crevasse
クレヨン　crayon（仏）×クレオン
クロアチア（共和国）　[地]　Croatia
クローゼット　closet　×クロゼット

クロス～コーキ

クロスカントリーレース　cross-country race
グロチウス　　人　Grotius, Hugo（オランダ）
クロッキー　croquis（仏）
グロッギー　groggy　×グロッキー
クロマニョン　Cro-Magnon（仏）　〜人　×クロマニヨン
クロム　Chrom　×クローム（化学）
クロムウェル　　人　Cromwell, Oliver（英）
クロロホルム　Chloroform（独）

ケ

ケアンズ　　地　Cairns（オーストラリア）×ケーンズ
ケインズ　　人　Keynes, John Maynard（英）
ケーススタディー　case study
ケースバイケース　case-by-case
K2（ケーツー）　　地　（パキスタン・中国，中国名：チョゴリ峰）
ゲーム　game
ゲッティンゲン　　地　Göttingen（独）
ゲッベルス　　人　Goebbels, Joseph（独）
ゲティズバーグ　　地　Gettysburg（米）
ケニア（共和国）　　地　Kenya
ケネディ　　人　Kennedy, John F.（米）
ケマル・アタチュルク　　人　Kemal Atatürk（トルコ）
ケムニッツ　　地　Chemnitz（独，旧称：カールマルクスシュタット）
ケルマンシャー　→　バフタラン

コ

コイサン　Khoisan（アフリカ南部の少数民族）
コーカサス　→　カフカス
ゴーギャン　　人　Gauguin, Paul（仏）

■ コーシ～コハカ

コージェネレーション　cogeneration（熱電併給）
コーチ　coach
コーディネーター　coordinator
ゴー・ディン・ディエム　[人]　Ngo Dinh Diem（ベトナム）
コーデュロイ　corduroy
コード　code, cord
コートジボワール（共和国）　[地]　Côte d'Ivoire（旧称：象牙海岸）
コートダジュール　[地]　Côte d'Azur（仏）
コープ　co-op（生協）
ゴールズワージー　[人]　Galsworthy, John（英）
ゴールデンレトリーバー　golden retriever（犬種）
コーンワル　[地]　Cornwall（英）　×コーンウォール
コキール／コキーユ　coquille（仏, コキールは英）
ココナツ　coconuts　×ココナッツ
ココム　Coordinating Committee for Export Control to Communist Area（略称：COCOM〔ココム〕：対共産圏輸出統制委員会。1994年3月末役割を終え解散。94年10月代わって「貿易管理機構」が発足）
コサージュ　corsage（仏）
ゴシック　Gothic（建築様式, 活字の字体は「ゴチック」）
コシャリン　[地]　Koszalin（ポーランド）
コスタリカ（共和国）　[地]　Costa Rica
コタバル　[地]　Kota Bharu（マレーシア）
コチニール　cochineal（染料,「コチニーヤ」とも）
コテージ　cottage
ゴトランド（島）　[地]　Gotland（スウェーデン）
コナクリ　[地]　Conakry（ギニア, 首都）
コニャック　cognac
コネティカット　[地]　Connecticut（米）
コパカバーナ　[地]　Copacabana（ブラジル, リオデジャネイロの海岸）

コブラ cobra（毒蛇）
コプラ copra（やし油の原料）
コミッショナー commissioner
コミューター航空 commuter（地域間航空便）
コミュニケ communiqué（仏）
コミュニケーション communication
コミュニティー community　〜センター　×コミュニティ
コムソモリスク　地　Komsomol'sk（ロ）
コメディー comedy
コメンテーター commentator
コモロ（連合）　地　Comoro
コルカタ　地　Kolkata（インド，旧称：カルカッタ）
コルティナダンペッツォ　地　Cortina d'Ampezzo（伊）
コルネーユ　人　Corneille, Pierre（仏）
コロッセウム Colosseum（ローマの遺跡，「コロッセオ」とも）
コロンビア（共和国）　地　Colombia
コンゴ（共和国）　地　Congo
コンゴ（民主共和国）　地　Congo（旧称：ザイール）
コンスタンチノープル　→　イスタンブール
コンスタンティヌス（帝）　人　Constantinus（古代ローマ皇帝）
コンチェルト concerto（伊，協奏曲）
コンテクスト context
コンテナ container
コンデンサー condenser　×コンデンサ
コンバーチブル convertible
コンビーフ corned beef
コンビニエンス convenience　〜ストア（略して「コンビニ」）
コンピューター computer　×コンピュータ
コンベヤー conveyor　×コンベアー
コンベンション convention

■ コンホ〜サモワ

コンポンソム 地 Kompong Som（カンボジア，現在は「シアヌークビル」）
コンポンチャム 地 Kompong Cham（カンボジア）
コンマ／カンマ comma 小数点を示す場合は「コンマ」

サ

サーキュレーター circulator
サージン／サーディン sardine
サービスエリア service area
サーフィン surfing
ザイール → コンゴ（民主共和国）
サイゴン → ホーチミン（市）
サイデンステッカー 人 Seidensticker, Edward（米）
サイフォン siphon
サヴァリッシュ 人 Sawallisch, Wolfgang（独，指揮者）
サウサンプトン 地 Southampton（英） ×サザンプトン
サウジアラビア（王国） 地 Saudi Arabia
サクソフォン saxophone（「サクソフォーン」とも）
サジェスチョン suggestion
ザツキン 人 Zadkine, Ossip（仏）
サッシ sash（窓枠）
サッシュ sash（飾り帯）
サバイバル survival 〜ゲーム
サバンナ／サバナ Savanna（米），Sabana（スペイン）
ザビエル 人 Xavier, Francisco（スペイン）
サボテン sapoten（スペイン，「シャボテン」とも）
サミュエルソン 人 Samuelson, Paul（米）
ザメンホフ 人 Zamenhof, Lazarus Ludwig（ポーランド）
サモア（独立国） 地 Samoa
サモワール samovar（ロ）

サラエボ 地 Sarajevo（ボスニア・ヘルツェゴビナ，首都）
サラゴーサ 地 Zaragoza（スペイン）
サラダボウル salad bowl ×サラダボール
サリチル（酸） salicyl（オランダ）
サルウィン（川） 地 Salween（ミャンマー・中国）
ザルツブルク 地 Salzburg（オーストリア）
サルデーニャ（島） 地 Sardegna（伊）
サルビア salvia
サルベージ salvage
サンクチュアリ sanctuary
サンクトペテルブルク 地 Sankt Peterburg（ロ，旧称：レニングラード）
サンサルバドル 地 San Salvador（エルサルバドル，首都）
サンタフェ 地 Santa Fé（アルゼンチン）
サンティアゴ 地 Santiago（チリ）
サンディエゴ 地 San Diego（米）
サンテグジュペリ 人 Saint-Exupéry, Antoine de（仏）
サンテティエンヌ 地 Saint-Étienne（仏）
サンドイッチ sandwich
サントドミンゴ 地 Santo Domingo（ドミニカ，首都，旧称：トルヒーヨ）
サントメプリンシペ（民主共和国） 地 São Tomé e Príncipe
サンノゼ 地 San Jose（米）×サンホセ
ザンビア（共和国） 地 Zambia（旧称：北ローデシア）
サンピエールミクロン（諸島） 地 Saint-Pierre et Miquelon（仏海外領土）
サンピエトロ（寺院） 地 San Pietro（バチカン）
サンフアン 地 San Juan（プエルトリコ，首都）×サンファン
サンホセ 地 San José（コスタリカ，首都）
サンマリノ（共和国） 地 San Marino

シ

ジアスターゼ　Diastase（独）
シアヌークビル　地　Sihanoukville（カンボジア，旧称：コンポンソム）
シーザー → カエサル
ジード　人　Gide, André（仏）
ジープ　jeep（商品名，言いかえ：四輪駆動の自動車）
ジーメンス　人　Siemens（独，ただし「シーメンス事件」）
シーリング　ceiling　ゼロ〜
シーレーン　sea-lane
シェークスピア　人　Shakespeare, William（英）
シェービングクリーム　shaving cream
シェイプアップ　shape up　×シェープアップ
ジェームズ　人　James（英，男子名）
シェーンベルク　人　Schönberg, Arnold（米）
シエスタ　siesta（スペイン，昼寝）
ジェット　jet　〜機　〜エンジン
ジェネレーション　generation
ジェノバ　地　Génova（伊）
シェパード　shepherd（犬種）
ジェファソン　人　Jefferson, Thomas（米）
シエラネバダ（山脈）　地　Sierra Nevada（米・スペイン）
シエラレオネ（共和国）　地　Sierra Leone
シェワルナゼ　人　Shevardnadze, Eduard（ジョージア）
シェンキェヴィッチ　人　Sienkiewicz, Henryk（ポーランド）
ジェンナー　人　Jenner, Edward（英）
ジスカール・デスタン　人　Giscard d'Estaing, Valéry（仏）
ジストマ　distoma（ラテン）
ジストロフィー　dystrophy　筋〜
シタール　sitar（ヒンディー，楽器）

シチエ〜シユト

シチェチン 地 Szczecin（ポーランド）
シチリア（島） 地 Sicilia（伊） ×シシリー
シナゴーグ synagogue（ユダヤ教の会堂）
シビリアン civilian 〜コントロール
ジブチ（共和国） 地 Djibouti
シミュレーション simulation ×シュミレーション
ジャージ（運動着）／ジャージー（地名・乳牛・生地） jersey
シャウプ 人 Shoup, Carl（米） 〜勧告
ジャカルタ 地 Jakarta（インドネシア，首都，旧称：バタビア）
シャトルコック shuttlecock
シャベル shovel（ただし，「ショベルローダー」「ショベルカー」）
シャボテン → サボテン
ジャポニスム Japonisme（仏）
ジャマイカ 地 Jamaica
ジャム・カシミール（州） 地 Jammu and Kashmir（インド）
シャリアピン 人 Shalyapin, Fyodor（ロ）
シャルルロア 地 Charleroi（ベルギー） ×シャールロア
ジャワ（島） 地 Jawa（インドネシア）
シャンカル 人 Shankar, Ravi（インド）
ジャンヌ・ダルク 人 Jeanne d'Arc（仏） ×ジャンヌ・ダーク
ジャンパー jumper ×ジャンバー
シャンパン champagne（仏）
ジュース juice（果汁）
ジュースブルク → デュイスブルク
シューマイ ×焼売
シュールレアリスム surréalisme（仏） ×シュールレアリスム
ジュッセルドルフ → デュッセルドルフ
シュツットガルト 地 Stuttgart（独） ×シュトゥットガルト
シュトックハウゼン 人 Stockhausen, Karlheinz（独）
シュトラウス（ヨハン・〜） 人 Strauss, Johann（オーストリア）

■ シュナ～シンク

ジュナン／デュナン 人 Dunant, Jean Henri（スイス）
ジュネーブ 地 Genève（スイス）
シュノーケル／スノーケル Schnorchel／snorkel
シュバイツァー 人 Schweitzer, Albert（独）
シュムシュ島（占守島） 地 （千島列島）
シュレジェン → シロンスク
シュワルツコップ 人 Schwarzkopf, Elisabeth（独）
ショー show
ショー 人 Shaw, Bernard（英） ×ショウ
ショーウインドー show window
ジョージア 地 Georgia（旧称：グルジア）
ジョーゼフ 人 Joseph（英，男子名）×ジョセフ
ショーペンハウアー 人 Shopenhauer, Arthur（独）
ショーロホフ 人 Sholokhov, Mikhail（旧ソ連）
ジョギング jogging
ジョグジャカルタ 地 Yogyakarta（インドネシア）
ショスタコーヴィッチ 人 Shostakovich, Dmitrii（旧ソ連）
ジョット 人 Giotto di Bondone（伊，画家）
シラー 人 Schiller, Friedrich von（独） ×シルレル
シリア（・アラブ共和国） 地 Syria
シルダリア（川） 地 Syr Darya（カザフスタン）
シルバーシート silver seat（和製）
ジレンマ dilemma ×ディレンマ
ジロドゥー 人 Giraudoux, Jean（仏）
シロンスク 地 Śląsk（ポーランド，独語名：シュレジェン）
シンガポール（共和国） 地 Singapore（首都も同名）
ジンギスカン → チンギスハン（鍋はジンギスカン）
ジンクス jinx
シンクタンク think tank

シンシナティ 　地　 Cincinnati（米）
ジンバブエ（共和国）　地　 Zimbabwe（旧称：ローデシア）
シンビジウム　cymbidium
シンポジウム　symposium

ス

スイーツ　sweets
スイート　sweet　～コーン　～ポテト
スイス（連邦）　地　 Suisse
スイッチ　switch　×スウィッチ
スイミング　swimming　～プール
スイング　swing
スウィフト　　人　 Swift, Jonathan（英）
スウェーデン（王国）　地　 Sweden
ズウォーリキン　　人　 Zworykin,Vladimir Kosma（米）
スーダン（共和国）　地　 Sudan
スー・チー → アウン・サン・スー・チー
スーラ　　人　 Seurat, Georges（仏）
スエード　suède（仏）
スカゲラク（海峡）　地　 Skagerrak（ノルウェー・デンマーク）
スカンディナビア　　地　 Scandinavia　～半島
スキューバダイビング　scuba diving（「スクーバ～」とも）
スクエアダンス　square dance　×スケアーダンス
スクリャービン　　人　 Skryabin, Aleksandr（ロ）
スコータイ　Sukhothai（タイ，王朝の名）
スターリングラード → ボルゴグラード
スタジオ　studio　×スタディオ
スタニスラフスキー　　人　 Stanislavskii, Konstantin（ロ）
スタンリー　　人　 Stanley, Sir Henry Morton（英）×スタンレー
スチーブン　Stephen（英，男子名）×スティーヴン

■ スチー〜スモツ

スチール still / steal /steel ×スティル
スチブンソン 人 Stephenson, George（英）
スチュワーデス stewardess → 「客室乗務員」を使う
ズック doek（オランダ）
スッペ 人 Suppé（伊）
ステッキ stick
ステンカ・ラージン 人 Stenka Razin（ロ）
ストア store ×ストアー
ストラヴィンスキー 人 Stravinsky, Igor Feodorovitch（米）
ストラスブール 地 Strasbourg（仏）
ストラディヴァリ 人 Stradivari, Antonio（伊）
ストラトフォード・アポン・エーボン 地 Stratford-upon-Avon（英），シェークスピアの故郷
ストリンドベリ 人 Strindberg, Johan（スウェーデン）
ストロンチウム strontium
スノーケル → シュノーケル
スノーモービル snowmobile ×スノーモビル
スバ 地 Suva（フィジー，首都）
スパゲッティ spaghetti（伊） ×スパゲッチ ×スパゲティ
スパナ spanner ×スパナー
スピッツベルゲン（島） 地 Spitsbergen（ノルウェー，北極海）スバールバル諸島
スピリチュアル spiritual
スファヌボン 人 Souphanouvong（ラオス）
スペア spare
スペイン 地 Spain
スペース space
スペリオル（湖） 地 Superior（米・カナダ）
スムーズ smooth ×スムース
スモッグ smog

スモン SMON（subacute myelo-optico-neuropathy）亜急性脊髄視神経障害

スラウェシ（島） 地 Sulawesi（インドネシア, 英語名：セレベス島）

スラップスチック／スラップスティック slapstick 〜コメディー

スリジャヤワルデネプラ・コッテ 地 Sri Jayawardenepura Kotte（スリランカ, 首都）

スリナム（共和国） 地 Surinam（旧称：オランダ領ギアナ）

スリランカ（民主社会主義共和国） 地 Sri Lanka（旧称：セイロン）

スロバキア（共和国） 地 Slovak

スロベニア（共和国） 地 Slovenija

スワジランド → エスワティニ

セ

セーシェル（共和国） 地 Seychelles

セーター sweater

セーフティーバント safety bunt（和製）

セールボード sailboard

赤道ギニア（共和国） 地 Equatorial Guinea（旧称：スペイン領ギニア）

セクシュアルハラスメント sexual harassment（略して「セクハラ」）

ゼッケン → ナンバーカード

セツルメント settlement

セネガル（共和国） 地 Sénégal

ゼネラル general 〜ストライキ ×ジェネラル

セバストポリ 地 Savastopol'（ウクライナ） ×セヴァストーポリ

セビリア 地 Sevilla（スペイン）

ゼミ（ナール） Seminar（独）

セミナー seminar

■ セラチ〜ソチ

ゼラチン　gelatin
セラミックス　ceramics
ゼリー　jelly
セルバンテス　[人]　Cervantes Saavedra, Miguel de（スペイン）
セルビア（共和国）　[地]　Serbia
セレス　[人]　Seles, Monica（米，プロテニス選手）
セレナード　sérénade
セレベス（島）　→　スラウェシ（島）
セロハン　cellophane
セロリ　celery　×セロリー
センタリング　centering
セントクリストファーネビス　[地]　St. Christopher and Nevis（中米）
セントジョージズ　[地]　St. George's（グレナダ，首都）
セントビンセント・グレナディーン　[地]　St. Vincent and the Grenadines（中米）
セントヘレナ　[地]　St. Helena（英領，南大西洋）
セントローレンス（川）　[地]　St. Lawrence（カナダ）　×セントロレンス

ソ

ソウェト　[地]　Soweto（南アフリカ）
ソウ・マウン　[人]　Saw Maung（ミャンマー）
ソウル　[地]　Seoul（韓国，首都，ソウルは「都」の意で漢字はない）
ソーセージ　sausage
ソールズベリ　[地]　Salisbury（米・英）
ソサエティー　society
ソシアルダンス／ソーシャルダンス　social dance
ソシュール　[人]　Saussure, Ferdinand de（仏）
ソチ　[地]　Sochi（ロ）

ソビエト（社会主義共和国連邦）　地　Soviet　→　独立国家共同体　→　ロシア連邦
ソファー　sofa
ソフィスティケート　sophisticate
ソフトウエア　software　×ソフトウェア
ソマリア（民主共和国）　地　Somalia
ソルジェニツィン　人　Solzhenitsin, Aleksandr（ロ）
ソルトレークシティー　地　Salt Lake City（米）

タ

ダーウィン　人　Darwin, Charles Robert（英）
タイ（王国）　地　Thai
大韓民国　地　（略称：韓国）
ダイジェスト　digest
タイヤ　tire
ダイヤ（グラム）　diagram　列車〜
ダイヤ（モンド）　diamond
ダイヤル　dial
ダイレクトメール　direct mail
タキトゥス　人　Tacitus, Cornelius（古代ローマ）
ダグアウト　dugout　×ダッグアウト
タジキスタン（共和国）　地　Tajikistan（略称：タジク）
タシケント　地　Tashkent（ウズベキスタン）
タックスヘイブン　tax haven　×タックスヘブン
ダバオ　地　Davao（フィリピン）　×ダヴァオ
ダビデ　人　Dāwid（古代イスラエル）
タブリーズ　地　Tabriz（イラン）
タペストリー　tapestry
タミル　地　Tamil　〜人　〜語
ダメージ　damage

■ タライ〜チケツ

ダライラマ 　人　 Dalai Lama（チベット）
ダリア　dahlia　×ダリヤ
ダルエスサラーム　地　Dar es Salaam（タンザニア，首都）
ダルマチア　地　Dalmacija（クロアチア）
ダレイオス(大王)　人　Dāryavaus（古代ペルシャ，「ダリウス」とも）
タレーラン　人　Talleyrand-Périgord, Charles（仏）
タンガニーカ（地方・湖）　地　Tanganyika（タンザニア）
タンザニア（連合共和国）　地　Tanzania
ダンスパーティー　dance party　×ダンスパーティ
ダンチヒ　→　グダニスク
ダンディー　dandy
ダンネムーラ　地　Dannemora（スウェーデン）　×ダンネモラ
タンバリン／タンブリン　tambourine

チ

チアノーゼ　Zyanose（独）
チーム　team（スポーツ放送では，「ティーム」と発音してもよい）
　〜メート　〜ワーク
チェア　chair　デッキ〜
チェーホフ　人　Chekhov, Anton（ロ）
チェーン　chain　×チェイン
チェーンソー　chain saw
チェコ（共和国）　地　Czech
チェック　check
チェルニー　人　Czerny, Karl（オーストリア）　×ツェルニー
チェロ　cello　×セロ
チェンジ　change
チェンナイ　地　Chennai（インド，旧称：マドラス）
チグリス（川）　地　Tigris（西アジア）　×ティグリス
チケット　ticket

チチカ（湖） → ティティカカ（湖）
チップ　chip, tip（chip：ポテト〜，tip：心付け）　×ティップ
チフス　typhus（オランダ → ドイツ）
チベット　地　Tibet（中国，中国名：シーツァン，正式名称：西蔵自治区）
チミショアラ → ティミショアラ
チムール／ティムール　人　Timūr（チムール帝国の創始者）
チモール（島） → ティモール（島）
チャウシェスク　人　Ceauşescu, Nicolae（ルーマニア）
チャド（共和国）　地　Tchad
チャネル（諸島）　地　Channel Island（米・太平洋，英・イギリス海峡）
チャペック　人　Čapek, Karel（チェコ）
チャンネル　channel
チューインガム　chewing gum　×チューウィンガム
中央アフリカ（共和国）　地　Central Africa
中国　地　（正式名称：中華人民共和国）
チューダー（朝）　Tudor（英）
チュービンゲン　地　Tübingen（独）
チューブ　tube
チューリップ　tulip
チューリヒ　地　Zürich（スイス）　×チューリッヒ
チューリンゲン（地方）　地　Thüringen（独）
チュニジア（共和国）　地　Tunisia
チュニス　地　Tunis（チュニジア，首都）
チュメニ　地　Tyumen'（ロ）
朝鮮民主主義人民共和国　地　（略称：北朝鮮）
チョゴリ（峰） → K2（ケーツー）
チョコレート　chocolate
チョルノービリ　地　Chornobyl'（ウクライナ）

■ チヨン～ツント

チョン・ドゥホアン（全斗煥） 人 Chun Doo-hwan（韓国）
チリ（共和国） 地 Chile
チレニア（海） 地 Tyrrhenian（地中海）
チロル 地 Tirol（オーストリア）
チンギスハン 人 Chinggis Khan（モンゴル）×ジンギスカン
チンドウィン（川） 地 Chindwin（ミャンマー）

ツ

ツアー tour
ツィーグラー 人 Ziegler, Karl（独）
ツイード tweed
ツイスト twist
ツイン twin
ツヴァイク 人 Zweig, Stefan（オーストリア）
ツーアウト／トゥーアウト two outs
ツウィングリ 人 Zwingli, Ulrich（スイス）
ツーピース two-piece
ツーラ 地 Tula（ロ）
ツーリスト tourist
ツール tool（道具）
ツール Tours → トゥール
ツールーズ Toulouse → トゥールーズ
ツーレ → トゥーレ
ツーロン Toulon → トゥーロン
ツタンカーメン 人 Tut-ankh-Amen（古代エジプト）
ツベルクリン Tuberkulin（独）
ツルク → トゥルク
ツルゲーネフ 人 Turgenev, Ivan（ロ）
ツルファン → トゥルファン
ツンドラ tundra（ロ）

テ

ティー　tea　×チー
Tシャツ（ティーシャツ）　T-shirt
ディーゼル　diesel　～エンジン　～カー　×ジーゼル
ティーチイン　teach-in
ディートリヒ　人　Dietrich, Marlene（米）
ティーパーティー　tea party
ティーンエージャー　teen-ager
ディエンビエンフー　地　Dienbienphu（ベトナム）
ティグリス（川）　→　チグリス（川）
デイケア　day care
ディケンズ　人　Dickens, Charles（英）
デイサービス　day service（和製）
ディスカウント　discount
ディスプレー　display　×ディスプレイ
ディズレーリ　人　Disraeli, Benjamin（英）
ティツィアーノ　人　Tiziano,Vecellio（伊）
ティティカカ（湖）　地　Titicaca（ペルー）×チチカカ（湖）
ディテール　detail
ディベート　debate
ティボー　人　Thibaud, Jacques　（仏, ロン・ティボー・コンクール）
ティボリ　地　Tivoli（デンマーク・伊）×チボリ
ティミショアラ　地　Timişoara（ルーマニア）×チミショアラ　×チミソアラ
ディメンション　demension（広さ，容積，規模）
ティモール（島）　地　Timor（インドネシア）×チモール
ディレクター　director
ディレッタント　dilettante　×ジレッタント（学問・芸術の愛好家）
ディンギー　dinghy（ヨットの級）

■ テイン〜テユウ

ティントレット 人 Tintoretto（伊）
ティンパニー timpani（伊）
ティンプー 地 Thimphu（ブータン，首都）
デー day 防災〜 〜ゲーム
デージー daisy ×デイジー
データ data ×データー
デート date ×デイト
デービス（海峡） 地 Davis（北大西洋）
テーラー tailor
デキシーランドジャズ Dixieland Jazz
テキスト text
デクエヤル 人 De Cuéllar, Javier（ペルー）
テクスタイル／テキスタイル textile
テクノクラート technocrat
デザイン design
デジタル／ディジタル digital
デッドロック deadlock 放送ではなるべく使わない。「行き詰まり」の意。「〜に乗り上げた」は誤り。
テニソン 人 Tennyson, Alfred（英）
デノミ（ネーション） denomination
デビュー début
デフォルメ déformer
デフレ（ーション） deflation
デブレツェン 地 Debrecen（ハンガリー）
テベレ（川） 地 Tevere（伊）
デベロッパー／ディベロッパー developer
デポジット deposit
テムズ（川） 地 Thames（英） ×テームス川
デュイスブルク 地 Duisburg（独）
デュヴィヴィエ 人 Duvivier, Julien（仏）

テュービンゲン → チュービンゲン
デュッセルドルフ　地　Düsseldorf（独）
デュナン → ジュナン
デュフィ　人　Dufy, Raoul（仏）
デュマ　人　Dumas, Alexandre（仏）
デュルケム　人　Durkheim, Emile（仏）
デリカテッセン　Delicatessen
テルアビブ　地　Tel Aviv（イスラエル）
テレシコワ　人　Tereshkova, Valentina（旧ソ連の女性宇宙飛行士第1号）
テレビ（ジョン）　television
テレホン　telephon　×テレフォン
デンバー　地　Denver（米）
デンマーク（王国）　地　Denmark

ト

ドア　door
ドイツ（連邦共和国）　地　Bundesrepublik Deutshland
ドゥアラ　地　Douala（カメルーン）
トゥール　地　Tours（仏）×ツール
トゥールーズ　地　Toulouse（仏）×ツールーズ
トゥーレ　地　Thule（グリーンランド）×ツーレ
トゥーロン　地　Toulon（仏）×ツーロン
トウェーン → マーク・トウェーン
ドゥシャンベ　地　Dushanbe（タジキスタン，首都）
トゥナイト　tonight　×ツナイト
トゥルク　地　Turku（フィンランド）
トゥルゲーネフ → ツルゲーネフ
トーゴ（共和国）　地　Togo
トーシューズ　toe shoes

■ トーナ～トライ

ドーナツ doughnuts ×ドーナッツ
ドーハ 地 Doha（カタール，首都）
ドーバー（海峡） 地 Dover（英・仏）
ドガ 人 Degas, Edgar（仏）
独立国家共同体 地 （1991年12月，旧ソビエト連邦中の11の共和国が参加して創設，英語略称：CIS）
ドゴール 人 de Gaulle, Charles（仏）
トスカーナ（地方） 地 Toscana（伊）
ドストエフスキー 人 Dostoevskii, Fyodor（ロ）
ドナー donor
ドナーカード donor card
ドナウ（川） 地 Donau（ヨーロッパ，英語名：ダニューブ）
ドナテルロ 人 Donatello（伊）
ドニゼッティ 人 Donizetti, Gaetano（伊，作曲家）
ドニプロ／ドニエプル（川） 地 Dnipro／Dnepr（ロシア・ベラルーシ・ウクライナ）
ドニプロペトロウシク 地 Dnipropetrovs'k（ウクライナ）
ドバイ 地 Dubai ×ドゥバイ
ドビュッシー 人 Debussy, Claude（仏，作曲家）
トビリシ 地 Tbilisi（グルジア，首都）
ドボルザーク 人 Dvořák, Antonín（チェコ，作曲家）
トマス・アクィナス／アクィナス 人 Thomas Aquinas（伊）
トマス・ペイン 人 Thomas Paine（英）
ドミートリ 人 Dmitrii（ロシア，男子名）×ドミトリー
ドミニカ（共和国） 地 Dominica（中央アメリカ中部，ヒスパニョラ島）
ドミニカ（国） 地 Dominica（中央アメリカ南部，ドミニカ島）
ドメスティックバイオレンス domestic violence ×ドメスチックバイオレンス
ドライバー driver
ドライブ drive

ドライヤー dryer ×ドライアー
ドラクロア 人 Delacroix, Eugène（仏，画家）
トラコーマ trachoma ×トラホーム
トラベラーズチェック traveler's check
トランジスター transistor
トランシルバニア（地方，高原） 地 Transylvania（ルーマニア）
トランスバール 地 Transvaal（南アフリカ）
トリスタン Tristan
トリニダードトバゴ（共和国） 地 Trinidad and Tobago
トリノ 地 Torino（伊）
トリュフ truffe（仏）
ドリンク drink
ドル dollar ×ダラー
トルクメニスタン 地 Turkmenistan（略称：トルクメン）
トルコ（共和国） 地 Turkey
トルソ torso（伊）
トルヒーヨ → サントドミンゴ
トルファン 地 Turfan（中国，漢字では「吐魯番」）
トレイン train ブルー〜
トレース trace
トレーナー trainer ×トレイナー
トレーニング training
トレーラー trailer
ドレフュス 人 Dreyfus, Alfred（仏）
トレンディー trendy
トロツキー 人 Trotskii, Lev（ロ）
トロフィー trophy
ドロンゲーム drawn game
トンガ（王国） 地 Tonga
ドン・キホーテ 人 Don Quijote（セルバンテスの小説の主人公）

■ トン〜ニコシ

ドン・フアン　　人　Don Juan（スペインの伝説上の人物）

ナ

ナイアガラ（滝）　地　Niagara（米・カナダ）
ナイーブ　naive
ナイジェリア（連邦共和国）　地　Nigeria
ナイター　（和製）英語では「ナイトゲーム」
ナイチンゲール　人　Nightingale, Florence（英）
ナイバシャ　地　Naivasha（ケニア）
内（ない）蒙古 → 内（うち）モンゴル自治区
ナウル（共和国）　地　Nauru（首都もナウル）
ナチュラル　natural
ナックルフォア　knuckle four
ナッシュビル　地　Nashville（米）
ナッソー　地　Nassau（バハマ，首都）
ナビゲーター　navigator
ナミビア（共和国）　地　Namibia
ナルシシズム　narcissism　×ナルシズム
ナンセンス　nonsense
ナンバリング　numbering（machine）　×ナンバーリング

ニ

ニアミス　near-miss
ニアメー　地　Niamey（ニジェール，首都）
ニーシェピング　地　Nyköping（スウェーデン）　×ニーチェピング
ニーズ　needs, NIES（新興工業経済地域）
ニーチェ　人　Nietzache, Friedrich（独）
ニウエ（島）　地　Niue（ニュージーランド）
ニコシア　地　Nicosia（キプロス，首都）

ニコラエフスク（・ナ・アムーレ）　地　Nikolaevsk-na-Amure（ロ）
西イリアン　→　イリアンジャヤ（州名はパプア州に）
ニジェール（共和国）　地　Niger
ニャチャン　地　Nha Trang（ベトナム）　×ナトラン
ニュアンス　nuance
ニューオーリンズ　地　New Orleans（米）
ニューカッスル　地　Newcastle（英）　～病
ニューカレドニア（島）　地　New Caledonia（仏海外領土，南太平洋）
ニュージーランド　地　New Zealand
ニュース　news
ニューデリー　地　New Delhi（インド）
ニューファンドランド（島）　地　Newfoundland（カナダ）
ニューフェース　new face　×ニューフェイス
ニューヨーク　地　New York（米）
ニュルンベルク　地　Nürnberg（独）

ヌ

ヌアクショット　地　Nouakchott（モーリタニア，首都）
ヌーシャテル　地　Neuchâtel（スイス）
ヌーベルバーグ　nouvelles vagues（仏）　×ヌーヴェル・ヴァーグ
ヌーメア　地　Nouméa（南太平洋）
ヌクアロファ　地　Nuku'alofa（トンガ，首都）
ヌジャメナ　→　ンジャメナ
ヌレーエフ　人　Nureyev, Rudolf（英）

ネ

ネイル　nail　×ネール
ネ・ウィン　人　Ne Win（ミャンマー）
ネーデルランド（地方）　地　Nederland（オランダ）

■ ネービ～ハーク

ネービー　navy　～ブルー
ネーブルオレンジ　navel orange
ネームバリュー　name value（和製）
ネガティブ　negative（写真用語は「ネガ」）
ネグリジェ　négligé（仏）
ネックレス　necklace　×ネックレース
ネバ（川）　地　Neva（ロ）
ネパール（連邦民主共和国）　地　Nepal
ネバダ（州）　地　Nevada（米）

ノ

ノヴァーリス　人　Novalis（独）
ノウハウ　know-how
ノーサンバランド（州）　地　Northumberland（英）
ノーサンプトン　地　Northampton（英）
ノースリーブ　no sleeve（和製）
ノスタルジア　nostalgia
ノバスコシア（州）　地　Nova Scotia（カナダ）
ノバヤゼムリャ（島）　地　Novaya Zemlya（ロ）
ノベライゼーション　novelization
ノボクズネツク　地　Novokuznetsk（ロ, 旧称：スターリンスク）
ノボシビルスク（諸島）　地　Novosibirskie（ロ）
ノルウェー（王国）　地　Norway
ノルマンディー　地　Normandie（仏）
ノンバンク　nonbank bank（nonbankは形容詞）

ハ

パーカッション　percussion
ハーグ　地　The Hague（オランダ）×ヘーグ
バークリー　地　Berkeley（米）×バークレー

バージニア（州）　地　Virginia（米）
バージョン　version
パースペクティブ　perspective
パーソナリティー　personality
ハーディー　人　Hardy, Thomas（英）
パーティー　party　カクテル〜　ダンス〜
バーデン・バーデン　地　Baden-Baden（独）
バードウイーク　bird week（和製）愛鳥週間
バーブルマンデブ海峡　地　Bab el Mandeb（紅海入り口）
バーモント（州）　地　Vermont（米）
パールハーバー　地　Pearl Harbor（米, ハワイ,「真珠湾」とも）
バーレーン（王国）　地　Bahrain
ハーレム　地　Harlem（米, ニューヨーク, オスマントルコの後宮の場合ハレム）
ハーン　人　Hearn, Lafcadio（日本名：小泉八雲, ラフカディオ・ハーン）
バーンスタイン　人　Bernstein, Leonard（米）レナード・バーンスタイン
バイアス　bias
ハイウエー　highway
ハイエルダール　→　ヘイエルダール
バイオテクノロジー　biotechnology
パイオニア　pioneer
バイオニクス　bionics
バイオリン　violin
バイキング　Viking
バイク　bike
バイコヌール　地　Baikonur（カザフスタン, 旧ソビエトのロケット発射基地）
ハイゼンベルク　人　Heisenberg, Werner（独）

■ ハイチ〜ハステ

ハイチ（共和国） 地 Haiti
ハイデガー 人 Heidegger, Martin（独）
ハイデラバード 地 Hyderabad（インド）
ハイデルベルク 地 Heidelberg（独）
ハイドロプレーニング hydroplaning 〜現象
パイナップル pineapple ×パインアップル
ハイファ 地 Haifa（イスラエル）
ハイフォン 地 Haiphong（ベトナム）
ハインリヒ 人 Heinrich（独，男子名）×ハインリッヒ
ハウツー how-to
バカンス vacances（仏）
バギオ 地 Baguio（フィリピン）
パキスタン（・イスラム共和国） 地 Pakistan（旧称：西パキスタン）
バグ bug（コンピューター用語）
パグウォッシュ 地 Pugwash（カナダ）
ハクスリー 人 Huxley, Aldous（英）×ハックスレー
バグダッド 地 Baghdad（イラク）×バクダット
バクテリア bacteria
白（はく）ロシア → ベラルーシ
バケーション vacation
バザー bazaar
パサデナ 地 Pasadena（米）
バシー（海峡） 地 Bashi（フィリピン・台湾）
バスコ・ダ・ガマ／ヴァスコ・ダ・ガマ 人 Vasco da Gama（ポルトガル）
バスチーユ 地 Bastille（仏，パリ市内の広場）
パスツール 人 Pasteur, Louis（仏）
バステール 地 Basse Terre（セントクリストファーネビス，首都）

パターン　pattern
バターン（半島）　地　Bataan（フィリピン，ルソン島）
パタゴニア（地方）　地　Patagonia（アルゼンチン）
バチカン（市国）　地　Vatican
ハチャトゥリアン　人　Khachaturyan, Aram（アルメニア）
バッグ　bag　×バック
バックグラウンド　back ground
バトゥーミ　地　Batumi（グルジア）
パドドゥ　pas de deux（仏，バレエ用語）
パドバ　地　Padova（伊）
バトントワラー　baton twirler
バトンパス／バトンタッチ　baton pass／baton touch
　バトンパス……陸上競技のリレー
　バトンタッチ…比喩的に言う場合　〈例〉政権の〜
パナマ（共和国）　地　Panama
バニラ　vanilla　〜エッセンス
バヌアツ（共和国）　地　Vanuatu
パネリスト／パネラー　panelist（パネラーは和製英語）
パネルディスカッション　panel discussion
ハノーバー　地　Hannover（独）
パパイア　papaya（スペイン）　×パパイヤ
ハバナ　地　Havana, La Havana（キューバ，首都）
バハマ（国）　地　Bahamas
ハバロフスク　地　Khabarovsk（ロ）
パビリオン　pavillion
パプアニューギニア　地　Papua New Guinea
バファロー　地　Buffalo（米）
ハプスブルク（家）　人　Habsburg（オーストリア）
バフタラン　地　Bakhtaran（イラン，旧称：ケルマンシャー）
パブロフ　人　Pavlov, Ivan（ロ）

■ハミユ～ハロウ

バミューダ諸島 地 Bermuda（北大西洋）
バラエティー variety
パラオ（共和国） 地 Palau（オセアニア・ミクロネシア）×ベラウ
パラグアイ（共和国） 地 Paraguay
ハラッパ 地 Harappa（パキスタン，インダス文明の都市遺跡）
バラナシ 地 Varanasi（インド，旧称：ベナレス）
ハラレ 地 Harare（ジンバブエ，首都，旧称：ソールズベリ）
バリウム Barium（化学・医学）
バリエーション variation
バリャドリード 地 Valladolid（スペイン）
バルガス・リョサ／ヴァルガス・リョサ 人 Vargas Llosa, Mario（ペルー）
ハルキウ 地 Kharkiv（ウクライナ）
バルセロナ 地 Barcelona（スペイン）
ハルツーム 地 Khartoum（スーダン，首都）
バルト海 地 Baltic Sea（北ヨーロッパ）
バルバドス 地 Barbados（カリブ海）
バルパライソ 地 Valparaíso（チリ）
ハルビン 地 Harbin（中国）　×ハルピン（×漢字表記：哈爾浜）
ハレ 地 Halle（独）
バレエ ballet（舞踊）
バレー（ボール） volleyball
パレスチナ 地 Palestina（中東）
バレッタ 地 Valletta（マルタ，首都）
ハレム harem（ハーレムとも，オスマントルコの後宮）
バレル barrel（原油の単位）
バレンシア 地 Valencia（スペイン）
バロア 地 Valois（仏）
ハロウィーン Halloween

バン　van　ライト〜　ミニ〜
バン・アレン　　人　Van Allen（米）　〜帯
ハンカチ（ーフ）　handkerchief
ハンガリー（共和国）　地　Hungary
バンクーバー　　地　Vancouver（カナダ）
ハンググライダー　hang glider
バングラデシュ（人民共和国）　地　Bangladesh（旧称：東パキスタン）
バンコク　　地　Bangkok（タイ，首都）　×バンコック
バンジュール　　地　Banjul（ガンビア，首都）
バンセンヌ　　地　Vincennes（仏）
バンダルスリブガワン　　地　Bandar Seri Begawan（ブルネイ，首都）
バンダルホメイニ　　地　Bandar Khomeini（イラン）
ハンディキャップ　handicap（ゴルフ用語は「ハンデ」，略記は「ハンディ」）
ハンバーグ（ステーキ）　Hamburg steak　×ハンバーク
バンパイア　vampire
ハンブルク　　地　Hamburg（独）
ハンマー　hammer
ハンムラビ　　人　Hammurabi（バビロニア）　×ハムラビ
ハンメルフェスト　　地　Hammerfest（ノルウェー）

ヒ

ビアガーデン　beer garden
ピアス　pierced earrings
ビアズリー　　人　Beardsley, Aubrey（英）　×ピアズレー
ピアノ　piano
ヒアリング　hearing
ヒースロー（空港）　地　Heathrow（英，ロンドン郊外）

■ ヒーナ～ヒツト

ビーナス Venus
ピーナツ peanut ×ピーナッツ
ビーフステーキ beefsteak（略して「ビフテキ」とも）
ヒエラルキー Hierarchie（独，「ヒエラルヒー」とも）
ビエンチャン 地 Vientiane（ラオス，首都）
ビエンナーレ biennale（伊）
ビエンホア 地 Bienhoa（ベトナム）
ビオラ viola
東シナ海 地 East China Sea（東アジア，中国名は「東海」だが放送では使わない）
ビクトリア／ヴィクトリア（女王） 人 Victoria（英）
ビクトリア 地 Victoira（カナダ）×ヴィクトリア
ピケ（ット） picket
ビザ visa
ピザ pizza（伊，「ピッツァ」とも）
ビサウ 地 Bissau（ギニアビサウ，首都）
ビシー 地 Vichy（仏）
ビシケク 地 Bishkek（キルギスタン，首都，旧称：フルンゼ）
ビジュアル visual
ビジョン vision
ビスケー（湾） 地 Biscay（仏，仏語名：ガスコーニュ湾）
ビスマーク（諸島） 地 Bismarck（メラネシア）
ビスマルク 人 Bismarck, Otto（独）
ビスラ（川） → ウィスワ（川）
ピタゴラス 人 Pythagoras（古代ギリシャ）
ビタミン vitamin
ヒチコック 人 Hichcock, Alfred（米）
ピツェッティ 人 Pizzetti, Ildebrando（伊，作曲家）
ピッツバーグ 地 Pittsburgh（米）
ヒット hit

ビデオテープ　videotape
ピトケアン（島）　地　Pitcairn（英領，南太平洋）
ビトム　地　Bytom（ポーランド）
ヒトラー　人　Hitler, Adolf（独）×ヒットラー
ピナトゥボ（火山）　地　Pinatubo（フィリピン）
ビニール　vinyl
ビバーク　bivouac（登山用語，露営）
ビビンバ　（韓国，料理）×ビビンパ
ビブラフォン　vibraphone（「バイブ」とも）
ヒポクラテス　人　Hippokrates（古代ギリシャ）
ヒマルチュリ（山）　地　Himal Chuli（ネパール）
ヒヤシンス　hyacinth
ヒューズ　fuse
ビューティー　beauty　～コンテスト　～サロン
ビュッフェ　人　Buffet, Bernard（仏，画家）
ピュリツァー　人　Pulitzer, Joseph（米）～賞
ピョートル（大帝）　人　Pyotr, Alekseevich（ロ）
ピョンヤン　地　Pyeongyang（北朝鮮）
ピランデルロ　人　Pirandello, Luigi（伊）
ピリオド　period　×ピリオッド
ビリニュス　地　Vil'nyus（リトアニア，首都）
ビルカバンバ（山群）　地　Vilcabamba（ペルー）
ピルゼン　地　Pilsen（チェコ）（独語読み，チェコ語読みは「プルゼニ」）
ビル（ディング）　building　×ビルジング
ヒレ　filet（仏）　～肉
ピレエフス　地　Peiraievs（ギリシャ，「ピレウス」とも）
ヒンズー／ヒンドゥー（教）　Hindu（言語は「ヒンディー語」）
ヒンズークシ（山脈）　地　Hindu Kush（アフガニスタン）
ヒンデンブルク　人　Hindenburg, Paul von（独）
ヒンドスタン（平野）　地　Hindustan（インド）

■ フアイ〜フイル

フ

ファイア　fire　〜ストーム
ファウル　foul
ファウンデーション（基金）／ファンデーション（化粧下地）　foundation
ファクシミリ　facsimile（略して「ファクス」「ファックス」とも，略記：ＦＡＸ）
ファジー　fuzzy
ファシズム　fascism
ファストフード　fast food　×ファーストフード
ファドゥーツ　地　Vaduz（リヒテンシュタイン，首都）
ファハド（国王）　人　Fahd（サウジアラビア）
ファン　fan　野球〜　×フアン
ファン・アイク（兄弟）　人　Van Eyck（フランドル，画家）
ファン・ダイク　人　Van Dyck, Anthonis（フランドル，画家）
ファンタスティック　fantastic（「ファンタジック」は和製）
ファン・バン・ドン　人　Pham Van Dong（ベトナム）
ファンファーレ　Fanfare（独）
ファンブル　fumble　×ハンブル
フィーバー　fever
フィールド　field
フィールドアスレチック　Field Athletic（和製，商標名）
フィギュア　figure（skating，人形も）
フィジー（共和国）　地　Fiji
フィッシャー・ディースカウ　人　Fischer-Dieskau, Detrich（独）
フィナーレ　finale
フィヒテ　人　Fichte, Johann（独）
ブイヨン　bouillon（仏）
フィリピン（共和国）　地　Philippines
フィルム　film　×フイルム

フィレンツェ　　地　Firenze（伊，英語名：フローレンス）
フィンランド（共和国）　地　Finland
ブーゲンビリア　bougainvillea（花の名）　×ブーゲンビレア
ブーゲンビル（島）　　地　Bougainville（パプアニューギニア）
プーシキン　　人　Pushkin, Aleksandr（ロ）
ブータン（王国）　地　Bhutan
フーバー／フーヴァー　　人　Hoover, Herbert（米）
フエ　地　Hue（ベトナム）　×ユエ
フェア　fair
フェイルセーフ　fail-safe
フエゴ（島）　地　Fuego（アルゼンチン・チリ）
フェズ　　地　Fèz（モロッコ）
フェスティバル　festival
ブエノスアイレス　　地　Buenos Aires（アルゼンチン，首都）
フェノロサ　　人　Fenollosa, Ernest（米）
フェラーラ　　地　Ferrara（伊）
フェリペ（2世）　　人　Felipe Ⅱ（スペイン）
フェルト　felt
プエルトプリンセサ　　地　Puerto Princesa（フィリピン）
プエルトリコ　　地　Puerto Rico（米自治領，中米）
フォアボール　four ball（和製）
フォークダンス　folk dance
フォービスム　fauvisme（仏，美術用語：野獣派）
フォワード　forward（スポーツ）
フォンテンブロー　　地　Fontainebleau（仏）
プシェミシル　　地　Przemyśl（ポーランド）
プチャーチン　　人　Putyatin, Evfimii Vasil'evich（ロ）
フッサール　　人　Husserl, Edmund（独）
ブティック　boutique（仏）
プディング　pudding（「プリン」とも）

■ フトレ～フリテ

プトレマイオス 人 Ptolemaios（古代エジプト） ～朝
フナフティ 地 Funafuti（ツバル，首都）
プミポン（国王） 人 Bhumibol, Adulyadej（タイ）
フュージョン fusion
フョードル 人 Fyodor（ロ，男子名）
プライバシー privacy
フライブルク 地 Freiburg（独）
プライムレート prime rate
ブラゴベシチェンスク 地 Blagoveshchensk（ロ）
ブラザビル 地 Brazzaville（コンゴ，首都）
ブラシ brush
ブラジル（連邦共和国） 地 Brazil
プラスチック plastic ×プラスティック
ブラチスラバ 地 Bratislava（スロバキア，独語名：プレスブルク）
プラチナ platina（スペイン）
プラットホーム platform
プラネタリウム planetarium
プラハ 地 Praha（チェコ，首都）
ブラボー bravo（伊）
ブラマプトラ（川） 地 Brahmaputra（パキスタンほか）
ブラマンク → ヴラマンク
ブラワヨ 地 Bulawayo（ジンバブエ）
ブランクーシ 人 Brâncuşi, Constantin（ルーマニア）
フランス（共和国） 地 France
ブランデンブルク 地 Brandenburg（独）
フリージア freesia ×フリージャ
フリージア（諸島） 地 Frisian（北海）
フリードリヒ（大王） 人 Friedrich（独）
ブリスベン 地 Brisbane（オーストラリア）
ブリティッシュ・コロンビア 地 British Columbia（カナダ）

フリテ〜フレシ

ブリテン 人 Britten, Benjamin（英）
プリペイドカード prepaid card
ブリューゲル 人 Brueghel, Pieter（フランドル，画家）
ブリュッセル 地 Bruxelles（ベルギー，首都）
プリンシペ（島） 地 Príncipe（アフリカ西岸）
ブルガリア（共和国） 地 Bulgaria
ブルキナファソ 地 Burkina Faso（旧称：オートボルタ）
ブルゴーニュ 地 Bourgogne（仏）
ブルジョア bourgeois（仏）　×ブルジョワ
ブルターニュ（地方） 地 Bretagne（仏）
ブルタバ（川） 地 Vltava（チェコ，独語名：モルダウ）
プルタルコス 人 Plutarkhos（古代ギリシャ，英語名：プルターク）
フルトヴェングラー 人 Furtwängler, Wilhelm（独）
プルトニウム239 plutonium 239　数字は全体を1つの数字として読む。
ブルネイ（・ダルサラーム国） 地 Brunei Darussalam
ブルンジ（共和国） 地 Burundi
フルンゼ → ビシケク
プレイガイド play guide（和製）
ブレイク 人 Blake, William（英）
ブレイン／ブレーン brain
ブレイントラスト braintrust
プレヴェール 人 Prévert, Jacques（仏）
プレー play　〜オフ　〜ボール
ブレーキ brake
ブレーシア 地 Brescia（伊）
フレーズ phrase　キャッチ〜
フレーム frame　〜ワーク
プレーヤー player　×プレイヤー
プレジャーボート pleasure boat

■ フレト〜ヘイエ

ブレトン・ウッズ協定　Bretton Woods Agreement
プレハブ　prefab（pre fablication）
プレビュー　preview
プレミアム　premium
ブレンナー（峠）　地　Brenner（伊・オーストリア）
フロア　floor
プロイセン　地　Preussen（昔の王国，英語名：プロシャ）
フロイト　人　Freud, Sigmund（オーストリア，名はジークムント）
ブロードウェイ　地　Broadway（米，ニューヨークの繁華街）
ブローニュ　地　Boulogne（仏，パリの森・公園）
フローベール　人　Flaubert, Gustave（仏）
フローレンス → フィレンツェ
プロテスタント　protestant
プロデューサー　producer
プロバンス（地方）　地　Provence（仏）
プロフィール　profil（仏）
プロブディフ　地　Plovdiv（ブルガリア）
ブロマイド　bromide　×プロマイド
プロレタリア　Proletarier（独）
フロントガラス　front glass　×フロントグラス
フンパーディンク　人　Humperdinck, Engelbert（独）

へ

ヘア　hair
ヘアスプレー　hair spray
ベアリング　bearing
ベイ　bay　〜ブリッジ
ペイ　pay　〜テレビ
ヘイエルダール　人　Heyerdahl, Thor（ノルウェー，「ハイエ

ルダール」とも）

ペイン → トマス・ペイン

ベーカリー　bakery

ベーコン　[人]　Bacon, Francis（英）

ベースアップ　base up（和製，略して「ベア」）

ベータ（線）　beta, β（ギリシャ）

ベートーベン／ベートーヴェン　[人]　Beethoven, Ludwig van（独，作曲家）

ベール　veil

ベオグラード　[地]　Beograd（セルビア，首都）

ベゴニア　begonia

ペシャワル　[地]　Peshawar（パキスタン）

ペスタロッチ　[人]　Pestalozzi, Johann（スイス）

ベズビオ（山）　[地]　Vesuvio（伊，英語名：ベスビアス）

ベスレヘム　[地]　Bethlehem（米）

ペチコート　petticoat　×ペティコート

ベッサラビア（地方）　[地]　Bessarabia（モルドバ）

ヘッドホン　headphone

ヘップバーン　[人]　Hepburn, Audrey（米）

ベツレヘム　[地]　Bethlehem（ヨルダン川西岸）

ベテラン　veteran

ベトナム（社会主義共和国）　[地]　Vietnam

ペトロザボーツク　[地]　Petrozavodsk（ロ）

ペトロパブロフスク　[地]　Petropavlovsk（ロ）

ペナルティー　penalty　〜キック

ベナレス → バラナシ

ペナン　[地]　Penang（マレーシア）

ベナン（共和国）　[地]　Benin（旧称：ダオメー）

ベネズエラ（•ボリバル共和国）　[地]　República Bolivariana de Venezuela

■ ヘネチ～ヘルリ

ベネチア　　　地　Venezia（伊，英語名：ベニス）
ベネディクト16世　　人　Venedict XVI（ローマ法王）
ベネルクス3国　　地　Benelux（ベルギー・オランダ・ルクセンブルクを指す）
ヘビー　heavy　～スモーカー　～メタル
ヘボン　　人　Hepburn, James（米）　～式ローマ字
ヘミングウェー　　人　Hemingway, Ernest（米）
ベラウ　→　パラオ（共和国）
ベラクルス　　地　Veracruz（メキシコ）
ベラスケス　　人　Velázquez, Diego（スペイン）
ベラルーシ（共和国）　　地　Belarus（旧称：白ロシア）
ペリー（提督）　　人　Perry, Matthew（米，1794-1858）×ペルリ
ベリーズ　　地　Belize（中米）
ヘリウム　Helium（化学）
ベルイマン　　人　Bergman, Ingmar（スウェーデン）
ペルー（共和国）　　地　Peru
ペルージャ　　地　Perugia（伊）
ベルギー（王国）　　地　Belgium, Belgique, Belgie
ベルク　　人　Berg, Alban（オーストリア）
ベルグソン　　人　Bergson, Henri（仏）
ベルサイユ　　地　Versaille（仏）×ヴェルサイユ
ペルシャ（湾）　　地　Persian（イラン，アラブ側公式発表では「アラビア湾」が多い）
ヘルダーリン　　人　Hölderlin, Johann（独）
ベルダン　　地　Verdun（仏）
ヘルツォーグ　　人　Herzog, Chaim（イスラエル）
ベルトコンベヤー　belt conveyor
ベルファスト　　地　Belfast（英・北アイルランド）
ベルリオーズ　　人　Berlioz, Hector（仏，作曲家）
ベルリングエル　　人　Berlinguer, Enrico（伊）

ヘルレ～ホート

ベルレーヌ → ヴェルレーヌ

ベローナ 地 Verona（伊）

ペロポネソス（半島） 地 Peloponnesos（ギリシャ）

ベンガジ 地 Benghazi（リビア）

ペンシルベニア（州） 地 Pennsylvania（米）

ペンデレツキ 人 Penderecki, Krzysztof（ポーランド）

ヘント 地 Gent（ベルギー）

ホ

ポアチエ 地 Poitiers（仏）

ポアンカレ 人 Poincaré, Jules（仏, 数学者）

ポアントノアール 地 Pointe-Noire（コンゴ）

ホイールキャップ wheel cap

ボイジャー Voyager（宇宙探査ロケット）

ホイットニー（山） 地 Whitney（米）

ホイニツェ 地 Chojnice（ポーランド）

ボウリング bowling（スポーツ） ×ボーリング

ボウル bowl サラダ〜 ×ボール

ポー 人 Poe, Edgar Allan（米）

ボーア 人 Bohr, Niels（デンマーク）

ボーイング747 Boeing747〔ナナヨンナナ〕

ボーカル vocal

ボーキサイト bauxite

ボージョレ・ヌーボー beaujolais nouveau（仏, ワインの種類）

ホーソン 人 Hawthorne, Nathaniel（米）

ボーダーレス borderless ×ボーダレス

ホーチミン（市） 地 Ho Chi Minh（ベトナム, 旧称：サイゴン）

ボート boat

ポートスタンリー 地 Port Stanley（大西洋, フォークランド島）

ボードセーリング boardsailing

■ ホート〜ホメイ

ボードビリアン　vaudevillian
ボードレール　　人　Baudelaire, Charles（仏，詩人）
ボードワン（国王）　人　Baudouin（ベルギー）
ホーネッカー　　人　Honecker, Erich（独）
ボーボアール／ボーヴォアール　　人　Beauvoir, Simone de（仏）
ホーム　home
ホームステイ　homestay
ホームストレート　home straight　×ホームストレッチ
ポーランド（共和国）　地　Poland, Polska
ボーリング　boring（掘削のこと）
ボールドウィン　　人　Baldwin, James（米）
ボーンマス　　地　Bournemouth（英）
ボキャブラリー　vocabulary
ボゴタ　地　Bogotá（コロンビア，首都，旧称：サンタフェデボゴタ）
ポジティブ　positive（写真用語は「ポジ」）
ボス　　人　Bosch, Hieronymus（オランダ）×ボッス　×ボッシュ
ボストーク　Vostok（ロ）（「ウォストーク」とも）旧ソ連の有人衛星
ポズナニ　　地　Poznań（ポーランド，独語名：ポーゼン）
ボスニア・ヘルツェゴビナ（共和国）　地　Bosnia and Herzegovina
ボスポラス（海峡）　地　Bosporus（トルコ，黒海の入り口）
ボッカッチョ　　人　Boccaccio, Giovanni（伊）
ボッティチェリ　　人　Botticelli, Sandro（伊，画家）
ホッブズ　　人　Hobbes, Thomas（英）
ボツワナ（共和国）　地　Botswana（旧称：ベチュアナランド）
ボディー　body　〜ガード　〜ビル
ポトフ　pot-au-feu（仏）
ホバークラフト　Hovercraft　×ホーバークラフト
ポポカテペトル（山）　地　Popocatépetl（メキシコ）
ホムス　地　Homs（シリア）
ホメイニ師　　人　Khomeini, Ayatollah

ホメロス　　人　Homeros（古代ギリシャ）　×ホーマー
ホラムシャハル　　地　Khorramshahr（イラン）
ボランティア　volunteer
ボリビア（共和国）　地　Bolivia
ボルガ（川）　地　Volga（ロ）
ボルゴグラード　　地　Volgograd（ロ，旧称：スターリングラード）
ボルシェビキ　Bolisheviki（ロ）
ボルティモア　　地　Baltimore（米）
ボルテージ　voltage
ボルテール　→　ヴォルテール
ポルトープランス　　地　Port-au-Prince（ハイチ，首都）
ポルトガル（共和国）　地　Portugal
ポルトノボ　地　Porto-Novo（ベナン，首都）
ホルムズ（海峡）　地　Hormuz（ペルシャ湾入り口）
ホルムスク　地　Kholmsk（ロ・サハリン，旧日本名「真岡」）
ホロヴィッツ　　人　Horowitz, Vladimir（米，ピアニスト）
ボローニャ　地　Bologna（伊）
ボロジン／ボロディン　　人　Borodin, Aleksandr（ロ）
ホロ（島）　地　Jolo（フィリピン）
ポロナイスク　地　Poronaisk（ロ・サハリン，旧日本名「敷香」）
ボロネジ　地　Volonezh（ロ）
ボン　地　Bonn（独）
ホンジュラス（共和国）　　地　Honduras
ポンパドゥール（夫人）　　人　Pompadour, Marquise de（仏）
ポンピドー　人　Pompidou, Georges（仏）
ポンペイ　地　Pompei（伊）
ポンペイ（島）　地　Pohnpei（ミクロネシア，旧称：ポナペ島）

マ

マーク・トウェーン　　人　Mark Twain（米）

■ マーケ〜マトモ

マーケティング　marketing　〜リサーチ
マーボー豆腐　×麻婆豆腐
マーメード　mermaid
マイク（ロホン）　microphone
マイクロウエーブ　microwave
マイクロキュリー　microcurie（放射性物質の量を表す単位）
マカオ（島）　地　Macao（中国，中国名：アオメン「澳門」）
マカッサル（海峡）　地　Makassar（インドネシア）
マキャベリズム　machiavellism
マグデブルク　地　Magdeburg（独）
マグニチュード　magnitude（略記M）
マグマ　magma
マクマード　地　McMurdo（南極大陸，米の観測基地）
マサチューセッツ（州）　地　Massachusetts（米）
マジュロ　地　Majuro（マーシャル諸島，首都）
マジョリティー　majority
マシン／マシーン　machine
マスカット　地　Masqat（オマーン，首都）
マスコミ（ュニケーション）　mass communication
マスネ　人　Massenet, Jules（仏，作曲家）
マゼラン　人　Magellan, Ferdinand
マダガスカル（民主共和国）　地　Madagascar
マチエール　matière（仏）
マッキンリー（山）　地　McKinley（アラスカ）
マッターホルン（山）　地　Matterhorn（スイス・伊）
マッハ　人　Mach, Ernst（オーストリア）
マティーニ／マルティーニ　martini（伊）
マティス　人　Matisse, Henri（仏，画家）
マデイラ（川）　地　Madeira（ボリビア・ブラジル）
マドモアゼル　mademoiselle（仏）

マドリード 地 Madrid（スペイン，首都）×マドリッド
マナオス 地 Manáos（ブラジル，「マナウス」とも）
マナグア 地 Managua（ニカラグア，首都）
マニア mania
マネージャー manager ×マネジャー ×マネイジャー
マプト 地 Maputo（モザンビーク，首都，旧称：ロレンソマルケス）
マホメット 人 Mahomet（アラビア，イスラム教の開祖，「ムハンマド」とも）
マヨルカ／マジョルカ／マリョルカ（島） 地 Mallorca（Majorca）
マラウイ（共和国） 地 Malawi
マラケシュ 地 Marrakesh（モロッコ）
マラトン 地 Marathón（ギリシャ）
マラリア Malaria（独）
マリー・アントワネット 人 Marie Antoinette（仏） ×マリー・アントアネット
マリーナ marina
マリ（共和国） 地 Mali（旧称：フランス領スーダン）
マリワナ／マリフアナ marijuana（スペイン，普通には「大麻」を用いる）×マリファナ
マリン／マリーン marine
マルコ・ポーロ 人 Marco Polo（伊）
マルセイユ 地 Marseille（仏）
マルタ（共和国） 地 Malta
マルチ multi ～アンプ ～タレント
マルティニク（島） 地 Martinique（仏領，カリブ海）
マルビナス（諸島） → フォークランド（諸島）
マルメフス（州） 地 Malmöhus（スウェーデン）
マルルーニ 人 Mulroney, Martin（伊）

■ マレー〜ミルク

マレーシア　　　地　Malaysia（旧称：マラヤ連邦）
マレー（半島）　地　Malay　〜語
マロングラッセ　morrons glacés（仏）
マンゴー　mango
マンダレー　　　地　Mandalay（ミャンマー）
マンツーマン　man-to-man　〜方式
マントバ　　　地　Mantova（伊）
マンネリズム　mannerism（略して「マンネリ」）

ミ

ミイラ　mirra
ミキサー　mixer（混合機）
ミクサー／ミキサー　mixer（音量調整者）
ミケランジェロ　　人　Michelangelo, Buonarroti（伊，画家）
ミシシッピ（州・川）　地　Mississippi（米）
ミズーリ（州・川）　地　Missouri（米）
ミックス　mix
ミッドウェー（諸島）　地　Midway（米）
ミディアム　medium
ミドルスブラ　　地　Middlesbrough（英）
ミナスゼライス（州）　地　Minas Gerais（ブラジル）
南アフリカ（共和国）　地　South Africa
南シナ海　地　South China Sea（中国名「南海」は放送では使わない）
ミニチュア　miniature
ミニヤコンカ（山）　地　Minya Konka（中国）
ミャンマー（連邦）　地　Myanmar（旧ビルマ連邦）
ミュンヘン　　地　München（独）
ミルウォーキー　　地　Milwaukee（米）
ミルクセーキ　milk shake

ミレー　　　人　Millet, Jean（仏，画家）

ム

ムーズ（川）　　地　Meuse（仏）
ムートン　mouton（羊の毛皮）
ムービー　movie
ムサビ　　人　Musavi, Seyyed Hossein（イラン）
ムッソリーニ　　人　Mussolini, Benito（伊）
ムニエル　meunière（仏）
ムババーネ　　地　Mbabane（エスワティニ，首都）
ムバンダカ　　地　Mbandaka（コンゴ民主共和国，旧ザイール，旧称：コキアビル）
ムハンマド　　人　Muhammad（アラブ・イスラム系人名，「モハメド」とも）
ムラヴィンスキー　　人　Mravinskii, Evgenii（旧ソ連，指揮者）
ムラビヨフ／ムラヴィヨフ　　人　Murav'yov, Nikolai（ロ）
ムリーリョ　　人　Murillo, Bartolomé（スペイン）
ムルロア（環礁）　　地　Mururoa（ポリネシア・南太平洋）
ムンバイ　　地　Mumbai（インド）

メ

メイア　　人　Meir, Golda（イスラエル）
メイド　　人　maid（made（製作）は「メード」）
メイン　main　～アンプ　～イベント
メーカー　maker
メーキャップ　makeup
メーター　meter（計器）
メーデー　May Day
メートル　mètre（仏，長さの単位，略記「m」）
メーラー　　人　Mailer, Norman（米）

■ メール〜メント

メール　mail
メガホン　megaphone
メキシコ（合衆国）　地　Mexico
メキシコシティー　地　Mexico City（メキシコ，首都，「メキシコ市」とも）
メジャー　measure（巻き尺）
メジャー　major（大手国際石油資本，大リーグ）
メタセコイア　metasequoia
メッカ　地　Mecca　×マッカ
　イスラム教以外に使うのは注意が必要。
　〈例〉×修験道のメッカ，○○山
　　　　×高校野球のメッカ，甲子園
メッセージ　message
メッセンジャー　messenger
メッテルニヒ　人　Metternich, Klemens（オーストリア）
メディチ（家）　人　Medici（伊）
メディナ　地　Medina（サウジアラビア，イスラムの聖地）
メデジン　地　Medellín（コロンビア）
メドベージェフ　人　Medvedev, Roy（ロ）
メニエール（症候群・病）　Ménière's disease
メニューヒン　人　Menuhin, Yehudi（米，バイオリニスト）
メモワール　mémoir（仏）
メリー　Mary（英，女子名）　×メアリー
メリーゴーラウンド　merry-go-round　×メリーゴーランド
メリー・スチュアート　人　Mary Stuart（スコットランド）
メルヘン　Märchen（独）
メルロポンティ　人　Merleau-Ponty, Maurice（仏）
メロディー　melody
メンテナンス　maintenance
メンドサ（州）　地　Mendoza（アルゼンチン）

モ

蒙古 → モンゴル

モーゼ　[人]　Mōšeh（古代エジプト）
モーツァルト　[人]　Mozart, Wolfgang Amadeus（オーストリア）
モーテル　motel
モーリシャス（共和国）　[地]　Mauritius
モーリタニア（・イスラム共和国）　[地]　Mauritania
モガディシオ　[地]　Mogadiscio（ソマリア，首都）
モザンビーク（共和国）　[地]　Moçambique
モジュール　module
モスクワ　[地]　Moskva（ロ，首都，英語名：モスコー）
モダン　modern
モチーフ　motif（仏）
モットー　motto
モディリアニ　[人]　Modigliani, Amedeo（伊，画家）
モナコ（公国）　[地]　Monaco
モノラルレコード　monaural record　×モノーラル
モノレール　monorail
モハーベ（砂漠）　[地]　Mojave（米）
モハメド　[人]　Mohammed（アラブ・イスラム系人名，「ムハンマド」とも）
モヘア　mohair
モヘンジョダロ　[地]　Mohenjo-Daro（パキスタン，遺跡）
モラール　morale（士気）
モラヴィア　[人]　Moravia, Alberto（伊）
モラバ（地方）　[地]　Morava（チェコ，英語名：モラビア）
モラル　moral（倫理，道徳）
モリアック　[人]　Mauriac, François（仏）
モルッカ海峡　[地]　Molucca（インドネシア）

■ モルテ〜ユーク

モルディブ(共和国) 地 Maldive
モルドバ(共和国) 地 Mordova
モロア 人 Maurois, André(仏)
モロッコ(王国) 地 Morocco
モンゴメリー 人 Montgomery, Lucy(カナダ,「赤毛のアン」の作者)
モンゴル(国) 地 Mongol
モンタン 人 Montand, Yves(仏)
モンテネグロ 地 Montenegro
モンテビデオ 地 Montevideo(ウルグアイ,首都)
モンテローザ(山) 地 Monte Rosa(スイス・伊)
モントゴメリー／モンゴメリー 人 Montgomery, Bernard Law(英)
モントリオール 地 Montreal(カナダ)
モンパルナス 地 Montparnasse(仏・パリ,セーヌ左岸地区)
モンロビア 地 Monrovia(リベリア,首都)

ヤ

ヤコプセン 人 Jacobsen, Jens(デンマーク)
ヤシ 地 Iaşi(ルーマニア) ×ヤーシ
ヤズド 人 Yazd(イラン)
ヤスナヤポリャーナ 地 Yasnaya Polyana(ロシア,トルストイの生地)
ヤスパース 人 Jaspers, Karl(独)
ヤルンカン(山) 地 Yalung kang(ネパール)
ヤングスタウン 地 Youngstown(米)
ヤンゴン 地 Yangon(ミャンマー,旧首都,旧称:ラングーン)

ユ

ユークリッド → エウクレイデス

ユーゴスラビア → セルビアおよびモンテネグロ
ユーフォー（UFO）（「ユーエフオー」とも）
ユーモア humor
ユエ → フエ
ユゴー 人 Hugo, Victor（仏）
ユジノサハリンスク 地 Yuzhno-Sakhalinsk（ロ・サハリン，旧日本名：「豊原」）
ユニーク unique
ユニセフ United Nations Children's Fund（略称：UNICEF，国連児童基金）
ユニバーシアード Universiade（国際学生スポーツ大会）
ユニホーム／ユニフォーム uniform
ユネスコ United Nations Educational, Scientific and Cultural Organization（略称：UNESCO，国連教育科学文化機関）
ユングフラウ（山） 地 Jungfrau（スイス） ×ユングフロー

ヨ

ヨーゼフ 人 Joseph（独，男子名）
ヨードホルム Jodoform
ヨガ／ヨーガ yoga（サンスクリット）
ヨハネスブルク 地 Johannesburg（南アフリカ）
ヨルダン（・ハシミテ王国） 地 Jordan（旧称：トランスヨルダン）

ラ

ライデン 地 Leiden（オランダ） ×レイデン
ライトバン light van（和製）
ライバル rival
ライプチヒ 地 Leipzig（独）
ライプニッツ 人 Leibniz, Gottfried（独）

■ ライン～リエー

ラインラント（地方） 地 Rheinland（独）
ラヴェル 人 Ravel, Maurice（仏，作曲家）
ラオス（人民民主共和国） 地 Laos
ラグーサ 地 Ragusa（伊・シチリア）
ラジウム radium（化学）
ラジエーター radiator
ラジカル radical
ラスベガス 地 Las Vegas（米）
ラックスマン 人 Laksman, Adam（北海道に来航のロシア使節）
ラッセル車・ロータリー車 Russel (snowplow), Rotary snowplow
ラティモア 人 Lattimore, Owen（米）
ラ・トゥール 人 La Tour, George de（仏）
ラトビア（共和国） 地 Latvia
ラパス 地 La Paz（ボリビア，首都）
ラファエロ 人 Raffaello, Santi [Sanzio]（伊，画家）
ラプラス 人 Laplace, Pierre（仏）
ラベンダー lavender
ラベンナ 地 Ravenna（伊）
ラボアジエ 人 Lavoisier, Antoine Laurent de（仏）
ラワルピンディ 地 Rawalpindi（パキスタン）
ランデブー rendez-vous（仏）
ランドフスカ 人 Landowska, Wanda（ポーランド，音楽家）
ランニング running

リ

リアス（海岸） rias
リアリズム realism ×リアリスム
リー・クアンユー 人 Lee Kuan Yew（シンガポール）
リーブルビル 地 Libreville（ガボン，首都）
リエージュ 地 Liege（ベルギー）

リエカ 地 Rijeka（クロアチア，伊語名：フィウメ）
リオデジャネイロ 地 Rio de Janeiro（ブラジル，略称：リオ）
リクエスト request
リタイア retire
リトアニア（共和国） 地 Lithuania（原語名：リトバ）
リノリウム linoleum（化学）
リバプール 地 Liverpool（英）
リビア 地 Libya
リビエラ 地 Riviera（フランス，地中海沿岸）
リヒテル 人 Rikhter, Svyatoslav（旧ソ連，ピアニスト）
リヒテンシュタイン（公国） 地 Liechtenstein
リヒャルト 人 Richard（独，男子名）
リビングストン 人 Livingstone, David（英）
リベリア（共和国） 地 Liberia
リポーター reporter ×レポーター
リポート／レポート report 放送関係は「リポート」，学校の提出物は「レポート」
リボルノ 地 Livorno（伊）
リモージュ 地 Limoges（仏）
リヤド 地 Riyadh（サウジアラビア，首都）
リューベク 地 Lübeck（独）
リューマチ rheumatism（医学，専門番組では「リウマチ」）
リュツォホルム（湾） 地 Lützow-Holm（南極大陸）
リュブリャナ 地 Ljubljana（スロベニア，首都）
リレハンメル 地 Lillehammer（ノルウェー）
リロングウェ 地 Lilongwe（マラウイ，首都）
リンガエン（湾） 地 Lingayen（フィリピン）

ル

ルアーブル 地 Le Havre（仏）

■ ルイシ〜レイン

ルイジアナ（州） Louisiana（米）
ルーアン 地 Rouen（仏）
ルージ → ウーチ
ルーズベルト 人 Roosevelt, Franklin（米,「ローズベルト」とも）
ルーズリーフ loose-leaf ×ルースリーフ
ルーチン／ルーティン／ルーティーン routine
ルートヴィヒ 人 Ludwig（独, 人名）
ルーマニア 地 Romania, Rumania
ルールド 地 Lourdes（仏）
ルクス lux（ラテン語から, 照度の単位）
ルクセンブルク（大公国） 地 Luxemburg
ル・コルビュジエ 人 Le Corbusier（仏）
ルサカ 地 Lusaka（ザンビア, 首都）
ルター 人 Luther, Martin（独, ただし「ルーテル派教会」）
ルックス looks（顔, 容貌）
ルネサンス Renaissance ×ルネッサンス
ルノアール 人 Renoir, Pierre Auguste（仏, 画家）
ルビンシュタイン 人 Rubinstein, Artur（米, ピアニスト）
ルポルタージュ reportage（仏）
ルワンダ（共和国） 地 Rwanda

レ

レイ lei（ハワイ）
レイアウト layout
レイオフ layoff
レイキャビク 地 Reykjavík（アイスランド, 首都）
レイテ（島） 地 Leyte（フィリピン）
レイデン → ライデン
レインコート raincoat

レヴィストロース 人 Lévi-Strauss, Claude（仏）
レークプラシッド 地 Lake Placid（米）
レート rate
レーモン 人 Raymond（仏・人名）
レオナルド・ダビンチ 人 Leonardo da Vinci（伊，芸術家）
レクイエム requiem（ラテン，鎮魂曲）
レクリエーション recreation
レゲエ reggae（音楽，元は西インド諸島のことば）
レシーバー receiver
レシーブ receive
レジオンドヌール Légion d'honneur（フランスの勲章名）
レシピ recipe
レシピエント recipient（放送では言いかえるか説明を付ける）
レシフェ 地 Recife（ブラジル，旧称：ベルナンブコ）
レジュメ régumé（仏）
レセプション reception
レソト（王国） 地 Lesotho（旧称：バストランド）
レディー lady
レディーメード ready-made
レニエ3世（国王） 人 Rainier Ⅲ（モナコ）
レニングラード → サンクトペテルブルク
レバノン（共和国） 地 Lebanon
レビュー revue（仏）
レフェリー referee ×レフリー
レベル level
レポート／リポート report 学校の提出物は「レポート」，放送関係は「リポート」
レユニオン（島） 地 Réunion（インド洋）
レンジャー ranger（レインジャーとも）

■ロイヤ〜ロンハ

ロ

ロイヤリティー royalty
ローギア／ローギヤ low gear
ローザ・ルクセンブルク 人 Rosa Luxemburg（独）
ローザンヌ 地 Lausanne（スイス）
ローデシア → ジンバブエ
ロープウエー ropeway
ローレンス 人 Lawrence, D.H.（英，小説家）
ローン loan
ログ log 〜キャビン 〜ハウス
ロサンゼルス 地 Los Angeles（米）
ロシア（連邦） 地 Russia（放送では「ロシア共和国」とも）
ロスキル 地 Roskilde（デンマーク）
ロストー 人 Rostow, Walt Whitman（米）
ロッシーニ 人 Rossini, Gioacchino（伊，作曲家）
ロビイスト lobbyist
ロマノフ 人 Romanov（ロ，人名）
ロマンス romance
ロマンチシズム romanticism
ロマンチック romantic ×ロマンティック
ロマン・ロラン 人 Romain Rolland（仏，作家）
ロレーヌ（地方） 地 Lorraine（仏，独語名：ロートリゲン）
ロレンソマルケス → マプト
ロン・ノル 人 Lon Nol（カンボジア）
ロンパース rompers（オーバーオールとも）
ロンバルディア（州・平原） 地 Lombardia（伊）

ワ

ワーカホリック　workaholic
ワーグナー　　[人]　Wagner, Richard（独，作曲家）
ワーズワース　[人]　Wordsworth, William（英，詩人）
ワーテルロー　[地]　Waterloo（ベルギー）
ワードプロセッサー　word processor（略して「ワープロ」）
ワイシャツ　white shirt
ワイマール　[地]　Weimar（独）
ワイヤー／ワイヤ　wire
ワイヤレスマイク　wireless microphone
ワガドゥグ　[地]　Ouagadougou（ブルキナファソ，首都）
ワトー　[人]　Watteau, Jean Antoine（仏，画家）
ワリスフュチュナ（**諸島**）　[地]　Wallis et Futuna（仏海外領土，太平洋）
ワルシャワ　[地]　Warszawa（ポーランド，首都）
ワンダーフォーゲル　Wandervogel

ン

ンジャメナ　[地]　N'Djamena（チャド，首都）

第4章 外国語略語集

1. 放送で使用する略語を太字で示し，ＡＢＣ順に配列した。
2. それぞれの略語に，日本語訳または説明と原語を示した。
3. 略語の読みは，原則としてアルファベットを1字ずつ読むが，1語として読む慣用のある略語は，〔　〕内にカタカナで読みを示した。
(注) 放送，特にアナウンスで，略語を使う場合には，その略語が一般の人々にどの程度知られているか，その番組の視聴者が，主としてどのような人々であるかなどの点を考え，それぞれの場合に応じて，次のような配慮をする必要がある。
　　① 略称が一般に定着している場合を除き，なるべく日本語訳を使う。
　　② 略語を使う場合にも，できるだけ最初の1回は，日本語訳を付ける。

外国語略語集

AAM 空対空ミサイル　Air to Air Missile
ABCC （日米）原爆傷害調査委員会　Atomic Bomb Casualty Commission
ABM 弾道弾迎撃ミサイル　Anti Ballistic Missile
ABU アジア太平洋放送連合　Asia-Pacific Broadcasting Union
ADESS〔アデス〕　気象資料自動編集中継装置　Automated Data Editing and Switching System
ADHD 注意欠陥多動性障害　Attention Deficit Hyperactivity Disorder
ADR アメリカ（の）預託証券　American Depositary Receipt
ADSL 非対称デジタル加入者回線　Asymmetric Digital Subscriber Line
AFC アジア・サッカー連盟　Asian Football Confederation
AFL-CIO アメリカ労働総同盟・産別会議　American Federation of Labor-Congress of Industrial Organizations
AFN アメリカ軍放送網（旧FEN〈Far East Network〉）　American Forces Network
AI 人工知能　artificial intelligence
AI アムネスティ・インターナショナル　Amnesty International
AID アメリカ国際開発局　Agency for International Development
AIDS〔エイズ〕　後天性免疫不全症候群　acquired immunodeficiency syndrome
ALS 筋萎縮性側索硬化症　amyotrophic lateral sclerosis
AM・PM 放送の時刻表示は，原則として「午前」「午後」とする。AMやPMはなるべく使わない。用語集参照。
ante meridiem, post meridiem
AMeDAS〔アメダス〕　地域気象観測システム
Automated Meteorological Data Acquisition System
AMM ミサイル迎撃ミサイル　Anti-Missile Missile
ANC アフリカ民族会議　African National Congress

■外国語略語集

ANZUS〔アンザス〕 アンザス条約　Australia, New Zealand and the United States

APEC〔エイペック〕 アジア太平洋経済協力会議（発足当初は「アジア太平洋経済協力閣僚会議」）。APECの読みは〔エイペック〕，画面表記は「APEC」。OPEC（石油輸出国機構），ASEAN（東南アジア諸国連合），NATO（北大西洋条約機構）などと同様コメントでは，「APEC，アジア太平洋経済協力会議」のように，最初に1度は訳語を付けて伝える。Asia-Pacific Economic Cooperation

ASAT〔エーサット〕 （実用）衛星攻撃兵器　Anti-Satellite (weapons)

ASEAN〔アセアン〕 東南アジア諸国連合　Association of South East Asian Nations

ASPAC〔アスパック〕 アジア・太平洋閣僚会議と1度は言う。The Ministerial Meeting of the Asian & Pacific Council

ATC　自動列車制御装置　automatic train control

ATL　成人T細胞白血病　adult t-cell leukemia

ATO　自動列車運転装置　automatic train operation

ATS　自動列車停止装置　automatic train stop

AV機器　オーディオ・ビジュアル機器　audio-visual

BADGE〔バッジ〕 基地防空地上警戒管制組織　Base Air Defense Ground Environment

BBS　電子掲示板　bulletin board system

BIE　博覧会国際事務局　Bureau International des Expositions

BIS　国際決済銀行　Bank for International Settlements

BOD　生物化学的酸素要求量　biochemical oxygen demand

BS　放送衛星　broadcasting satellite

BSE　牛海綿状脳症（放送ではBSEを使う）×狂牛病　Bovine Spongiform Encephalopathy

外国語略語集

CAD〔キャド〕 コンピューター利用設計システム Computer Aided Design

CATV 有線放送 cable television, 共同視聴アンテナテレビ community antenna television

CCD 電荷結合素子 Charge Coupled Device

CD ジュネーブ軍縮会議 Geneva Conference on Disarmament

CD コンパクトディスク compact disc

CD 譲渡性定期預金証書 Negotiable Certificate of Deposit

CD 現金自動支払機 cash dispenser

CD-R 書き込み可能なCD Compact Disc-Recordable

CD-ROM CD利用の読み出し専用メモリー compact disc-rom

CD-RW （繰り返し）書き換え可能なCD compact disc-rewritable

CDU キリスト教民主同盟（ドイツ） Christlich Demokratische Union

CEO 最高経営責任者 chief executive officer

CERN〔セルン〕 欧州合同原子核研究所 Conseil Européen pour la Recherche Nucleaire（現・Laboratoire Européen pour la Physique des Particulesだがセルンを使う）

CFE ヨーロッパ通常兵力（交渉）（negotiation on）Conventional Armed Forces in Europe

CFO 最高財務責任者 chief financial officer

CFRP 炭素繊維強化プラスチック carbon fiber reinforced plastics

CG コンピューターグラフィックス computer graphics

CI 企業イメージ確立戦略 corporate identity

CI 国際消費者機構 Consumers International

CIA アメリカ中央情報局 Central Intelligence Agency

CIS 独立国家共同体 Commonwealth of Independent States

CISC 複雑命令セットコンピューター Complex Instruction Set Computer

■外国語略語集

CJD クロイツフェルト・ヤコブ病　Creutzfeldt-Jakob disease

CMOS〔シーモス〕 改良型半導体の一種　Complementary Metal Oxide Semiconductor

CNN CNNテレビ（アメリカ）　Cable News Network

COCOM〔ココム〕 対共産圏輸出統制委員会（94年3月末役割を終え解散。94年10月代わって「貿易管理機構」が発足）　Coordinating Committee for Export Control to Communist Area

COD 化学的酸素要求量　chemical oxygen demand

COMSAT〔コムサット〕 通信衛星会社（アメリカ）　Communications Satellite Corporation

COO 最高執行責任者　chief operating officer

CPU 中央演算処理装置　central processing unit

CS 通信衛星　communications satellite

CSCE 全欧安保（全ヨーロッパ安全保障）協力会議　Conference on Security and Cooperation in Europe

CT コンピューター断層撮影（装置）　computed tomography

CTBT 包括的核実験禁止条約　Comprehensive (nuclear) Test Ban Treaty

CTC 列車集中制御装置　centralized train control

DAC〔ダック〕 OECDの開発援助委員会　Development Assistance Committee

DDX デジタルデータ交換網　Digital Data Exchange

DHA ドコサヘキサエン酸　docosahexaenoic acid

DNA デオキシリボ核酸　deoxyribose nucleic acid

DRAM〔ディー・ラム〕 随時書き込み読み出し記憶装置　dynamic random access memory

DVD デジタル多用途ディスク　digital versatile disc

E.T. 異星人（生物）　extra-terrestrial

EBU ヨーロッパ放送連合　European Broadcasting Union

外国語略語集

ECCS 緊急炉心冷却装置
Emergency Core Cooling System
ECSC ヨーロッパ石炭鉄鋼共同体　European Coal and Steel Community
EES 欧州経済領域　European Economic Space
EFT 電子資金取引　Electronic Funds Transfer
EFTA〔エフタ〕ヨーロッパ自由貿易連合　European Free Trade Association
EMS ヨーロッパ通貨制度　European Monetary System
EMU 経済通貨同盟　Economic and Monetary Union
EPA アメリカ環境保護局　Environmental Protection Agency
ESA〔イーサ〕ヨーロッパ宇宙機関　European Space Agency
ESCAP〔エスカップ〕アジア太平洋経済社会委員会　Economic and Social Commission for Asia and the Pacific
ESCB ヨーロッパ中央銀行制度　European System of Central Banks
EU ヨーロッパ連合　European Union
EURATOM〔ユーラトム〕ヨーロッパ原子力共同体　European Atomic Energy Community
Euro〔ユーロ〕ヨーロッパ通貨単位
EUROVISION〔ユーロビジョン〕ヨーロッパテレビ放送連盟
European Television League
F1〔エフワン〕フォーミュラワン　Formula 1
FA フリーエージェント　free agent
FAO 国連食糧農業機関
Food and Agriculture Organization
FAQ よくある質問　frequently answer and question
FBI アメリカ連邦捜査局　Federal Bureau of Investigation
FBR 高速増殖炉　Fast Breeder Reactor
FD フロッピーディスク　floppy disc

■ 外国語略語集

FDA アメリカ食品医薬品局　Food and Drug Administration

FEMA 連邦緊急事態管理局（アメリカ）　Federal Emergency Management Agency

FIA 国際自動車連盟　Fédération Internationale de L'Automobile

FIFA 〔フィファ・フィーファ〕　国際サッカー連盟　Fédération Internationale de Football Association

FLOPS 〔フロップス〕　1秒間に浮動小数点計算を何回実行するかの単位　Floating Point Operations Per Second

FRB アメリカ連邦準備銀行／アメリカ連邦準備制度理事会　Federal Reserve Bank／Federal Reserve Board

FRP 繊維強化プラスチック　Fiber Reinforced Plastics

FSX 次期支援戦闘機　Fighter Support X

FTC アメリカ連邦取引委員会　Federal Trade Commission

G10 〔ジーテン〕　10か国蔵相・中央銀行総裁会議　Group of Ten

G5 〔ジーファイブ〕　5か国蔵相・中央銀行総裁会議　Group of Five

G7（G8） 〔ジーセブン・エイト〕　先進7（8）か国（財務相・中央銀行総裁会議）　Group of Seven（Eight）

GAB （IMFの）一時借り入れ取り決め　General Arrangement to Borrow

GATT 〔ガット〕　関税と貿易に関する一般協定（1995年，WTO世界貿易機関に移行）　General Agreement on Tariffs and Trade

GCC 湾岸協力会議　Gulf Cooperation Council

GCOS 全地球気候観測システム　Global Climate Observing System

GDP 国内総生産　gross domestic product

GNP 国民総生産　gross national product

GPS 衛星利用測位システム（全地球無線測位システム）　Global Positioning System

HD ハードディスク　hard disc

外国語略語集

HDTV ☞用語集「ハイビジョン・HDTV・高精細度テレビ」 High Definition Television

HSST 常電導磁気浮上式リニアモーターカー High Speed Surface Transport

HST 極超音速旅客機 hypersonic transport

IAAF 国際陸上競技連盟 International Amateur Athletic Federation, International Association of Athletics Federations

IAEA 国際原子力機関 International Atomic Energy Agency

IATA〔アイエーティーエー(イアタとも)〕 国際航空運送協会 International Air Transport Association

IBRD 国際復興開発銀行(世界銀行) International Bank for Reconstruction and Development

IC 集積回路 integrated circuit

ICAO〔アイシーエーオー(イカオとも)〕 国際民間航空機関 International Civil Aviation Organization

ICBM 大陸間弾道弾 Intercontinental Ballistic Missile

ICC 国際商業会議所 International Chamber of Commerce

ICPO 国際刑事警察機構 International Criminal Police Organization

ICU 集中治療室 intensive care unit

IDA 国際開発協会(第二世銀) International Development Association

IEA 国際エネルギー機関 International Energy Agency

IF インターフェロン interferon

IF 国際競技連盟 International Sports Federation

IFC 国際金融公社 International Finance Corporation

ILO 国際労働機関 International Labour Organization

IMF 国際通貨基金 International Monetary Fund

■外国語略語集

IMO 国際海事機関　International Maritime Organization
INF 中距離核兵器（戦力）　intermediate-range nuclear forces
INMARSAT〔インマルサット〕　国際海事衛星機構　International Marine Satellite Organization
INS 慣性航法装置／高度情報通信システム　inertial navigation system／Information Network System
INTELSAT〔インテルサット〕　国際電気通信衛星機構　International Telecommunications Satellite Organization
IOC 国際オリンピック委員会　International Olympic Committee
IPC 国際パラリンピック委員会　International Paralympic Committee
IQ 知能指数／輸入割り当て
intelligence quotient／import quota
IRA アイルランド共和軍　Irish Republican Army
IRBM 中距離弾道弾　Intermediate Range Ballistic Missile
ISDN 総合デジタル通信網　Integrated Service(s) Digital Network
ISO 国際標準化機構　○アイ・エス・オー　×アイソ　×イソ
International Organization for Standardization
IT 情報通信技術　information technology
ITC アメリカ国際貿易委員会　(US) International Trade Commission
ITU 国際電気通信連合
International Telecommunications Union
IUCN 国際自然保護連合　International Union for Conservation of Nature and Natural Resources
IWC 国際捕鯨委員会　International Whaling Commission
JAF〔ジャフ〕　日本自動車連盟　Japan Automobile Federation
JAS〔ジャス〕　日本農林規格　Japanese Agricultural Standard

外国語略語集

JASRAC〔ジャスラック〕 日本音楽著作権協会　Japanese Society for Rights of Authors, Composers and Publishers

JC　日本青年会議所　Japan Junior Chamber Inc.

JETRO〔ジェトロ〕 日本貿易振興機構　Japan External Trade Organization

JFL　日本フットボールリーグ　Japan Football League

JICA〔ジャイカ〕 （独立行政法人）国際協力機構　Japan International　Cooperation Agency

JIS〔ジス〕 日本工業規格　Japan Industrial Standard

JOC　日本オリンピック委員会　Japan Olympic Committee

JPC　日本パラリンピック委員会　Japan Paralympic Committee

JR　日本鉄道旅客会社　Japan Railways Company

JRA　日本中央競馬会　Japan Racing Association

JT　日本たばこ産業　Japan Tobacco Inc.

K2〔ケーツー〕 パキスタン・中国，中国名：チョゴリ峰

KEDO〔ケドー〕 朝鮮半島エネルギー開発機構　Korean Peninsula Energy Development Organization

KGB　（旧）ソビエト国家保安委員会　Komitet Gasudarstvennoi Bezopasnosti

KKK〔クー・クラックス・クラン〕 白人優先主義のアメリカ秘密結社　Ku Klux Klan

LAN〔ラン〕 構内情報通信網　local area network

Landsat〔ランドサット〕 地球資源探査衛星　land satellite

laser〔レーザー〕 光増幅発進装置　light amplification by stimulated emission of radiation

LBO　買収先の資産を元手に買収資金を借りて買収すること　leveraged buy out

LCD　液晶表示装置　liquid crystal display

LD　学習障害　learning disabilities

LED　発光ダイオード　light emitting diode

■外国語略語集

LLDC 後発発展(開発)途上国 least less-developed countries
LMG 液化メタンガス liquefied methane gas
LNG 液化天然ガス liquefied natural gas
LOCA〔ロカ〕 冷却材喪失事故(原子炉) Loss of Coolant Accident
LORAN〔ロラン〕 長距離航法(装置) Long-Range Navigation
LPG 液化石油ガス liquefied petroleum gas
LSD 幻覚症状を起こす麻薬の一種 lysergic acid diethylamide
LSI 大規模集積回路 large-scale integration
LST 戦車揚陸船,上陸用舟艇 landing ship for tanks
M&A 企業の合併と買収 merger and acquisition
MaRV〔マーブ〕 可変軌道核弾頭ミサイル(機動式弾頭) Maneuverable Re-entry Vehicle
MD ミサイル防衛 Missile Defense
MD ミニディスク mini disc
ME マイクロエレクトロニクス micro electronics
ME 医用電子機器 medical electronics equipment
MIA 戦闘中の行方不明兵士 missing in action
MIRV〔マーブ〕 多目標誘導多弾頭(複数目標弾頭) multiple independently-targeted reentry vehicle
MMC 市場金利連動型預金 Money Market Certificate
MO 光磁気ディスク magneto-optical disk
MOSS協議〔モス〕 (日米)市場分野別個別協議 Market Oriented Sector Selective (talks)
MOX燃料〔モックス〕 混合酸化物燃料 mixed oxide fuel
MRBM 中距離弾道弾 Medium Range Ballistic Missile
MRI 磁気共鳴画像装置 magnetic resonance imaging
MRSA(菌) メチシリン耐性黄色ブドウ球菌,用語集参照 methicillin-resistant staphylococcus aureus
MVP 最優秀選手 most valuable player

外国語略語集

NASA〔ナサ〕 アメリカ航空宇宙局 National Aeronautics and Space Administration

NASDAQ〔ナスダック〕 アメリカ店頭市場ナスダック総合指数, ナスダックジャパンはヘラクレス市場に改称 National Association of Securities Dealer's Automated Quotations

NATO〔ナトー〕 北大西洋条約機構 North Atlantic Treaty Organization

NC 数値制御 numerical control

NGO 非政府組織(機関) または 民間自発団体 Non Governmental Organization

NIEO 新国際経済秩序 New International Economic Order

NIES〔ニーズ〕 (アジアの)新興工業経済地域 Newly Industrializing Economies

NIH 国立衛生研究所(アメリカ) National Institutes of Health

NLP 夜間離着陸訓練 night landing practice

NOAA〔ノア〕 海洋大気局(アメリカ) National Oceanic and Atmospheric Administration

NOC 国内オリンピック委員会 National Olympic Committee

NORAD〔ノラド(ノーラッド)〕 北米航空宇宙防衛司令部 North American Aerospace Defense Command

NOx〔ノックス〕 窒素酸化物 nitrogen oxides

NPO 民間非営利団体 Non-profit Organization

NPT 核拡散防止条約 Treaty on the Non Proliferation of Nuclear Weapons

NRA 全米ライフル協会 National Rifle Association

NRC アメリカ原子力規制委員会 Nuclear Regulatory Commission

NRF〔エヌ・エル・エフ〕 フランスの新聞の名称

NSC アメリカ国家安全保障会議 National Security Council

NTB 非関税障壁 Non Tariff Barrier

■外国語略語集

NTT 日本電信電話　Nippon Telegraph and Telephone corporation
OA オフィスオートメーション　office automation
OAPEC〔オアペック〕アラブ石油輸出国機構　Organization of Arab Petroleum Exporting Countries
OAS 米州機構　Organization of American States
OAU アフリカ統一機構　Organization of African Unity
OCR 光学式文字読み取り装置　optical character reader
ODA 政府開発援助　Official Development Assistance
OECD 経済協力開発機構　Organization for Economic Cooperation and Development
OIC イスラム諸国機構　Organization of Islamic Countries
OOC オリンピック組織委員会　Olympic Organizing Committee
OPEC〔オペック〕石油輸出国機構　Organization of Petroleum Exporting Countries
OS 基本ソフト　operating system
PBX 構内交換機　(digital) private branch exchange
PCB ポリ塩化ビフェニル　polychlorinated biphenyl
PCM パルス符号変調　Pulse Code Modulation
PDA 携帯情報端末　personal digital assistant
PEN 国際ペンクラブ　International Association of Poets, Playwrights, Editors, Essayists, and Novelists
PER 株価収益率　price earning ratio
PFLP パレスチナ解放人民戦線　Popular Front for the Liberation of Palestine
PGA アメリカプロゴルフ協会　Professional Golfer's Association (of America)
pH〔ピーエイチ〕用語集参照　power H（水素の原子記号）
PKF 国連（の）平和維持軍　peace keeping forces

外国語略語集

PKO 国連（の）平和維持活動
peace keeping operations of the UN

PL（法） 製造物責任（法） product liability

PLO パレスチナ解放機構 Palestine Liberation Organization

POS〔ポスとも〕 販売時点情報管理 point of sales

POW 戦争捕虜 prisoner of war

ppm 100万分の1 parts per million

PRTR 環境汚染物質排出・移動登録制度 Pollutant Release and Transfer Register

PTSD 心的外傷後ストレス障害
post traumatic stress disorder

QC 品質管理 quality control

R&D 研究開発 research and development

RAM〔ラム〕 随時書き込み可能なメモリー random access memory

RDF 緊急展開部隊 rapid deployment forces

RDF ゴミを固めて作った固形燃料（固形化燃料） refuse derived fuel

RISC 縮小命令セットコンピューター reduced instruction set computer

ROE 部隊行動基準・交戦規定 rules of engagement

ROE 株主資本利益率 return on equity

ROM〔ロム〕 読み出し専用メモリー read only memory

RV 多目的レジャー車 recreational vehicle

S&L アメリカ貯蓄貸付組合 Savings and Loan Association

SAARC 南アジア地域協力連合 South Asian Association for Regional Cooperation

SALT〔ソルト〕 戦略兵器制限交渉 Strategic Arms Limitation Talks

■外国語略語集

SARS 新型のウイルス性肺炎（重症急性呼吸器症候群）
severe acute respiratory syndrome
SAS 特殊空てい部隊（英国），Special Air Service，スカンジナビア航空 Scandinavian Airlines
SDI アメリカの戦略防衛構想 strategic defense initiative
SDR （IMFの）特別引き出し権 Special Drawing Rights
SE システムエンジニア systems engineer
SEATO〔シアトー〕東南アジア条約機構
Southeast Asia Treaty Organization
SEC アメリカ証券取引委員会
Securities and Exchange Commission
SHF 極超短波 Super High Frequency
SII 日米構造協議 Structural Impediments Initiative
SIPRI〔シプリ〕ストックホルム国際平和研究所
Stockholm International Peace Research Institute
SLBM 潜水艦発射ミサイル
Submarine Launched Ballistic Missile
SMON〔スモン〕亜急性脊髄視神経障害 subacute myelo-optico-neuropathy
SNC （カンボジア）最高国民評議会 Supreme National Council
SNF 短距離核兵器（戦力） short-range nuclear force
SNG 衛星利用のニュース取材 satellite news gathering
SOHO〔ソーホー〕コンピューター利用の在宅勤務形態 small office home office
SRAM〔エス・ラム〕記憶保持動作が不要な随時書き込み読み出しメモリー static random access memory
SRAM 短距離攻撃ミサイル Short-Range Attack Missile
SSBN 弾道ミサイル搭載原子力潜水艦 Ship Submersible Ballistic Nuclear
SST 超音速旅客機 supersonic transport

外国語略語集

START〔スタート〕 戦略兵器削減交渉 START Ⅰは〔スタート・ワン〕, Ⅱは〔ツー〕と読む Strategic Arms Reduction Talks

STOL〔ストール(エストール)〕 短距離離着陸機 Short Takeoff and Landing Plane

SUV スポーツタイプ多目的車 sport utility vehicle

TFT 薄膜トランジスター thin film transistor

TGV〔ティー・ジー・ブイ〕 フランスの高速列車

THAAD〔サード〕 戦域高高度(ミサイル)防衛 Theater High Altitude Area Defense

TMD 戦域ミサイル防衛 Theater Missile Defense

TNT 高性能火薬 trinitro-toluene

TOB (株式の)公開買い付け制度 take-over bid

TOPIX〔トピックス〕 東証株価指数 Tokyo Stock Price Index

UFO〔ユーフォー・ユーエフオー〕 未確認飛行物体 unidentified flying object

UHF 極超短波 ultra high frequency

UNCTAD〔アンクタッド〕 国連貿易開発会議 United Nations Conference on Trade and Development

UNDOF 国連兵力引き離し監視軍 United Nations Disengagement Observer Force

UNESCO〔ユネスコ〕 表記はカタカナ。必要に応じ,訳語「国際連合教育科学文化機関」を添える。United Nations Educational, Scientific and Cultural Organization

UNHCR 国連難民高等弁務官事務所 Office of the United Nations High Commissioner for Refugees

UNICEF〔ユニセフ〕表記はカタカナ。 国連児童基金 United Nations Children's Fund

UNIDO〔ユニード〕 国連工業開発機関 United Nations Industrial Development Organization

■外国語略語集

UNRWA　国連パレスチナ難民救済事業機関　United Nations Relief and Works Agency for Palestine Refugees in the Near East

UNTAC〔アンタック〕　国連カンボジア暫定統治機構
UN Transitional Authority in Cambodia

UPU　万国郵便連合　Universal Postal Union

USIS　アメリカ文化情報局　United States Information Service

USTR　アメリカ通商代表部
United States Trade Representative

UV　紫外線　ultraviolet radiation

VAN〔バン〕　付加価値通信網　value-added network

VHF　超短波　very high frequency

VLBI　超長基線電波干渉計　Very Long Baseline Interferometer

VOA　"アメリカの声"放送　Voice of America

VTOL〔ブイトール（ビトール）〕　垂直離着陸機
Vertical Takeoff and Landing Aircraft

WASP〔ワスプ〕　白人でアングロサクソン系でプロテスタントのアメリカ人　white anglo-saxon protestant

WBA　世界ボクシング協会　World Boxing Association

WBC　世界ボクシング評議会　World Boxing Council

WECPNL

(1) 一般にはわかりにくいので，放送では原則として，「WECPNL，（航空機の）環境騒音基準（量）」，「（航空機の）環境騒音基準（量），WECPNL」などと言い添えをして使う。

(2) また，場合に応じて，短い解説を添えて用いる。
〈例〉WECPNL，（航空機の）騒音が人間にうるさく感じられる量を示す単位で，（瞬間の音だけでなく）1日の総騒音量などを問題とするものですが……。

Weighted Equivalent Continuous Perceived Noise Level

WEU　西欧同盟　Western European Union

WFP　世界食糧計画（国連）　World Food Programme

外国語略語集

WHO 世界保健機関　World Health Organization
WIPO 世界知的所有権機関
　　World Intellectual Property Organization
WMO 世界気象機関　World Meteorological Organization
WTO 世界貿易機関　World Trade Organization
WWF 世界自然保護基金　World Wide Fund for Nature
YMCA キリスト教青年会　Young Men's Christian Association
YWCA キリスト教女子青年会
　　Young Women's Christian Association

第5章 数字の発音

Ⅰ.数字の発音の基準
Ⅱ.数字単独の場合の発音
Ⅲ.数字に名詞(助数詞や単位)が付く場合の発音
Ⅳ.数字の発音・用例集

数字の発音

Ⅰ.数字の発音の基準

1. 現代の日常会話で普通に使われている発音を尊重し,2通りの発音がある場合には,なるべく2通りの発音を認める。

    〈例〉14…ジューヨン（ジューシ）

    2試合…ニシアイ（フタシアイ）

2. ニュースなどのように,特に正確な情報伝達を目的とした番組では,原則として聞きとりやすい発音を使う。

    〈例〉14…ジューヨン

    7億…ナナオク

3. 数字は原則として日本語読みにする。慣用の強いものを除いて,英語読みは使わない。

    〈例〉1ケース…イチケース（ワンケースは使わない）

Ⅱ.数字単独の場合の発音

1. 一般の数字

(1) 整数

基準となる発音

数字	0	1	2	3	4	5	6	7	8	9	10
発音	レイ	イチ	ニ	サン	ヨン(シ)	ゴ	ロク	ナナ(シチ)	ハチ	キュー(ク)	ジュー

（注1）〔ヨン（シ）〕は原則として〔ヨン〕と発音するが,〔シ〕と発音してもよいことを示す。

「0」は「無い」ということを強調する場合,および固有の読みが決まっている場合は〔ゼロ〕と言ってもよい。

〈例〉ゼロ歳児,死亡者ゼロの日,ゼロシーリング

（注2）数字を続けて発音する場合は,〔ニー〕〔シー〕〔ゴー〕〔クー〕と言っても差し支えない。

〈例〉〔イチ,ニー,サン,シー……〕

■ 数字の発音

(2) 小数

各数字の発音は,「基準となる発音」に従う。

ただし,「10」は〔ジッ〕あるいは〔ジュッ〕と発音する。また,「2」と「5」は〔ニー〕〔ゴー〕と伸ばして発音してもよい。

〈例〉1.5〔イチ・テン・ゴ〕
　　　2.7〔ニー・テン・ナナ〕
　　　3.56〔サン・テン・ゴーロク〕
　　　10.5〔ジッテン・ゴ〕〔ジュッテン・ゴ〕

(3) 分数

各数字の発音は,「基準となる発音」に従う。

〈例〉$\frac{2}{3}$〔サンブン・ノ・ニ〕
　　　$2\frac{3}{4}$〔ニ・ト・ヨンブン・ノ・サン〕

(4) 概数

各数字の発音は,「基準となる発音」に従う。ただし,「4」「7」「9」は〔シ〕〔シチ〕〔ク〕と発音する。

〈例〉3〜4　〔サンシ〕
　　　16〜7　〔ジューロクシチ〕
　　　80〜90〔ハックジュー〕

2. 特別な数字

(1) 電話番号

数字は1字ずつ読む。

〈例〉(03) 3501 – 0083
　　　〔レイサン・ノ・サンゴーレイイチ(局)・ノ・レイレイハチサン(番)〕

数字の発音

(2) 郵便番号
数字は1字ずつ読む。
〈例〉〒346-0016〔サンヨンロク・ノ・レイレイイチロク〕

(3) 自動車の登録番号
数字は1字ずつ読む。
〈例〉「品川55-な5012」
〔品川ゴーゴー・ノ・な(ノ)ゴーレイイチニー(番)〕

(4) 航空機の機種
1. 数字の部分は日本語読みにする(英語読みなどは採らない)。
2. 数字は原則として全体を一つの数字として読む。

〈例〉H2ロケット〔エイチ・ニ〕　×　〔エイチ・ツー〕
(注) ただし,ボーイング社の「7××シリーズ」の「7××」の部分は,例外として,数字を1つずつ読む。
〈例〉ボーイング747-400〔ボーイング・ナナヨンナナ・ノ・ヨンヒャク〕(p.75参照)

(5) 原子番号・原子量
数字は全体を一つの数字として読む。
〈例〉カリウム…原子番号19〔ジューキュー,ジューク〕
　　　　　　　原子量39.1〔サンジューキュー・テン・イチ〕

(6) 同位元素の質量数
数字は原則として全体を一つの数字として読む。
〈例〉キュリウム242〔ニヒャクヨンジューニ〕
　　　プルトニウム239〔ニヒャクサンジューキュー〕または
　　　　　　　　〔～サンジューク〕
(注) 国際放送の日本語ニュースの場合,1字ずつ読む習慣がある地域の場合は,〔キュリウム242〕などを〔ニーヨンニ〕というように読んでもよい。

■ 数字の発音

(7) ビタミンの番号

数字は全体を一つの数字として読む。

原則として日本語で読むが,慣用のあるものについては,英語読みをしてもよい。

〈例〉ビタミン B_6〔ビー・ロク〕
　　　〃　　　B_{12}〔 〃 ・ジューニ〕
　　　〃　　　B_1〔 〃 ・ワン〕
　　　〃　　　B_2〔 〃 ・ツー〕
　　　〃　　　D_3〔ディー・スリー〕

(8) 分子式

原子の数を示す数字は,原則として日本語で読むが,慣用のあるものについては,英語読みをしてもよい。

〈例〉C_6H_6（ベンゼン）〔シー・ロク・エイチ・ロク〕
　　　CO_2（二酸化炭素）〔シー・オー・ツー〕
　　　NH_3（アンモニア）〔エヌ・エイチ・スリー〕

(9) 開票速報

数字は次のように言う。

〈例〉20025〔ニマン・ニジューゴ〕（速報）
（注）〔フタマン・トンデ〜〕とは言わない。

(10) 株式市況

数字を確実に伝えるために次のように言う。

〈例〉20024円〔フタマン・マル・フタジューヨンエン〕（実況）
　　　　　　〔ニマン・マル・ニジューヨンエン〕（概況,まとめ）
（注）「00」を〔…マル・マル〕とは言わない。

Ⅲ. 数字に名詞(助数詞や単位)が付く場合の発音

1. 漢語名詞が付く場合

〈例〉2回　5周年　7階

数字	0	1	2	3	4	5	6	7	8	9	10
発音	レイ	イチ(ヒト)	ニ(フタ)	サン	ヨン(ヨ,シ)	ゴ	ロク	ナナ(シチ)	ハチ	キュー(ク)	ジュー

(注1)（　）内の発音は，古くからの慣用の強いものである。個々のことばにおける放送での使い方については「用例集」(p.338)を参照。

(注2)「1」「6」「8」「10」は後に付く名詞によって,「つまる音（促音）」になる場合がある。放送での基準は下の表のとおり。ただし，語によって慣用が異なるので，詳しくは「用例集」(p.338)を参照。

漢語名詞 (例)		数字（発音） 1〔イッ〕	6〔ロッ〕	8〔ハッ〕	10〔ジュッ〕
カ行の漢語名詞	回　機 階級　区間	漢字1字○ 2字以上△	○	△	○
サ行の漢語名詞	歳　周 車線　世帯	漢字1字○ 2字以上△	ー	○	○
タ行の漢語名詞	点　頭 地区　店舗	漢字1字○ 2字以上△	ー	○	○
ハ行の漢語名詞	分　発	○	△	△	○

○ … つまる音（促音）を使うもの
△ … 原則としてつまる音を使わないが,場合によっては使ってもよいもの
ー … つまる音にならないもの

■ 数字の発音

2. 外来語名詞が付く場合
〈例〉5グラム　8ポイント　2シーズン

数字	0	1	2	3	4	5	6	7	8	9	10
発音	レイ	イチ (ヒト)	ニ (フタ)	サン	ヨン	ゴ	ロク	ナナ	ハチ	キュー	ジュー

(注1)（　）内の発音は，古くからの慣用の強いものである。個々のことばにおける放送での使い方については「用例集」（p.338）を参照。

(注2) 11以上は「基準となる発音」（p.331）に従う。

(注3)「1」「6」「8」「10」は後に付く名詞によって，「つまる音（促音）」になる場合がある。放送での基準は下の表のとおり。ただし，語によって慣用が異なるので，詳しくは「用例集」（p.338）を参照。

外来語名詞（例）	数字（発音）	1〔イッ〕	6〔ロッ〕	8〔ハッ〕	10〔ジュッ〕
カ行の外来語名詞	キロ クラス	×	○	△	○
サ行の外来語名詞	サイクル センチ	△	−	△	○
タ行の外来語名詞	トン	○	−	△	○
ハ行の外来語名詞	フラン	−	−	−	○
パ行の外来語名詞	パーセント ポイント	△	△	△	○

○ … つまる音（促音）を使うもの
△ … 原則としてつまる音を使わないが，場合によっては使ってもよいもの
× … 原則としてつまる音を使わないもの
− … つまる音にならないもの

(注4)「ワン」「ツー」（例　ワンシーズン，ツーケース）などの英語読みは使わない。ただし，スポーツ中継など慣用の強い

ものは，英語読みをしてもかまわない。
〈例〉ツーストライク　スリーアウト

3. 和語名詞が付く場合
〈例〉2切れ　3袋　1そろい

数字	1	2	3	4	5	6	7	8	9	10
発音	ヒト	フタ	ミ	ヨ	イツ	ム	ナナ	ヤ	ココノ	ト

(注1) 和語が付く場合も，古くからの慣用が固定しているものや，古風な表現に用いられるものを除いて，「基準となる発音」（p.331）に従うものが多い（その傾向は，特に数字が大きくなるに従って強くなる）。個々のことばにおける放送での使い方については「用例集」（p.338）を参照すること。

(注2) 11以上は「基準となる発音」（p.331）に従う。

4. その他
(1) 助数詞や単位は原則として数字の最後に付ける。
　〈例〉24.75 %〔ニジューヨン・テン・ナナゴーパーセント〕
(2) 競技記録の場合は，習慣上，次のように言う。
　〈例〉10秒3〔ジュービョー・サン〕
(3) 次のような場合は，後ろの計量単位を略してもよい。
　〈例〉2メートル34（センチ）〔ニメートル・サンジューヨン〕
　　　体重58キロ500（グラム）〔ゴジューハチキロ・ゴヒャク〕
(4) 気温・体温
　気温は36度5分〔サンジューロクド・ゴブ〕，36.5度〔サンジューロク・テン・ゴド〕。体温は36度5分〔サンジューロクド・ゴブ〕。（略表記は「36.5℃」）

■ 数字の発音

Ⅳ. 数字の発音・用例集

〈記号の説明〉
○ ( ) … 放送では,原則としてカッコの上の発音を基準とし,場合により( )内の発音をしてもよいことを示す。
○ (注) … 脚注があることを示す。

数字\用例	1	2	3	4	5	6	7	8	9	10	11	12
[あ行]												
色〔イロ〕	ヒト	フタ	ミ	ヨ (ヨン)	イツ (ゴ)	ム (ロク)	ナナ	ヤ (ハチ)	キュー	ト (ジュー)	(注1)	
円 (注2)	イチ	ニ	サン	ヨ	ゴ	ロク	ナナ	ハチ	キュー	ジュー	ジューイチ	ジューニ
オクターブ	イチ	ニ	サン	ヨン	ゴ	ロク	ナナ	ハチ	キュー	ジュー	ジューイチ	ジューニ
[か行]												
課	イッ	ニ	サン	ヨン	ゴ	ロッ	ナナ	ハチ	キュー	ジ(ュ)ッ	ジューイッ	ジューニ
回	イッ	ニ	サン	ヨン	ゴ	ロッ	ナナ	ハチ (ハッ)	キュー	ジ(ュ)ッ	ジューイッ	ジューニ
階	イッ	ニ	サンg	ヨン	ゴ	ロッ	ナナ	ハチ (ハッ)	キュー	ジ(ュ)ッ	ジューイッ	ジューニ
回忌	イッ		サン				シチ (ナナ)					
階級	イチ (イッ)	ニ	サン	ヨン	ゴ	ロッ (ロク)	ナナ	ハチ	キュー	ジ(ュ)ッ	ジューイチ	ジューニ
海里	イチ	ニ	サン	ヨン	ゴ	ロッ	ナナ	ハチ	キュー	ジ(ュ)ッ	ジューイチ (ジューイッ)	ジューニ
か月	イッ	ニ	サン	ヨン	ゴ	ロッ	ナナ	ハチ (ハッ)	キュー	ジ(ュ)ッ	ジューイッ	ジューニ

(注1) 色…11色以上は〔ショク〕を使うのが一般的
(注2) 円…経済市況などでは「2」は〔フタ〕,「10」は〔トー〕

数字の発音

○「サンg」など …「3階」を〔サンガイ〕と発音することを示す。
　「サンd」など …「3反」を〔サンダン〕と発音することを示す。
　「イッp」など …「1杯」を〔イッパイ〕と発音することを示す。
　「サンb」など …「3匹」を〔サンビキ〕と発音することを示す。
　「サンz」など …「3尺」を〔サンジャク〕と発音することを示す。
（注）見出しの〔　〕内の漢字は表外の漢字・音訓であることを示す。

13	14	15	16	17	18	19	20	100	1000	10000	何
	ジューヨ			ジューナナ				ヒャク	セン	マン	ナン
ジューサン	ジューヨ	ジューゴ	ジューロク	ジューナナ	ジューハチ	ジューキュー	ニジュー	ヒャク	セン	マン	ナン
ジューサン	ジューヨン	ジューゴ	ジューロク	ジューナナ	ジューハチ	ジューキュー	ニジュー	ヒャク	セン	マン	ナン
ジューサン	ジューヨン	ジューゴ	ジューロッ	ジューナナ	ジューハチ	ジューキュー	ニジ(ュ)ッ	ヒャッ	セン	マン	ナン
ジューサン	ジューヨン	ジューゴ	ジューロッ	ジューナナ	ジューハチ (ジューハッ)	ジューキュー	ニジ(ュ)ッ	ヒャッ	セン	マン	ナン
ジューサンg	ジューヨン	ジューゴ	ジューロッ	ジューナナ	ジューハチ (ジューハッ)	ジューキュー	ニジ(ュ)ッ	ヒャッ	セン	マン	ナンg (ナン)
ジューサン				ジューシチ (ジューナナ)							ナン
ジューサン	ジューヨン	ジューゴ	ジューロッ (ジューロク)	ジューナナ	ジューハチ	ジューキュー	ニジ(ュ)ッ	ヒャッ	セン	マン	ナン
ジューサン	ジューヨン	ジューゴ	ジューロッ	ジューナナ	ジューハチ	ジューキュー	ニジ(ュ)ッ	ヒャッ	セン	マン	ナン
ジューサン	ジューヨン	ジューゴ	ジューロッ	ジューナナ	ジューハチ (ジューハッ)	ジューキュー	ニジ(ュ)ッ	ヒャッ	セン	マン	ナン

■ 数字の発音

数字＼用例	1	2	3	4	5	6	7	8	9	10	11	12
か国	イッ	ニ	サン	ヨン	ゴ	ロッ	ナナ	ハチ(ハッ)	キュー	ジ(ュ)ッ	ジューイッ	ジューニ
か所	イッ	ニ	サン	ヨン	ゴ	ロッ	ナナ	ハチ(ハッ)	キュー	ジ(ュ)ッ	ジューイッ	ジューニ
か条	イッ	ニ	サン	ヨン	ゴ	ロッ	ナナ(シチ)	ハチ(ハッ)	キュー	ジ(ュ)ッ	ジューイッ(ジューイチ)	ジューニ
重ね	ヒト	フタ	ミ	ヨ	ゴ	ロク	ナナg	ハチg	キューg	ジューg	ジューイチg	ジューニg
家族	イチ(ヒト,イッカゾク)	フタ(ニ)	サン	ヨン	ゴ	ロッ(ロク)	ナナ	ハチ	キュー	ジ(ュ)ッ	ジューイチ(ジューイッ)	ジューニ
型〔ガタ〕	イチ	ニ	サン	ヨン	ゴ	ロク	ナナ	ハチ	キュー	ジュー	ジューイチ	ジューニ
月〔ガツ〕	イチ	ニ	サン	シ	ゴ	ロク	シチ	ハチ	ク	ジュー	ジューイチ	ジューニ
学級	イチ	ニ	サン	ヨン	ゴ	ロク	ナナ	ハチ	キュー	ジュー	ジューイチ	ジューニ
か年	イッ	ニ	サン	ヨン	ゴ	ロッ	ナナ	ハチ(ハッ)	キュー	ジ(ュ)ッ	ジューイッ	ジューニ
株〔カブ〕	ヒト	フタ	サン(ミ)	ヨン	ゴ	ロッ	ナナ	ハチ	キュー	ジ(ュ)ッ	ジューイチ	ジューニ
巻〔カン〕	イッ	ニ	サン	ヨン	ゴ	ロッ	ナナ	ハチ(ハッ)	キュー	ジ(ュ)ッ	ジューイッ	ジューニ
缶	ヒト(イッ)	フタ(ニ)	サン	ヨン	ゴ	ロッ	ナナ	ハチ	キュー	ジ(ュ)ッ	ジューイッ	ジューニ
貫, 貫目	イッ	ニ	サンg(サン)	ヨン	ゴ	ロッ	ナナ	ハチ(ハッ)	キュー	ジ(ュ)ッ	ジューイッ	ジューニ
基	イッ	ニ	サン	ヨン	ゴ	ロッ	ナナ	ハチ(ハッ)	キュー	ジ(ュ)ッ	ジューイッ	ジューニ
期	イッ	ニ	サン	ヨン	ゴ	ロッ	ナナ	ハチ(ハッ)	キュー	ジ(ュ)ッ	ジューイッ	ジューニ

数字の発音

13	14	15	16	17	18	19	20	100	1000	10000	何
ジューサン	ジューヨン	ジューゴ	ジューロッ	ジューナナ	ジューハチ(ジューハッ)	ジューキュー	ニジ(ュ)ッ	ヒャッ	セン	マン	ナン
ジューサン	ジューヨン	ジューゴ	ジューロッ	ジューナナ	ジューハチ(ジューハッ)	ジューキュー	ニジ(ュ)ッ	ヒャッ	セン	マン	ナン
ジューサン	ジューヨン	ジューゴ	ジューロッ	ジューナナ(ジューシチ)	ジューハチ(ジューハッ)	ジューキュー	ニジ(ュ)ッ	ヒャッ	セン	マン	ナン
ジューサンg	ジューヨンg	ジューゴg	ジューロクg	ジューシチg	ジューハチg	ジューキューg	ニジューg	ヒャクg	センg	マンg	ナンg
ジューサン	ジューヨン	ジューゴ	ジューロッ(ジューロク)	ジューナナ	ジューハチ	ジューキュー	ニジ(ュ)ッ	ヒャッ(ヒャク)	セン	マン	ナン
ジューサン	ジューヨン	ジューゴ	ジューロク	ジューナナ	ジューハチ	ジューキュー	ニジュー	ヒャク	セン	マン	ナン
−	−	−	−	−	−	−	−	−	−	−	ナン
ジューサン	ジューヨン	ジューゴ	ジューロク	ジューナナ	ジューハチ	ジューキュー	ニジュー	ヒャク	セン	マン	ナン
ジューサン	ジューヨン	ジューゴ	ジューロッ	ジューナナ	ジューハチ(ジューハッ)	ジューキュー	ニジ(ュ)ッ	ヒャッ	セン	マン	ナン
ジューサン	ジューヨン	ジューゴ	ジューロッ	ジューナナ	ジューハチ	ジューキュー	ニジ(ュ)ッ	ヒャッ	セン	マン	ナン
ジューサン	ジューヨン	ジューゴ	ジューロッ	ジューナナ	ジューハチ(ジューハッ)	ジューキュー	ニジ(ュ)ッ	ヒャッ	セン	マン	ナン
ジューサン	ジューヨン	ジューゴ	ジューロッ	ジューナナ	ジューハチ	ジューキュー	ニジ(ュ)ッ	ヒャッ	セン	マン	ナン
ジューサンg	ジューヨン	ジューゴ	ジューロッ	ジューナナ	ジューハチ(ジューハッ)	ジューキュー	ニジ(ュ)ッ	ヒャッ	センg	マンg	ナンg(ナン)
ジューサン	ジューヨン	ジューゴ	ジューロッ	ジューナナ	ジューハチ(ジューハッ)	ジューキュー	ニジ(ュ)ッ	ヒャッ	セン	マン	ナン
ジューサン	ジューヨン	ジューゴ	ジューロッ	ジューナナ	ジューハチ(ジューハッ)	ジューキュー	ニジ(ュ)ッ	ヒャッ	セン	マン	ナン

■ 数字の発音

数字 用例	1	2	3	4	5	6	7	8	9	10	11	12
機	イッ	ニ	サン	ヨン	ゴ	ロッ	ナナ	ハチ (ハッ)	キュー	ジ(ュ)ッ	ジューイッ	ジューニ
騎(注3)	イッ	ニ	サン	ヨン	ゴ	ロッ	ナナ	ハチ (ハッ)	キュー	ジ(ュ)ッ	ジューイッ	ジューニ
機種	イチ	ニ	サン	ヨン	ゴ	ロッ	ナナ	ハチ	キュー	ジ(ュ)ッ	ジューイチ	ジューニ
客〔キャク〕	イッ	ニ	サン	ヨン	ゴ	ロッ	ナナ	ハチ	キュー	ジ(ュ)ッ	ジューイッ	ジューニ
脚〔キャク〕	イッ	ニ	サン	ヨン	ゴ	ロッ	ナナ	ハチ	キュー	ジ(ュ)ッ	ジューイッ	ジューニ
級	イッ	ニ	サン	ヨン	ゴ	ロッ	ナナ	ハチ (ハッ)	キュー	ジ(ュ)ッ	ジューイッ	ジューニ
球〔キュー〕	イッ	ニ	サン	ヨン	ゴ	ロッ	ナナ	ハチ	キュー	ジ(ュ)ッ	ジューイッ	ジューニ
行〔ギョー〕	イチ	ニ	サン	ヨン	ゴ	ロク	ナナ (シチ)	ハチ	キュー	ジュー	ジューイチ	ジューニ
曲	イッ	ニ	サン	ヨン	ゴ	ロッ	ナナ	ハチ (ハッ)	キュー	ジ(ュ)ッ	ジューイッ	ジューニ
局	イッ	ニ	サン	ヨン	ゴ	ロッ	ナナ	ハチ (ハッ)	キュー	ジ(ュ)ッ	ジューイッ	ジューニ
切れ	ヒト	フタ	ミ (サン)	ヨン (ヨ)	ゴ	ロッ	ナナ	ハチ	キュー	ジ(ュ)ッ	ジューイチ	ジューニ
キロ(注4)	イチ	ニ	サン	ヨン	ゴ	ロッ	ナナ	ハチ	キュー	ジ(ュ)ッ	ジューイチ	ジューニ
斤〔キン〕	イッ	ニ	サン (サンg)	ヨン	ゴ	ロッ	ナナ	ハチ	キュー	ジ(ュ)ッ	ジューイッ	ジューニ
区	イッ	ニ	サン	ヨン	ゴ	ロッ	ナナ	ハチ	キュー	ジ(ュ)ッ	ジューイッ	ジューニ
句	イッ	ニ	サン	ヨン	ゴ	ロッ	ナナ	ハッ (ハチ)	キュー	ジ(ュ)ッ	ジューイッ	ジューニ
区間	イチ,ヒト (イッ)	フタ (ニ)	サン	ヨン	ゴ	ロッ	ナナ	ハチ	キュー	ジ(ュ)ッ	ジューイチ (ジューイッ)	ジューニ

(注3) 騎…古典芸能では「7」は〔シチ〕も
(注4) キロ…「キログラム」,「キロメートル」,「キロリットル」,「キロワット」も同様

数字の発音

13	14	15	16	17	18	19	20	100	1000	10000	何
ジューサン	ジューヨン	ジューゴ	ジューロッ	ジューナナ	ジューハチ (ジューハッ)	ジューキュー	ニジ(ュ)ッ	ヒャッ	セン	マン	ナン
ジューサン	ジューヨン	ジューゴ	ジューロッ	ジューナナ	ジューハチ (ジューハッ)	ジューキュー	ニジ(ュ)ッ	ヒャッ	セン	マン	ナン
ジューサン	ジューヨン	ジューゴ	ジューロッ	ジューナナ	ジューハチ	ジューキュー	ニジ(ュ)ッ	ヒャッ	セン	マン	ナン
ジューサン	ジューヨン	ジューゴ	ジューロッ	ジューナナ	ジューハチ	ジューキュー	ニジ(ュ)ッ	ヒャッ	セン	マン	ナン
ジューサン	ジューヨン	ジューゴ	ジューロッ	ジューナナ	ジューハチ	ジューキュー	ニジ(ュ)ッ	ヒャッ	セン	マン	ナン
ジューサン	ジューヨン	ジューゴ	ジューロッ	ジューナナ	ジューハチ (ジューハッ)	ジューキュー	ニジ(ュ)ッ	ヒャッ	セン	マン	ナン
ジューサン	ジューヨン	ジューゴ	ジューロッ	ジューナナ	ジューハチ	ジューキュー	ニジ(ュ)ッ	ヒャッ	セン	マン	ナン
ジューサン	ジューヨン	ジューゴ	ジューロク	ジューナナ (ジューシチ)	ジューハチ	ジューキュー	ニジュー	ヒャク	セン	マン	ナン
ジューサン	ジューヨン	ジューゴ	ジューロッ	ジューナナ	ジューハチ (ジューハッ)	ジューキュー	ニジ(ュ)ッ	ヒャッ	セン	マン	ナン
ジューサン	ジューヨン	ジューゴ	ジューロッ	ジューナナ	ジューハチ (ジューハッ)	ジューキュー	ニジ(ュ)ッ	ヒャッ	セン	マン	ナン
ジューサン	ジューヨン	ジューゴ	ジューロッ	ジューナナ	ジューハチ	ジューキュー	ニジ(ュ)ッ	ヒャッ	セン	マン	ナン
ジューサン	ジューヨン	ジューゴ	ジューロッ	ジューナナ	ジューハチ	ジューキュー	ニジ(ュ)ッ	ヒャッ	セン	マン	ナン
ジューサン (ジューサンg)	ジューヨン	ジューゴ	ジューロッ	ジューナナ	ジューハチ	ジューキュー	ニジ(ュ)ッ	ヒャッ	セン	マン	ナン (ナンg)
ジューサン	ジューヨン	ジューゴ	ジューロッ	ジューナナ	ジューハチ	ジューキュー	ニジ(ュ)ッ	ヒャッ	セン	マン	ナン
ジューサン	ジューヨン	ジューゴ	ジューロッ	ジューナナ	ジューハッ (ジューハチ)	ジューキュー	ニジ(ュ)ッ	ヒャッ	セン	マン	ナン
ジューサン	ジューヨン	ジューゴ	ジューロッ	ジューナナ	ジューハチ	ジューキュー	ニジ(ュ)ッ	ヒャッ	セン	マン	ナン

■ 数字の発音

数字 用例	1	2	3	4	5	6	7	8	9	10	11	12
口〔クチ〕	ヒト	フタ	ミ (サン)	ヨ,ヨン	ゴ	ロッ	ナナ	ハッ	キュー	ジ(ュ)ッ	ジューイチ (ジューイッ)	ジューニ
組〔クミ〕	ヒト	フタ	サン (ミ)	ヨン (ヨ)	ゴ	ロッ	ナナ	ハチ	キュー	ジ(ュ)ッ	ジューイチ	ジューニ
組(○年○組)	イチ	ニ	サン	ヨン	ゴ	ロッ	ナナ	ハチ	キュー	ジ(ュ)ッ	ジューイチ	ジューニ
クラス	イチ,ヒト	ニ,フタ	サン	ヨン	ゴ	ロッ	ナナ	ハチ (ハッ)	キュー	ジ(ュ)ッ	ジューイチ	ジューニ
グラム	イチ	ニ	サン	ヨン	ゴ	ロク	ナナ	ハチ	キュー	ジュー	ジューイチ	ジューニ
グループ	イチ (ヒト)	ニ (フタ)	サン	ヨン	ゴ	ロク	ナナ	ハチ	キュー	ジュー	ジューイチ	ジューニ
系統	イチ	ニ	サン	ヨン	ゴ	ロッ (ロク)	ナナ	ハチ	キュー	ジ(ュ)ッ	ジューイチ (ジューイッ)	ジューニ
桁	ヒト	フタ	サン,ミ (ヨ)	ヨン	ゴ	ロッ	ナナ	ハチ (ハッ)	キュー	ジ(ュ)ッ	ジューイチ (ジューイッ)	ジューニ
件	イッ	ニ	サン	ヨン	ゴ	ロッ	ナナ	ハチ (ハッ)	キュー	ジ(ュ)ッ	ジューイッ	ジューニ
軒	イッ	ニ	サンg	ヨン	ゴ	ロッ	ナナ	ハチ (ハッ)	キュー	ジ(ュ)ッ	ジューイッ	ジューニ
戸	イッ	ニ	サン	ヨン	ゴ	ロッ	ナナ	ハチ	キュー	ジ(ュ)ッ	ジューイッ	ジューニ
個	イッ	ニ	サン	ヨン	ゴ	ロッ	ナナ	ハチ	キュー	ジ(ュ)ッ	ジューイッ	ジューニ
校(学校)	イッ	ニ	サン	ヨン	ゴ	ロッ	ナナ	ハチ (ハッ)	キュー	ジ(ュ)ッ	ジューイッ	ジューニ
合〔ゴー〕(注5)	イチ	ニ	サン	ヨン	ゴ	ロク	ナナ	ハチ	キュー	ジュー	ジューイチ	ジューニ
号	イチ	ニ	サン	ヨン	ゴ	ロク	ナナ (シチ)	ハチ	キュー	ジュー	ジューイチ	ジューニ

(注5) 合…古くは「4合」は〔シゴー〕,「5合」は〔ゴンゴー〕も

数字の発音

13	14	15	16	17	18	19	20	100	1000	10000	何
ジューサン	ジューヨン	ジューゴ	ジューロッ	ジューナナ (ジューシチ)	ジューハッ	ジューキュー	ニジ(ュ)ッ	ヒャッ	セン	マン	ナン
ジューサン	ジューヨン	ジューゴ	ジューロッ	ジューナナ	ジューハチ	ジューキュー	ニジ(ュ)ッ	ヒャッ	セン	マン	ナン
ジューサン	ジューヨン	ジューゴ	ジューロッ	ジューナナ	ジューハチ	ジューキュー	ニジ(ュ)ッ	ヒャッ	セン	マン	ナン
ジューサン	ジューヨン	ジューゴ	ジューロッ	ジューナナ	ジューハチ (ジューハッ)	ジューキュー	ニジ(ュ)ッ	ヒャッ	セン	マン	ナン
ジューサン	ジューヨン	ジューゴ	ジューロク	ジューナナ	ジューハチ	ジューキュー	ニジュー	ヒャク	セン	マン	ナン
ジューサン	ジューヨン	ジューゴ	ジューロク	ジューナナ	ジューハチ	ジューキュー	ニジュー	ヒャク	セン	マン	ナン
ジューサン	ジューヨン	ジューゴ	ジューロッ (ジューロク)	ジューナナ	ジューハチ	ジューキュー	ニジ(ュ)ッ	ヒャッ (ヒャク)	セン	マン	ナン
ジューサン	ジューヨン	ジューゴ	ジューロッ	ジューナナ	ジューハチ (ジューハッ)	ジューキュー	ニジ(ュ)ッ	ヒャッ	セン	マン	ナン
ジューサン	ジューヨン	ジューゴ	ジューロッ	ジューナナ	ジューハチ (ジューハッ)	ジューキュー	ニジ(ュ)ッ	ヒャッ	セン	マン	ナン
ジューサンg	ジューヨン	ジューゴ	ジューロッ	ジューナナ	ジューハチ (ジューハッ)	ジューキュー	ニジ(ュ)ッ	ヒャッ	センg	マンg	ナンg
ジューサン	ジューヨン	ジューゴ	ジューロッ	ジューナナ	ジューハチ	ジューキュー	ニジ(ュ)ッ	ヒャッ	セン	マン	ナン
ジューサン	ジューヨン	ジューゴ	ジューロッ	ジューナナ	ジューハチ (ジューハッ)	ジューキュー	ニジ(ュ)ッ	ヒャッ	セン	マン	ナン
ジューサン	ジューヨン	ジューゴ	ジューロッ	ジューナナ	ジューハチ (ジューハッ)	ジューキュー	ニジ(ュ)ッ	ヒャッ	セン	マン	ナン
ジューサン	ジューヨン	ジューゴ	ジューロク	ジューナナ	ジューハチ	ジューキュー	ニジュー	ヒャク	セン	マン	ナン
ジューサン	ジューヨン	ジューゴ	ジューロク	ジューナナ (ジューシチ)	ジューハチ	ジューキュー	ニジュー	ヒャク	セン	マン	ナン

■ 数字の発音

用例＼数字	1	2	3	4	5	6	7	8	9	10	11	12
光年	イチ	ニ	サン	ヨン	ゴ	ロッ(ロク)	ナナ	ハチ	キュー	ジ(ュ)ッ	ジューイチ	ジューニ
項目	イチ(イツ,ヒト)	ニ(フタ)	サン	ヨン	ゴ	ロッ(ロク)	ナナ	ハチ	キュー	ジ(ュ)ッ	ジューイチ(ジューイツ)	ジューニ
言〔コト〕	ヒト	フタ	ミ	ヨ	−	−	−	−	−	−	−	−
[さ行]												
歳	イッ	ニ	サン	ヨン	ゴ	ロク	ナナ	ハッ	キュー	ジ(ュ)ッ	ジューイチ	ジューニ
冊	イッ	ニ	サン	ヨン	ゴ	ロク	ナナ	ハッ	キュー	ジ(ュ)ッ	ジューイチ	ジューニ
皿	ヒト	フタ	サン(ミ)	ヨン	ゴ	ロク	ナナ	ハチ	キュー	ジ(ュ)ッ	ジューイチ	ジューニ
字	イチ	ニ	サン	ヨ(ヨン)	ゴ	ロク	ナナ(シチ)	ハチ	キュー	ジュー	ジューイチ	ジューニ
次	イチ	ニ	サン	ヨ(ヨン)	ゴ	ロク	ナナ	ハチ	キュー	ジュー	ジューイチ	ジューニ
時	イチ	ニ	サン	ヨ	ゴ	ロク	シチ	ハチ	ク	ジュー	ジューイチ	ジューニ
試合	イッ(ヒト)	ニ(フタ)	サン	ヨン	ゴ	ロク	ナナ	ハッ(ハチ)	キュー	ジ(ュ)ッ	ジューイチ	ジューニ
シーズン	イチ,ヒト(イッ)	ニ(フタ)	サン	ヨン	ゴ	ロク	ナナ	ハチ(ハッ)	キュー	ジ(ュ)ッ	ジューイチ(ジューイツ)	ジューニ
時間	イチ	ニ	サン	ヨ	ゴ	ロク	シチ(ナナ)	ハチ	ク	ジュー	ジューイチ	ジューニ
次元	イチ	ニ	サン	ヨ	ゴ	ロク	シチ(ナナ)	ハチ	ク(キュー)	ジュー	ジューイチ	ジューニ
時限	イチ	ニ	サン	ヨ	ゴ	ロク	シチ(ナナ)	ハチ	ク(キュー)	ジュー	ジューイチ	ジューニ
室〔シツ〕	イッ	ニ	サン	ヨン	ゴ	ロク	ナナ	ハッ	キュー	ジ(ュ)ッ	ジューイチ	ジューニ
社〔シャ〕	イッ	ニ	サン	ヨン	ゴ	ロク	ナナ	ハッ(ハチ)	キュー	ジ(ュ)ッ	ジューイチ	ジューニ

数字の発音

13	14	15	16	17	18	19	20	100	1000	10000	何
ジューサン	ジューヨン	ジューゴ	ジューロッ (ジューロク)	ジューナナ	ジューハチ	ジューキュー	ニジ(ュ)ッ	ヒャッ (ヒャク)	セン	マン	ナン
ジューサン	ジューヨン	ジューゴ	ジューロッ (ジューロク)	ジューナナ	ジューハチ	ジューキュー	ニジ(ュ)ッ	ヒャッ (ヒャク)	セン	マン	ナン
−	−	−	−	−	−	−	−	−	−	−	−
ジューサン	ジューヨン	ジューゴ	ジューロク	ジューナナ	ジューハッ	ジューキュー	ニジ(ュ)ッ	ヒャク	セン	マン	ナン
ジューサン	ジューヨン	ジューゴ	ジューロク	ジューナナ	ジューハッ	ジューキュー	ニジ(ュ)ッ	ヒャク	セン	マン	ナン
ジューサン	ジューヨン	ジューゴ	ジューロク	ジューナナ	ジューハチ	ジューキュー	ニジ(ュ)ッ	ヒャク	セン	マン	ナン
ジューサン	ジューヨ (ジューヨン)	ジューゴ	ジューロク	ジューナナ (ジューシチ)	ジューハチ	ジューキュー	ニジュー	ヒャク	セン	マン	ナン
ジューサン	ジューヨ (ジューヨン)	ジューゴ	ジューロク	ジューナナ	ジューハチ	ジューキュー	ニジュー	ヒャク	セン	マン	ナン
ジューサン	ジューヨ	ジューゴ	ジューロク	ジューシチ	ジューハチ	ジューク	ニジュー	−	−	−	ナン
ジューサン	ジューヨン	ジューゴ	ジューロク	ジューナナ	ジューハッ (ジューハチ)	ジューキュー	ニジ(ュ)ッ	ヒャク	セン	マン	ナン
ジューサン	ジューヨン	ジューゴ	ジューロク	ジューナナ	ジューハチ	ジューキュー	ニジ(ュ)ッ	ヒャク	セン	マン	ナン
ジューサン	ジューヨ (ジューヨン)	ジューゴ	ジューロク	ジューシチ (ジューナナ)	ジューハチ	ジューク (ジューキュー)	ニジュー	ヒャク	セン	マン	ナン
ジューサン	ジューヨ (ジューヨン)	ジューゴ	ジューロク	ジューシチ	ジューハチ	ジューク (ジューキュー)	ニジュー	ヒャク	セン	マン	ナン
ジューサン	ジューヨ (ジューヨン)	ジューゴ	ジューロク	ジューシチ (ジューナナ)	ジューハチ	ジューク (ジューキュー)	ニジュー	ヒャク	セン	マン	ナン
ジューサン	ジューヨン	ジューゴ	ジューロク	ジューナナ	ジューハッ	ジューキュー	ニジ(ュ)ッ	ヒャク	セン	マン	ナン
ジューサン	ジューヨン	ジューゴ	ジューロク	ジューナナ	ジューハッ (ジューハチ)	ジューキュー	ニジ(ュ)ッ	ヒャク	セン	マン	ナン

■ 数字の発音

数字 用例	1	2	3	4	5	6	7	8	9	10	11	12
尺〔注6〕	イッ	ニ	サンz	ヨン	ゴ	ロク	ナナ	ハッ	キュー	ジ(ュ)ッ	ジューイッ	ジューニ
車線	イッ	ニ	サン	ヨン	ゴ	ロク	ナナ	ハッ (ハチ)	キュー	ジ(ュ)ッ	ジューイッ	ジューニ
首〔シュ〕	イッ	ニ	サン	ヨン	ゴ	ロク	ナナ	ハッ (ハチ)	キュー	ジ(ュ)ッ	ジューイッ	ジューニ
種〔シュ〕	イッ	ニ	サン	ヨン	ゴ	ロク	ナナ	ハッ (ハチ)	キュー	ジ(ュ)ッ	ジューイッ	ジューニ
週	イッ	ニ	サン	ヨン	ゴ	ロク	ナナ	ハッ	キュー	ジ(ュ)ッ	ジューイッ	ジューニ
周	イッ	ニ	サン	ヨン	ゴ	ロク	ナナ	ハッ	キュー	ジ(ュ)ッ	ジューイッ	ジューニ
周年	イッ	ニ	サン	ヨン	ゴ	ロク	ナナ	ハッ	キュー	ジ(ュ)ッ	ジューイッ	ジューニ
種目	イッ	ニ	サン	ヨン	ゴ	ロク	ナナ	ハッ (ハチ)	キュー	ジ(ュ)ッ	ジューイッ	ジューニ
種類	イッ (ヒト)	ニ (フタ)	サン	ヨン	ゴ	ロク	ナナ	ハッ (ハチ)	キュー	ジ(ュ)ッ	ジューイッ	ジューニ
巡〔ジュン〕	イチ	ニ	サン	ヨン	ゴ	ロク	ナナ	ハチ	キュー	ジュー	ジューイチ	ジューニ
升〔ショー〕 (注7)	イッ	ニ	サン	ヨン	ゴ	ロク	ナナ	ハッ	キュー	ジ(ュ)ッ	ジューイッ	ジューニ
床〔ショー〕	イッ	ニ	サン	ヨン	ゴ	ロク	ナナ	ハッ	キュー	ジ(ュ)ッ	ジューイッ	ジューニ
章	イッ	ニ	サン	ヨン	ゴ	ロク	ナナ	ハッ	キュー	ジ(ュ)ッ	ジューイッ	ジューニ
勝	イッ	ニ	サン	ヨン	ゴ	ロク	ナナ	ハッ	キュー	ジ(ュ)ッ	ジューイッ	ジューニ
条	イチ	ニ	サン	ヨン	ゴ	ロク	ナナ	ハチ	キュー	ジュー	ジューイチ	ジューニ
帖	イチ	ニ	サン	ヨン (ヨ)	ゴ	ロク	ナナ (シチ)	ハチ	キュー (ク)	ジュー	ジューイチ	ジューニ
畳〔ジョー〕	イチ	ニ	サン	ヨ (ヨン)	ゴ	ロク	ナナ	ハチ	キュー (ク)	ジュー	ジューイチ	ジューニ
錠	イチ	ニ	サン	ヨン	ゴ	ロク	ナナ	ハチ	キュー	ジュー	ジューイチ	ジューニ

(注6) 尺…「9尺」は,伝統的には〔クシャク〕も。
(注7) 升…「3升」は,伝統的には〔サンジョー〕も。

数字の発音

13	14	15	16	17	18	19	20	100	1000	10000	何
ジューサンz	ジューヨン	ジューゴ	ジューロク	ジューナナ	ジューハッ	ジューキュー	ニジ(ュ)ッ	ヒャク	セン	マン	ナンz
ジューサン	ジューヨン	ジューゴ	ジューロク	ジューナナ	ジューハッ (ジューハチ)	ジューキュー	ニジ(ュ)ッ	ヒャク	セン	マン	ナン
ジューサン	ジューヨン	ジューゴ	ジューロク	ジューナナ	ジューハッ (ジューハチ)	ジューキュー	ニジ(ュ)ッ	ヒャク	セン	マン	ナン
ジューサン	ジューヨン	ジューゴ	ジューロク	ジューナナ	ジューハッ (ジューハチ)	ジューキュー	ニジ(ュ)ッ	ヒャク	セン	マン	ナン
ジューサン	ジューヨン	ジューゴ	ジューロク	ジューナナ	ジューハッ	ジューキュー	ニジ(ュ)ッ	ヒャク	セン	マン	ナン
ジューサン	ジューヨン	ジューゴ	ジューロク	ジューナナ	ジューハッ	ジューキュー	ニジ(ュ)ッ	ヒャク	セン	マン	ナン
ジューサン	ジューヨン	ジューゴ	ジューロク	ジューナナ	ジューハッ	ジューキュー	ニジ(ュ)ッ	ヒャク	セン	マン	ナン
ジューサン	ジューヨン	ジューゴ	ジューロク	ジューナナ	ジューハッ (ジューハチ)	ジューキュー	ニジ(ュ)ッ	ヒャク	セン	マン	ナン
ジューサン	ジューヨン	ジューゴ	ジューロク	ジューナナ	ジューハッ (ジューハチ)	ジューキュー	ニジ(ュ)ッ	ヒャク	セン	マン	ナン
ジューサン	ジューヨン	ジューゴ	ジューロク	ジューナナ	ジューハチ	ジューキュー	ニジュー	ヒャク	セン	マン	ナン
ジューサン	ジューヨン	ジューゴ	ジューロク	ジューナナ	ジューハッ	ジューキュー	ニジ(ュ)ッ	ヒャク	セン	マン	ナン
ジューサン	ジューヨン	ジューゴ	ジューロク	ジューナナ	ジューハッ	ジューキュー	ニジ(ュ)ッ	ヒャク	セン	マン	ナン
ジューサン	ジューヨン	ジューゴ	ジューロク	ジューナナ	ジューハッ	ジューキュー	ニジ(ュ)ッ	ヒャク	セン	マン	ナン
ジューサン	ジューヨン	ジューゴ	ジューロク	ジューナナ	ジューハッ	ジューキュー	ニジ(ュ)ッ	ヒャク	セン	マン	ナン
ジューサン	ジューヨン	ジューゴ	ジューロク	ジューナナ	ジューハチ	ジューキュー	ニジュー	ヒャク	セン	マン	ナン
ジューサン	ジューヨン	ジューゴ	ジューロク	ジューナナ (ジューシチ)	ジューハチ	ジューキュー	ニジュー	ヒャク	セン	マン	ナン
ジューサン	ジューヨン (ジューヨ)	ジューゴ	ジューロク	ジューナナ	ジューハチ	ジューキュー	ニジュー	ヒャク	セン	マン	ナン
ジューサン	ジューヨン	ジューゴ	ジューロク	ジューナナ	ジューハチ	ジューキュー	ニジュー	ヒャク	セン	マン	ナン

■ 数字の発音

用例＼数字	1	2	3	4	5	6	7	8	9	10	11	12
色〔ショク〕	イッ	ニ	サン	ヨン	ゴ	ロク	ナナ	ハッ	キュー	ジュ(ュ)ッ	ジューイッ	ジューニ
審	イッ	ニ	サン	ヨン	ゴ	ロク	ナナ	ハッ	キュー	ジュ(ュ)ッ	ジューイッ	ジューニ
寸（注8）	イッ	ニ	サンz	ヨン	ゴ	ロク	ナナ	ハッ	キュー	ジュ(ュ)ッ	ジューイッ	ジューニ
世紀	イッ	ニ	サン	ヨン	ゴ	ロク	ナナ	ハッ	キュー	ジュ(ュ)ッ	ジューイッ	ジューニ
隻	イッ	ニ	サン	ヨン	ゴ	ロク	ナナ	ハッ	キュー	ジュ(ュ)ッ	ジューイッ	ジューニ
世帯	イッ	ニ	サン	ヨン	ゴ	ロク	ナナ	ハッ	キュー	ジュ(ュ)ッ	ジューイッ	ジューニ
	(ヒト)	(フタ)						(ハチ)			(ジューイチ)	
節〔セツ〕	イッ	ニ	サン	ヨン	ゴ	ロク	ナナ	ハッ	キュー	ジュ(ュ)ッ	ジューイッ	ジューニ
銭	イッ	ニ	サン	ヨン	ゴ	ロク	ナナ	ハッ	キュー	ジュ(ュ)ッ	ジューイッ	ジューニ
戦	イッ	ニ	サン	ヨン	ゴ	ロク	ナナ	ハッ	キュー	ジュ(ュ)ッ	ジューイッ	ジューニ
選	—	ニ	サン	ヨン	ゴ	ロク	ナナ	ハッ	キュー	ジュ(ュ)ッ	ジューイッ	ジューニ
ぜん〔膳〕	イチ	ニ	サン	ヨン	ゴ	ロク	ナナ	ハチ	キュー	ジュー	ジューイチ	ジューニ
センチメートル	イッ	ニ	サン	ヨン	ゴ	ロク	ナナ	ハッ	キュー	ジュ(ュ)ッ	ジューイッ	ジューニ
そう〔艘〕	イッ	ニ	サン	ヨン	ゴ	ロク	ナナ	ハッ	キュー	ジュ(ュ)ッ	ジューイッ	ジューニ
層	イッ	ニ	サン	ヨン	ゴ	ロク	ナナ	ハッ	キュー	ジュ(ュ)ッ	ジューイッ	ジューニ
足〔ソク〕	イッ	ニ	サンz	ヨン	ゴ	ロク	ナナ	ハッ	キュー	ジュ(ュ)ッ	ジューイッ	ジューニ
			(サン)									
そろい〔揃〕	ヒト	フタ	ミ	ヨ	イツ	ム	ナナ	ハチ	キュー	ジュ(ュ)ッ	ジューイチ	ジューニ
〔た行〕												
体〔タイ〕	イッ	ニ	サン	ヨン	ゴ	ロク	ナナ	ハチ	キュー	ジュ(ュ)ッ	ジューイッ	ジューニ
								(ハッ)				
代（注9）	イチ	ニ	サン	ヨン	ゴ	ロク	ナナ	ハチ	キュー	ジュー	ジューイチ	ジューニ
台	イチ	ニ	サン	ヨン	ゴ	ロク	ナナ	ハチ	キュー	ジュー	ジューイチ	ジューニ
題	イチ	ニ	サン	ヨン	ゴ	ロク	ナナ	ハチ	キュー	ジュー	ジューイチ	ジューニ
代目（注10）	イチ	ニ	サン	ヨン	ゴ	ロク	ナナ	ハチ	キュー	ジュー	ジューイチ	ジューニ
				(ヨ)			(シチ)		(ク)			

(注8) 寸…「7寸」は,伝統的には〔シチスン〕も。「九寸五分」（刀）は〔クスンゴブ〕

数字の発音

13	14	15	16	17	18	19	20	100	1000	10000	何
ジューサン	ジューヨン	ジューゴ	ジューロク	ジューナナ	ジューハッ	ジューキュー	ニジ(ュ)ッ	ヒャク	セン	マン	ナン
ジューサン	ジューヨン	ジューゴ	ジューロク	ジューナナ	ジューハッ	ジューキュー	ニジ(ュ)ッ	ヒャク	セン	マン	ナン
ジューサンz	ジューヨン	ジューゴ	ジューロク	ジューナナ	ジューハッ	ジューキュー	ニジ(ュ)ッ	ヒャク	センz	マンz	ナンz
ジューサン	ジューヨン	ジューゴ	ジューロク	ジューナナ	ジューハッ	ジューキュー	ニジ(ュ)ッ	ヒャク	セン	マン	ナン
ジューサン	ジューヨン	ジューゴ	ジューロク	ジューナナ	ジューハッ (ジューハチ)	ジューキュー	ニジ(ュ)ッ	ヒャク	セン	マン	ナン
ジューサン	ジューヨン	ジューゴ	ジューロク	ジューナナ	ジューハッ	ジューキュー	ニジ(ュ)ッ	ヒャク	セン	マン	ナン
ジューサン	ジューヨン	ジューゴ	ジューロク	ジューナナ	ジューハッ	ジューキュー	ニジ(ュ)ッ	ヒャク	セン	マン	ナン
ジューサン	ジューヨン	ジューゴ	ジューロク	ジューナナ	ジューハッ	ジューキュー	ニジ(ュ)ッ	ヒャク	セン	マン	ナン
ジューサン	ジューヨン	ジューゴ	ジューロク	ジューナナ	ジューハッ	ジューキュー	ニジュー	ヒャク	セン	マン	ナン
ジューサン	ジューヨン	ジューゴ	ジューロク	ジューナナ	ジューハッ	ジューキュー	ニジ(ュ)ッ	ヒャク	セン	マン	ナン
ジューサン	ジューヨン	ジューゴ	ジューロク	ジューナナ	ジューハッ	ジューキュー	ニジ(ュ)ッ	ヒャク	セン	マン	ナン
ジューサンz (ジューサン)	ジューヨン	ジューゴ	ジューロク	ジューナナ	ジューハッ	ジューキュー	ニジ(ュ)ッ	ヒャク	センz	マンz	ナンz (ナン)
ジューサン	ジューヨン	ジューゴ	ジューロク	ジューナナ	ジューハチ	ジューク	ニジ(ュ)ッ	ヒャク	セン	マン	ナン
ジューサン	ジューヨン	ジューゴ	ジューロク	ジューナナ	ジューハチ (ジューハッ)	ジューキュー	ニジ(ュ)ッ	ヒャク	セン	マン	ナン
ジューサン	ジューヨン	ジューゴ	ジューロク	ジューナナ	ジューハチ	ジューキュー	ニジュー	ヒャク	セン	マン	ナン
ジューサン	ジューヨン	ジューゴ	ジューロク	ジューナナ	ジューハチ	ジューキュー	ニジュー	ヒャク	セン	マン	ナン
ジューサン	ジューヨン	ジューゴ	ジューロク	ジューナナ	ジューハチ	ジューキュー	ニジュー	ヒャク	セン	マン	ナン
ジューサン	ジューヨン (ジューヨ)	ジューゴ	ジューロク	ジューナナ (ジューシチ)	ジューハチ	ジューキュー (ジューク)	ニジュー	ヒャク	セン	マン	ナン

(注9) 代…古典では注10と同じ，百代は〔ハクタイ〕の読みも
(注10) 代目…芸能関係などでは，「4」は〔ヨ〕，「7」は〔シチ〕，「9」は〔ク〕

■ 数字の発音

数字\用例	1	2	3	4	5	6	7	8	9	10	11	12
第○幕	イチ	ニ	サン	ヨン	ゴ	ロク	ナナ	ハチ	キュー	ジュー	ジューイチ	ジューニ
打席	イチ	ニ	サン	ヨン	ゴ	ロク	ナナ	ハチ	キュー	ジュー	ジューイチ	ジューニ
束〔タバ〕	ヒト	フタ	サン(ミ)	ヨン(ヨ)	ゴ	ロク	ナナ	ハチ	キュー	ジ(ュ)ッ	ジューイチ	ジューニ
たび〔度〕	ヒト	フタ	ミ	ヨ	イツ(ゴ)	ム	ナナ	ヤ	キュー(ク)	ジ(ュ)ッ(ト)	ジューイチ	ジューニ
玉〔タマ〕	ヒト	フタ	サン(ミ)	ヨン	ゴ	ロク	ナナ	ハチ	キュー	ジ(ュ)ッ	ジューイチ	ジューニ
反〔タン〕	イッ	ニ	サン(サンd)	ヨン	ゴ	ロク	ナナ	ハッ(ハチ)	キュー	ジ(ュ)ッ	ジューイッ	ジューニ
段(段位)(注11)	ー	ニ	サン	ヨ	ゴ	ロク	シチ	ハチ	ク	ジュー	ー	ー
段(階段など)	イチ	ニ	サン	ヨン(ヨ)	ゴ	ロク	ナナ(シチ)	ハチ	キュー(ク)	ジュー	ジューイチ	ジューニ
段階	イチ	ニ	サン	ヨン	ゴ	ロク	ナナ	ハチ	キュー	ジュー	ジューイチ	ジューニ
地点	イチ	ニ	サン	ヨン	ゴ	ロク	ナナ	ハチ(ハッ)	キュー	ジ(ュ)ッ	ジューイチ	ジューニ
着	イッ	ニ	サン	ヨン	ゴ	ロク	ナナ	ハッ	キュー	ジ(ュ)ッ	ジューイッ	ジューニ
丁	イッ	ニ	サン	ヨン	ゴ	ロク	ナナ	ハチ	キュー	ジュー	ジューイチ	ジューニ
町	イッ	ニ	サン	ヨン	ゴ	ロク	ナナ	ハチ	キュー	ジ(ュ)ッ	ジューイッ	ジューニ
丁目	イッ	ニ	サン	ヨン	ゴ	ロク	ナナ	ハチ	キュー	ジ(ュ)ッ	ジューイッ	ジューニ
対〔ツイ〕	イッ	ニ	サン	ヨン	ゴ	ロク	ナナ	ハチ	キュー	ジ(ュ)ッ	ジューイッ	ジューニ
通〔ツー〕	イッ	ニ	サン	ヨン	ゴ	ロク	ナナ	ハチ	キュー	ジ(ュ)ッ	ジューイッ	ジューニ
粒	ヒト	フタ	サン(ミ)	ヨン(ヨ)	ゴ(イッ)	ロク	ナナ	ハチ(ハッ)	キュー	ジ(ュ)ッ	ジューイッ	ジューニ
坪	ヒト	フタ	サン(ミ)	ヨン(ヨ)	ゴ	ロク	ナナ	ハチ(ハッ)	キュー	ジ(ュ)ッ(ト)	ジューイチ	ジューニ
滴〔テキ〕	イッ	ニ	サン	ヨン	ゴ	ロク	ナナ	ハッ	キュー	ジ(ュ)ッ	ジューイッ	ジューニ

(注11) 段…「1」は「初段〔ショダン〕」

数字の発音

13	14	15	16	17	18	19	20	100	1000	10000	何
ジューサン	ジューヨン	ジューゴ	ジューロク	ジューナナ	ジューハチ	ジューキュー	ニジュー	ヒャク	セン	マン	ナン
ジューサン	ジューヨン	ジューゴ	ジューロク	ジューナナ	ジューハチ	ジューキュー	ニジュー	ヒャク	セン	マン	ナン
ジューサン	ジューヨン	ジューゴ	ジューロク	ジューナナ	ジューハチ	ジューキュー	ニジ(ュ)ッ	ヒャク	セン	マン	ナン
ジューサン	ジューヨン (ジューヨ)	ジューゴ	ジューロク	ジューナナ	ジューハチ	ジューキュー	ニジ(ュ)ッ	ヒャク	セン	マン	ナン
ジューサン	ジューヨン	ジューゴ	ジューロク	ジューナナ	ジューハチ	ジューキュー	ニジ(ュ)ッ	ヒャク	セン	マン	ナン
ジューサン	ジューヨン	ジューゴ	ジューロク	ジューナナ	ジューハッ (ジューハチ)	ジューキュー	ニジ(ュ)ッ	ヒャク	セン	マン	ナン
—	—	—	—	—	—	—	—	—	—	—	ナン
ジューサン	ジューヨン (ジューヨ)	ジューゴ	ジューロク	ジューナナ (ジューシチ)	ジューハチ	ジューキュー (ジューク)	ニジュー	ヒャク	セン	マン	ナン
ジューサン	ジューヨン	ジューゴ	ジューロク	ジューナナ	ジューハチ	ジューキュー	ニジュー	ヒャク	セン	マン	ナン
ジューサン	ジューヨン	ジューゴ	ジューロク	ジューナナ	ジューハチ (ジューハッ)	ジューキュー	ニジ(ュ)ッ	ヒャク	セン	マン	ナン
ジューサン	ジューヨン	ジューゴ	ジューロク	ジューナナ	ジューハッ	ジューキュー	ニジ(ュ)ッ	ヒャク	セン	マン	ナン
ジューサン	ジューヨン	ジューゴ	ジューロク	ジューナナ	ジューハッ	ジューキュー	ニジ(ュ)ッ	ヒャク	セン	マン	ナン
ジューサン	ジューヨン	ジューゴ	ジューロク	ジューナナ	ジューハッ	ジューキュー	ニジ(ュ)ッ	ヒャク	セン	マン	ナン
ジューサン	ジューヨン	ジューゴ	ジューロク	ジューナナ	ジューハッ	ジューキュー	ニジ(ュ)ッ	ヒャク	セン	マン	ナン
ジューサン	ジューヨン	ジューゴ	ジューロク	ジューナナ	ジューハッ	ジューキュー	ニジ(ュ)ッ	ヒャク	セン	マン	ナン
ジューサン	ジューヨン	ジューゴ	ジューロク	ジューナナ	ジューハチ (ジューハッ)	ジューキュー	ニジ(ュ)ッ	ヒャク	セン	マン	ナン
ジューサン	ジューヨン	ジューゴ	ジューロク	ジューナナ	ジューハチ (ジューハッ)	ジューキュー	ニジ(ュ)ッ	ヒャク	セン	マン	ナン
ジューサン	ジューヨン	ジューゴ	ジューロク	ジューナナ	ジューハッ	ジューキュー	ニジ(ュ)ッ	ヒャク	セン	マン	ナン

■ 数字の発音

用例＼数字	1	2	3	4	5	6	7	8	9	10	11	12
点	イッ	ニ	サン	ヨン	ゴ	ロク	ナナ	ハッ (ハチ)	キュー	ジ(ュ)ッ	ジューイッ	ジューニ
店舗	イチ (イッ)	ニ	サン	ヨン	ゴ	ロク	ナナ	ハチ (ハッ)	キュー	ジ(ュ)ッ	ジューイチ (ジューイッ)	ジューニ
度 (回数・温度・角度など)	イチ	ニ	サン	ヨン	ゴ	ロク	ナナ (シチ)	ハチ	キュー (ク)	ジュー	ジューイチ	ジューニ
等	イッ	ニ	サン	ヨン	ゴ	ロク	ナナ	ハッ (ハチ)	キュー	ジ(ュ)ッ	ジューイッ	ジューニ
頭〔トー〕	イッ	ニ	サン	ヨン	ゴ	ロク	ナナ	ハッ (ハチ)	キュー	ジ(ュ)ッ	ジューイッ	ジューニ
通り	ヒト	フタ (ニ)	サン (ミ)	ヨン	ゴ	ロク	ナナ	ハチ (ハッ)	キュー	ジ(ュ)ッ	ジューイチ	ジューニ
度目	イチ	ニ	サン	ヨン (ヨ)	ゴ	ロク	ナナ (シチ)	ハチ	キュー (ク)	ジュー	ジューイチ	ジューニ
トン	イッ	ニ	サン	ヨン	ゴ	ロク	ナナ	ハチ (ハッ)	キュー	ジ(ュ)ッ	ジューイッ	ジューニ
[な行]												
日,日目	イチニチ	フツカ	ミッカ	ヨッカ	イツカ	ムイカ	ナノカ	ヨーカ	ココノカ	トーカ	ジューイチニチ	ジューニニチ
人	ヒトリ	フタリ	サン	ヨ	ゴ	ロク	シチ (ナナ)	ハチ	ク (キュー)	ジュー	ジューイチ	ジューニ
人前	イチ	ニ	サン	ヨ	ゴ	ロク	シチ (ナナ)	ハチ	キュー (ク)	ジュー	ジューイチ	ジューニ
年	イチ	ニ	サン	ヨ	ゴ	ロク	シチ (ナナ)	ハチ	ク (キュー)	ジュー	ジューイチ	ジューニ

数字の発音

13	14	15	16	17	18	19	20	100	1000	10000	何
ジューサン	ジューヨン	ジューゴ	ジューロク	ジューナナ	ジューハッ(ジューハチ)	ジューキュー	ニジ(ュ)ッ	ヒャク	セン	マン	ナン
ジューサン	ジューヨン	ジューゴ	ジューロク	ジューナナ	ジューハチ(ジューハッ)	ジューキュー	ニジ(ュ)ッ	ヒャク	セン	マン	ナン
ジューサン	ジューヨン	ジューゴ	ジューロク	ジューナナ(ジューシチ)	ジューハチ	ジューキュー(ジューク)	ニジュー	ヒャク	セン	マン	ナン
ジューサン	ジューヨン	ジューゴ	ジューロク	ジューナナ	ジューハッ(ジューハチ)	ジューキュー	ニジ(ュ)ッ	ヒャク	セン	マン	ナン
ジューサン	ジューヨン	ジューゴ	ジューロク	ジューナナ	ジューハッ(ジューハチ)	ジューキュー	ニジ(ュ)ッ	ヒャク	セン	マン	ナン
ジューサン	ジューヨン	ジューゴ	ジューロク	ジューナナ	ジューハチ(ジューハッ)	ジューキュー	ニジ(ュ)ッ	ヒャク	セン	マン	ナン
ジューサン	ジューヨン	ジューゴ	ジューロク	ジューナナ(ジューシチ)	ジューハチ	ジューキュー	ニジュー	ヒャク	セン	マン	ナン
ジューサン	ジューヨン	ジューゴ	ジューロク	ジューナナ	ジューハチ(ジューハッ)	ジューキュー	ニジ(ュ)ッ	ヒャク	セン	マン	ナン
ジューサンニチ	ジューヨッカ(ジューヨンニチ)	ジューゴニチ	ジューロクニチ	ジューシチニチ(ジューナナニチ)	ジューハチニチ	ジュークニチ(ジューキューニチ)	ハツカ(ニジューニチ)	ヒャクニチ	センニチ	マンニチ	ナンニチ
ジューサン	ジューヨ	ジューゴ	ジューロク	ジューシチ(ジューナナ)	ジューハチ	ジューク(ジューキュー)	ニジュー	ヒャク	セン	マン	ナン
ジューサン	ジューヨ	ジューゴ	ジューロク	ジューシチ(ジューナナ)	ジューハチ	ジューキュー	ニジュー	ヒャク	セン	マン	ナン
ジューサン	ジューヨ	ジューゴ	ジューロク	ジューシチ(ジューナナ)	ジューハチ	ジューク(ジューキュー)	ニジュー	ヒャク	セン	マン	ナン

■ 数字の発音

数字＼用例	1	2	3	4	5	6	7	8	9	10	11	12
[は行]												
派	イッp	ニ	サンp	ヨンp (ヨン)	ゴ	ロッp	ナナ	ハチ	キュー	ジ(ュ)ッp	ジューイッp	ジューニ
波	イッp	ニ	サンp	ヨンp (ヨン)	ゴ	ロッp	ナナ	ハチ	キュー	ジ(ュ)ッp	ジューイッp	ジューニ
パーセント	イチ (イッ)	ニ	サン	ヨン	ゴ	ロク	ナナ	ハチ	キュー	ジ(ュ)ッ	ジューイチ (ジューイッ)	ジューニ
杯	イッp	ニ	サンb	ヨン	ゴ	ロッp (ロク)	ナナ (シチ)	ハッp (ハチ)	キュー	ジ(ュ)ッp	ジューイッp	ジューニ
敗	イッp	ニ	サンp	ヨンp (ヨン)	ゴ	ロッp (ロク)	ナナ (シチ)	ハッp (ハチ)	キュー	ジ(ュ)ッp	ジューイッp	ジューニ
倍	イチ	ニ	サン	ヨン	ゴ	ロク	ナナ	ハチ	キュー	ジュー	ジューイチ	ジューニ
拍	イッp	ニ (フタ)	サンp	ヨン (ヨンp)	ゴ	ロッp (ロク)	ナナ	ハッp (ハチ)	キュー	ジ(ュ)ッp	ジューイッp	ジューニ
泊	イッp	ニ (フタ)	サンp	ヨン (ヨンp)	ゴ	ロッp (ロク)	ナナ	ハッp (ハチ)	キュー	ジ(ュ)ッp	ジューイッp	ジューニ
箱	ヒト	フタ	ミ (サンb,p)	ヨン (ヨ)	ゴ	ロク (ロッp)	ナナ	ハチ (ハッp)	キュー	ジ(ュ)ッp	ジューイッp (ジューイチ)	ジューニ
場所(相撲)	ヒト	フタ	サン	ヨン	ゴ	ロク	ナナ	ハチ	キュー	ジュー	ジューイチ	ジューニ
柱	ヒト	フタ	ミ	ヨ	イツ (ゴ)	ム	ナナ	ヤ	キュー	ト	ジューイチ	ジューニ
鉢	ヒト	フタ	ミ,サン	ヨン (ヨ)	ゴ	ロク (ロッp)	ナナ	ハッp	キュー	ジ(ュ)ッp	ジューイチ	ジューニ
発〔ハツ〕	イッp	ニ	サンp	ヨン (ヨンp)	ゴ	ロッp (ロク)	ナナ	ハッp	キュー	ジ(ュ)ッp	ジューイッp	ジューニ
版(注12)	イッp	ニ	サンp	ヨン (ヨンp)	ゴ	ロッp (ロク)	ナナ (シチ)	ハチ (ハッp)	キュー	ジ(ュ)ッp	ジューイッp	ジューニ

(注12) 版(印刷の場合)…「1版」は「初版」〔ショハン〕とも

数字の発音

13	14	15	16	17	18	19	20	100	1000	10000	何
ジューサンp	ジューヨンp (ヨン)	ジューゴ	ジューロッp	ジューナナ	ジューハチ	ジューキュー	ニジ(ュ)ッp	ヒャッp	センp	マンp	ナンp
ジューサンp	ジューヨンp (ヨン)	ジューゴ	ジューロッp	ジューナナ	ジューハチ	ジューキュー	ニジ(ュ)ッp	ヒャッp	センp	マンp	ナンp
ジューサン	ジューヨン	ジューゴ	ジューロク	ジューナナ	ジューハチ	ジューキュー	ニジ(ュ)ッ	ヒャク	セン	マン	ナン
ジューサンb	ジューヨン	ジューゴ	ジューロッp	ジューナナ (ジューロク)	ジューハッp (ジューシチ)	ジューキュー (ジューハチ)	ニジ(ュ)ッp	ヒャッp	センb	マンb	ナンb
ジューサンp	ジューヨンp (ジューヨン)	ジューゴ	ジューロッp (ジューロク)	ジューナナ (ジューシチ)	ジューハッp (ジューハチ)	ジューキュー	ニジ(ュ)ッp	ヒャッp	センp	マンp	ナンp
ジューサン	ジューヨン	ジューゴ	ジューロク	ジューナナ	ジューハチ	ジューキュー	ニジュー	ヒャク	セン	マン	ナン
ジューサンp	ジューヨン (ジューヨンp)	ジューゴ	ジューロッp (ジューロク)	ジューナナ	ジューハッp (ジューハチ)	ジューキュー	ニジ(ュ)ッp	ヒャッp	センp	マンp	ナンp
ジューサンp	ジューヨン (ジューヨンp)	ジューゴ	ジューロッp (ジューロク)	ジューナナ	ジューハッp (ジューハチ)	ジューキュー	ニジ(ュ)ッp	ヒャッp	センp	マンp	ナンp
ジューサン (b,p)	ジューヨン	ジューゴ	ジューロク (ジューロッp)	ジューナナ	ジューハチ (ジューハッp)	ジューキュー	ニジ(ュ)ッ	ヒャク	センb (センp)	マンb (マンp)	ナンb (ナンp)
ジューサン	ジューヨン	ジューゴ	ジューロク	ジューナナ	ジューハチ	ジューキュー	ニジュー	ヒャク	セン	マン	ナン
ジューサン	ジューヨン	ジューゴ	ジューロク	ジューナナ (ジューシチ)	ジューハチ	ジューキュー	ニジュー	ヒャク	セン	マン	ナン
ジューサン	ジューヨン	ジューゴ	ジューロク (ジューロッp)	ジューナナ	ジューハッp	ジューキュー	ニジ(ュ)ッp	ヒャッp (ヒャク)	センp (セン)	マン (マンp)	ナンp
ジューサンp	ジューヨンp (ジューヨンp)	ジューゴ	ジューロッp (ジューロク)	ジューナナ	ジューハッp	ジューキュー	ニジ(ュ)ッp	ヒャッp	センp	マンp	ナンp
ジューサンp	ジューヨン (ジューヨンp)	ジューゴ	ジューロッp (ジューロク)	ジューナナ (ジューシチ)	ジューハチ (ジューハッp)	ジューキュー	ニジ(ュ)ッp	ヒャッp	センp	マンp	ナンp

■ 数字の発音

数字 用例	1	2	3	4	5	6	7	8	9	10	11	12
班	イッp	ニ	サンp	ヨン (ヨンp)	ゴ	ロッp (ロク)	ナナ	ハッp (ハチ)	キュー	ジュ)ッp	ジューイッp	ジューニ
番,第○番 (注13)	イチ	ニ	サン	ヨン (ヨ)	ゴ	ロク	ナナ (シチ)	ハチ	キュー (ク)	ジュー	ジューイチ	ジューニ
番地	イチ	ニ	サン	ヨン	ゴ	ロク	ナナ	ハチ	キュー	ジュー	ジューイチ	ジューニ
尾〔ビ〕	イチ	ニ	サン	ヨン	ゴ	ロク	ナナ (シチ)	ハチ	キュー	ジュー	ジューイチ	ジューニ
匹	イッp	ニ	サンb	ヨン	ゴ	ロッp (ロク)	ナナ	ハッp (ハチ)	キュー	ジュ)ッp	ジューイッp	ジューニ
票	イッp	ニ	サンb	ヨン	ゴ	ロッp (ロク)	ナナ	ハチ (ハッp)	キュー	ジュ)ッp	ジューイッp	ジューニ
俵〔ヒョー〕	イッp	ニ	サンb	ヨン	ゴ	ロッp (ロク)	ナナ	ハチ (ハッp)	キュー	ジュ)ッp	ジューイッp	ジューニ
秒	イチ	ニ	サン	ヨン	ゴ	ロク	ナナ	ハチ	キュー	ジュー	ジューイチ	ジューニ
部	イチ	ニ	サン	ヨン	ゴ	ロク	ナナ	ハチ	キュー	ジュー	ジューイチ	ジューニ
分〔ブ〕(注14) (割合)	イチ	ニ	サン	ヨン	ゴ	ロク	ナナ (シチ)	ハチ	キュー (ク)	ジュー	—	—
服〔フク〕	イッp	ニ	サンp	ヨンp	ゴ	ロッp	ナナ	ハチ	キュー	ジュ)ッp	ジューイッp	ジューニ
袋〔フクロ〕	ヒト	フタ	ミ	ヨン (ヨ)	ゴ	ロク	ナナ	ハチ	キュー	ジュ)ッp	ジューイチ	ジューニ
振り	ヒト	フタ	ミ	ヨ	ゴ	ロク	ナナ	ハチ	キュー	ジュ)ッ	ジューイチ	ジューニ
分〔フン〕	イッp	ニ	サンp	ヨンp	ゴ	ロッp	ナナ	ハチ (ハッp)	キュー	ジュ)ッp	ジューイッp	ジューニ
平方メートル	イチ	ニ	サン	ヨン	ゴ	ロク	ナナ	ハチ	キュー	ジュー	ジューイチ	ジューニ
ページ	イチ (イッ)	ニ	サン	ヨン	ゴ	ロク	ナナ	ハチ (ハッ)	キュー	ジュ)ッ	ジューイチ (ジューイッ)	ジューニ

(注13) 番,第○番…音楽では「4」は〔ヨン〕,「7」は〔ナナ〕
(注14) 分〔ブ〕…「四分六(分)」,「七分咲き」などは〔シ〕,〔シチ〕

数字の発音

13	14	15	16	17	18	19	20	100	1000	10000	何
ジューサンp	ジューヨン (ジューヨンp)	ジューゴ	ジューロッp (ジューロク)	ジューナナ	ジューハッp (ジューハチ)	ジューキュー	ニジ(ュ)ッp	ヒャッp	センp	マンp	ナンp
ジューサン	ジューヨン (ジューヨ)	ジューゴ	ジューロク	ジューナナ (ジューシチ)	ジューハチ	ジューキュー (ジューク)	ニジュー	ヒャク	セン	マン	ナン
ジューサン	ジューヨン	ジューゴ	ジューロク	ジューナナ	ジューハチ	ジューキュー	ニジュー	ヒャク	セン	マン	ナン
ジューサン	ジューヨン	ジューゴ	ジューロク	ジューナナ (ジューシチ)	ジューハチ	ジューキュー	ニジュー	ヒャク	セン	マン	ナン
ジューサンb	ジューヨン	ジューゴ	ジューロッp (ジューロク)	ジューナナ	ジューハッp (ジューハチ)	ジューキュー	ニジ(ュ)ッp	ヒャッp	センb	マンb	ナンb
ジューサンb	ジューヨン	ジューゴ	ジューロッp (ジューロク)	ジューナナ	ジューハチ (ジューハッp)	ジューキュー	ニジ(ュ)ッp	ヒャッp	センb	マンb	ナンb
ジューサンb	ジューヨン	ジューゴ	ジューロッp (ジューロク)	ジューナナ	ジューハチ (ジューハッp)	ジューキュー	ニジ(ュ)ッp	ヒャッp	センb	マンb	ナンb
ジューサン	ジューヨン	ジューゴ	ジューロク	ジューナナ	ジューハチ	ジューキュー	ニジュー	ヒャク	セン	マン	ナン
ジューサン	ジューヨン	ジューゴ	ジューロク	ジューナナ	ジューハチ	ジューキュー	ニジュー	ヒャク	セン	マン	ナン
—	—	—	—	—	—	—	—	—	—	—	ナン
ジューサンp	ジューヨンp	ジューゴ	ジューロッp	ジューナナ	ジューハッp	ジューキュー	ニジ(ュ)ッp	ヒャッp	センp	マンp	ナンp
ジューサン	ジューヨン	ジューゴ	ジューロク	ジューナナ	ジューハチ	ジューキュー	ニジ(ュ)ッp	ヒャク	セン	マン	ナン
ジューサン	ジューヨン	ジューゴ	ジューロク	ジューナナ	ジューハチ	ジューキュー	ニジ(ュ)ッ	ヒャク	セン	マン	ナン
ジューサンp	ジューヨンp	ジューゴ	ジューロッp	ジューナナ	ジューハチ (ジューハッp)	ジューキュー	ニジ(ュ)ッp	ヒャッp	センp	マンp	ナンp
ジューサン	ジューヨン	ジューゴ	ジューロク	ジューナナ	ジューハチ	ジューキュー	ニジュー	ヒャク	セン	マン	ナン
ジューサン	ジューヨン	ジューゴ	ジューロク	ジューナナ	ジューハチ (ジューハッ)	ジューキュー	ニジ(ュ)ッ	ヒャク (ヒャッ)	セン	マン	ナン

■ 数字の発音

用例＼数字	1	2	3	4	5	6	7	8	9	10	11	12
部屋	ヒト	フタ	ミ (サン)	ヨン (ヨ)	ゴ	ロク	ナナ	ハチ	キュー	ジ(ュ)ッ	ジューイチ	ジューニ
遍〔ヘン〕	イッp	ニ	サンb	ヨン	ゴ	ロッp	ナナ (シチ)	ハチ (ハッp)	キュー	ジ(ュ)ッp	ジューイッp	ジューニ
編	イッp	ニ	サンp	ヨンp (ヨン)	ゴ	ロッp (ロク)	ナナ	ハチ (ハッp)	キュー	ジ(ュ)ッp	ジューイッp	ジューニ
歩〔ホ〕	イッp	ニ	サンp (サンb)	ヨンp (ヨン)	ゴ	ロッp	ナナ	ハチ (ハッp)	キュー	ジ(ュ)ッp	ジューイッp	ジューニ
ポイント	イチ (イッ)	ニ	サン	ヨン	ゴ	ロク	ナナ	ハチ	キュー	ジ(ュ)ッ	ジューイチ (ジューイッ)	ジューニ
本	イッp	ニ	サンb	ヨン	ゴ	ロッp (ロク)	ナナ	ハチ (ハッp)	キュー	ジ(ュ)ッp	ジューイッp	ジューニ
[ま行]												
枚	イチ	ニ	サン	ヨン (ヨ)	ゴ	ロク	ナナ (シチ)	ハチ	キュー	ジュー	ジューイチ	ジューニ
幕	ヒト	フタ	サン (ミ)	ヨン (ヨ)	ゴ	ロク	ナナ (シチ)	ハチ	キュー	ジュー	ジューイチ	ジューニ
幕目	ヒト	フタ	ミ	ヨ	イツ	ム	ナナ	ハチ	キュー	ジュー	－	－
まわり	ヒト	フタ	ミ	ヨ	イツ (ゴ)	ロク	ナナ	ハチ	キュー	ジュー	ジューイチ	ジューニ
棟〔ムネ〕	ヒト	フタ	サン (ミ)	ヨン (ヨ)	ゴ	ロク	ナナ	ハチ	キュー	ジュー (ト)	ジューイチ	ジューニ
名	イチ	ニ	サン	ヨン (ヨ)	ゴ	ロク	ナナ (シチ)	ハチ	キュー	ジュー	ジューイチ	ジューニ
メートル	イチ	ニ	サン	ヨン	ゴ	ロク	ナナ	ハチ	キュー	ジュー	ジューイチ	ジューニ
面〔メン〕	イチ	ニ	サン	ヨン	ゴ	ロク	ナナ	ハチ	キュー	ジュー	ジューイチ	ジューニ

数字の発音

13	14	15	16	17	18	19	20	100	1000	10000	何
ジューサン	ジューヨン	ジューゴ	ジューロク	ジューナナ	ジューハチ	ジューキュー	ニジ(ュ)ッ	ヒャク	セン	マン	ナン
ジューサンb	ジューヨン	ジューゴ	ジューロッp	ジューナナ	ジューハチ (ジューハッp)	ジューキュー	ニジ(ュ)ッp	ヒャッp	センb	マンb	ナンb
ジューサンp	ジューヨンp (ジューヨン)	ジューゴ	ジューロッp (ジューロク)	ジューナナ	ジューハチ (ジューハッp)	ジューキュー	ニジ(ュ)ッp	ヒャッp	センp	マンp	ナンp
ジューサンp (ジューサンb)	ジューヨン (ジューヨンp)	ジューゴ	ジューロッp	ジューナナ	ジューハチ (ジューハッp)	ジューキュー	ニジ(ュ)ッp	ヒャッp	センp	マンp	ナンp (ナンb)
ジューサン	ジューヨン	ジューゴ	ジューロク	ジューナナ	ジューハチ	ジューキュー	ニジ(ュ)ッ	ヒャク	セン	マン	ナン
ジューサンb	ジューヨン	ジューゴ	ジューロッp (ジューロク)	ジューナナ	ジューハチ (ジューハッp)	ジューキュー	ニジ(ュ)ッp	ヒャッp	センb	マンb	ナンb
ジューサン	ジューヨン (ジューヨ)	ジューゴ	ジューロク	ジューナナ (ジューシチ)	ジューハチ	ジューキュー	ニジュー	ヒャク	セン	マン	ナン
ジューサン	ジューヨン	ジューゴ	ジューロク	ジューナナ (ジューシチ)	ジューハチ	ジューキュー	ニジュー	ヒャク	セン	マン	ナン
—	—	—	—	—	—	—	—	—	—	—	ナン
ジューサン	ジューヨン	ジューゴ	ジューロク	ジューナナ	ジューハチ	ジューキュー	ニジュー	ヒャク	セン	マン	ナン
ジューサン	ジューヨン	ジューゴ	ジューロク	ジューナナ	ジューハチ	ジューキュー	ニジュー	ヒャク	セン	マン	ナン
ジューサン	ジューヨン (ジューヨ)	ジューゴ	ジューロク (ジューシチ)	ジューナナ	ジューハチ	ジューキュー	ニジュー	ヒャク	セン	マン	ナン
ジューサン	ジューヨン	ジューゴ	ジューロク	ジューナナ	ジューハチ	ジューキュー	ニジュー	ヒャク	セン	マン	ナン
ジューサン	ジューヨン	ジューゴ	ジューロク	ジューナナ	ジューハチ	ジューキュー	ニジュー	ヒャク	セン	マン	ナン

■ 数字の発音

数字\用例	1	2	3	4	5	6	7	8	9	10	11	12
問	イチ	ニ	サン	ヨン	ゴ	ロク	ナナ (シチ)	ハチ	キュー	ジュー	ジューイチ	ジューニ
[や行]												
夜〔ヤ〕(注15)	イチ	ニ	サン	ヨン	ゴ	ロク	シチ	ハチ	キュー	ジュー	ジューイチ	ジューニ
役	ヒト	フタ	サン	ヨン	ゴ	ロク	ナナ	ハチ	キュー	ジュー	ジューイチ	ジューニ
[ら行]												
里〔リ〕	イチ	ニ	サン	ヨ (ヨン)	ゴ	ロク	シチ	ハチ	ク (キュー)	ジュー	ジューイチ	ジューニ
リットル	イチ	ニ	サン	ヨン	ゴ	ロク	ナナ	ハチ	キュー	ジュー	ジューイチ	ジューニ
両	イチ	ニ	サン	ヨン	ゴ	ロク	ナナ	ハチ	キュー	ジュー	ジューイチ	ジューニ
輪〔リン〕	イチ	ニ	サン	ヨン (ヨ)	ゴ	ロク	ナナ (シチ)	ハチ	キュー	ジュー	ジューイチ	ジューニ
列	イチ	ニ	サン	ヨン (ヨ)	ゴ	ロク	ナナ	ハチ	キュー	ジュー	ジューイチ	ジューニ
[わ行]												
羽〔ワ〕	イチ	ニ	サンb (サン)	ヨン	ゴ	ロク (ロッp)	ナナ (シチ)	ハチ (ハッp)	キュー	ジ(ュ)ッp (ジュー)	ジューイチ	ジューニ
把〔ワ〕	イチ	ニ	サン	ヨン	ゴ	ロク	ナナ	ハチ	キュー	ジ(ュ)ッp	ジューイチ	ジューニ
割〔ワリ〕	イチ	ニ	サン	ヨン	ゴ	ロク	ナナ	ハチ	キュー	ジュー	–	–
椀〔ワン〕	ヒト	フタ	ミ	ヨ	ゴ	ロク	ナナ	ハチ	キュー	ジュー	ジューイチ	ジューニ

(注15) 夜…「7夜」は,伝統的には〔ナナヨ〕も。

数字の発音

13	14	15	16	17	18	19	20	100	1000	10000	何
ジューサン	ジューヨン	ジューゴ	ジューロク	ジューナナ (ジューシチ)	ジューハチ	ジューキュー	ニジュー	ヒャク	セン	マン	ナン
ジューサン	ジューヨン	ジューゴ	ジューロク	ジューシチ	ジューハチ	ジューキュー	ニジュー	ヒャク	セン	マン	ナン
ジューサン	ジューヨン	ジューゴ	ジューロク	ジューナナ	ジューハチ	ジューキュー	ニジュー	ヒャク	セン	マン	ナン
ジューサン	ジューヨ (ジューヨン)	ジューゴ	ジューロク	ジューシチ	ジューハチ	ジューク (ジューキュー)	ニジュー	ヒャク	セン	マン	ナン
ジューサン	ジューヨン	ジューゴ	ジューロク	ジューナナ	ジューハチ	ジューキュー	ニジュー	ヒャク	セン	マン	ナン
ジューサン	ジューヨン	ジューゴ	ジューロク	ジューナナ	ジューハチ	ジューキュー	ニジュー	ヒャク	セン	マン	ナン
ジューサン	ジューヨン (ジューヨ)	ジューゴ	ジューロク	ジューナナ (ジューシチ)	ジューハチ	ジューキュー	ニジュー	ヒャク	セン	マン	ナン
ジューサン	ジューヨン	ジューゴ	ジューロク	ジューナナ	ジューハチ	ジューキュー	ニジュー	ヒャク	セン	マン	ナン
ジューサンb (ジューサン)	ジューヨン	ジューゴ	ジューロク (ジューロッp)	ジューナナ (ジューシチ)	ジューハチ (ジューハッp)	ジューキュー	ニジ(ュ)ッp (ニジュー)	ヒャク (ヒャッp)	センb	マンb	ナンb (ナン)
ジューサン	ジューヨン	ジューゴ	ジューロク	ジューナナ	ジューハチ	ジューキュー	ニジ(ュ)ッp	ヒャク	セン	マン	ナン
−	−	−	−	−	−	−	−	−	−	−	ナン
ジューサン	ジューヨン	ジューゴ	ジューロク	ジューナナ	ジューハチ	ジューキュー	ニジュー	ヒャク	セン	マン	ナン

第6章 助数詞の使い方

Ⅰ. 使い方の基準
Ⅱ. 助数詞・用例集

助数詞の使い方

Ⅰ．使い方の基準

<原則>
1. 1つの事物に使われる助数詞が2つ以上ある場合には，一般に広く使われているものを使う。
（同一の番組では，助数詞を統一して使う）
2. 助数詞をつけないで，「1つ，2つ」と数えたほうがよい場合もある。

	助数詞	数える対象（注意事項・例示）
人間	人〔ニン〕	（放送では原則として名は使わない）
[動物]		
動物一般	匹	猿・羊・うさぎ・ふな・めだか
大型の動物	匹・頭	象・鯨（頭を使ってもよい）
魚類	匹	たい・まぐろ・かつお・いか
	(尾・本)	（場合により尾・本を使ってもよい）
昆虫類	匹	とんぼ・ちょう
鳥類	羽	わし・にわとり（ひよこなどは匹も）
貝類	個	はまぐり・帆立て貝
[物品・物体]		
一般的な物	個	りんご・茶わん・庭石
粒状で小型の物	粒〔ツブ〕	麦・真珠・錠剤・涙
長い物	本	ネクタイ・立ち木・花・傘・煙突
道具類	丁・本	包丁・くわ・はさみ
銃器	丁	小銃・ピストル
平面的な物	枚	地図・皿・じゅうたん
	面	碁盤・テニスコート

■助数詞の使い方

	助数詞	数える対象(注意事項・例示)
機械・器具	台	テレビ・ワープロ・印刷機
固定した物・施設	基	墓石・鳥居・照明灯・原子炉
商品・展示品	点	展覧会の絵画・売場の宝石
[乗り物]		
自動車・自転車	台	乗用車・バス・ダンプカー
鉄道車両	台・両	電車(列車の編成の場合は**両**)
飛行機	機・台	航空機(場合により**台**)
	機	戦闘機・ヘリコプター
	隻	飛行船
船(大型)	隻	貨物船・石油タンカー・潜水艦
(小型)	そう〔艘〕	はしけ・ボート
	艇	ヨット
[建物]		
家屋(一般)	棟	○ムネ(マンションやビルなどの場合は〔トー〕とも)
	戸	(住宅建設の場合など)
	軒	(例 3軒長屋)
(災害時)	棟	(住家・非住家とも) ○ムネ
	軒・戸	(取材地で非公式の数字を示すときなど)
(災害復旧)	戸	(例 仮設住宅1000戸)
[事柄・物件]		
取り扱った事柄	件	問い合わせ・注文・事例
取り扱った物件	件	(例 土地・建物5件を売買)

助数詞の使い方

(注1) 種類の異なるものを一括して数える場合は、次のように扱う。
　　① 動物の場合は、**匹**で数える。
　　〈例〉牛・豚など家畜十数匹
　　② 物品・物体の場合は、原則として**個**で数えるが、**点**を使うこともある。
　　〈例〉財布、たばこケースなど各1個
　　　　　テレビ、カメラ、時計など10点あまり
(注2) 助数詞の選択に迷うときは、動物の場合は**匹**、物品・物体の場合は、**個**で数える。
　　〈例〉鳥獣100匹を捕獲　数百(個)の大腸菌

■ 助数詞の使い方

II. 助数詞・用例集

1. この表には,〈使い方の基準〉の表以外の用例を示した。
   (両方の表に示した用例も一部含まれている)
2. 助数詞を2つ以上示したものは,場面に応じて,最も適したものを使う。

(〔 〕内の漢字は常用漢字にない漢字・音訓,カタカナは読みを示す)

数える対象	助数詞
[あ行]	
アドバルーン	**本・個**
あわび	**杯**〔ハイ〕**・個**,(海中で生きている場合)**匹**
あんどん〔行灯〕	**張り**
いか	**匹・杯**〔ハイ〕
いかだ	**枚・乗り**(地元の慣用に従う)
囲碁	(試合)**局・番・戦**,(目数・盤面)**目**〔モク〕,(目数・広さ)**目**〔メ〕,(着手)**手**,(碁盤)**面**,(碁石)**子**〔シ〕**・目**〔モク〕
遺骨	**体**・(**柱**〔ハシラ〕神道の場合)
いす	**脚・個**
遺体	**体**
糸	**本**,(巻いたもの)**巻**〔マキ〕**・かせ**
井戸	穴は**本**,全体は**基**
犬	**匹**(ただし警察犬,盲導犬,介助犬などは**頭**が多い)
位はい	**基・柱**〔ハシラ〕
衣類	**枚・着**,(組になったもの)**そろい**
うさぎ	**匹**(歴史的には羽という数え方もあるが放送では使わない)

助数詞の使い方

数える対象	助数詞
うす〔臼〕	基
宇宙船	隻・機
ウナギの蒲焼き	串・本・枚・匹
海亀	匹・頭
エレベーター	基・台
エンジン	基・台
帯	本・筋
[か行]	
絵画	点・枚・幅
蚕	匹
鏡もち	重ね
額	枚・面
掛け軸	幅〔フク〕・本，(2本で) 対〔ツイ〕
かご〔駕籠〕	丁
カセットテープ	巻〔カン〕・本
刀	本・振り
かっちゅう〔甲冑〕	領（そろいで具とも）
かに〔蟹〕	匹・杯〔ハイ〕(市場関係者は枚)
カヌー	艘〔ソー〕・艇
かま〔鎌〕	丁・本
紙	枚，(和紙2000枚) 締め，(洋紙1000枚) 連
蚊帳	張り・枚
棺	(助数詞はなじまない。大量に数える場合などは基)
気球	機
ギター	本・台
きね〔杵〕	本

■助数詞の使い方

数える対象	助数詞
鏡台	台・基
経典	巻〔カン〕・部
草花	本・株,(鉢植え)鉢
鯨	頭・匹
薬	(粉薬)服,(錠剤)錠・粒〔ツブ〕,(服用する場合)服
くら〔鞍〕	具・口〔コー〕
グラウンド	面
クルーザー	艇・隻
けさ〔袈裟〕	枚・領
煙	筋・条・本
原子炉	基
こいのぼり	匹・本,(たたんで置いてある場合)枚
口座	口・口座
こうもり	匹(専門家は頭を多用するが放送では匹)
香炉	基・合〔ゴー〕
琴	面
古墳	基
コンタクトレンズ	枚,(2枚で)組
コンパクトディスク	枚
[さ行]	
サーフボード	艇
詩・詩文	編
寺院	寺・堂・山〔ザン〕
三味線	丁・さお〔棹〕
重箱	組
数珠	連

助数詞の使い方

数える対象	助数詞
樹木	**本・株**
将棋	(勝負) **局・番・戦**，(盤) **面**，(指し手) **手**
書籍	**冊・部・巻**
書類	**通・枚・札**〔サツ〕**・筆**〔ヒツ〕
人工衛星	**個**
神社	**社**
神像	**体**
神体	**柱**〔ハシラ〕**・体・座**
新聞	**部**，(紙面) **面**，(種類) **紙**
神霊	**柱**〔ハシラ〕
スーツ	**着・組み・そろい**
スキー (板)	**台・組**，(片方) **本**
スキーリフト	**基**
すずり	**個・面**
スピーカー	**台・本**
すべり台	**基・台**
墨	**個・丁**
相撲	(取組) **番**，(番付) **枚**，(技) **手**
セールボード	**艇**
扇子	**本**
川柳	**句**
そろばん	**丁・面・台**
[た行]	
田	**枚・面**
太鼓	**張**〔チョー〕**・張り・面**（でんでん太鼓のような小さいものは**個**とも）

■助数詞の使い方

数える対象	助数詞
台風	個は使わない。「1つ，2つ」と数える。
タイヤ	**本**
たこ〔蛸〕	**匹・杯**〔ハイ〕
竹馬	(2本で)**本・対**
山車	**台**
足袋	**足**(足袋の大きさは文だが，10文はトモンと読むなどの慣用がある)
短歌	**首**
たんす	**さお**〔棹〕**・本**
反物	**反**，(2反で)**ひき**〔疋〕
ちょう〔蝶〕	**匹**(専門家は頭を使うが放送では使わない)
ちょうちん	**張り・個**
机	**脚・台・卓**
手紙	**通・本**，(ハガキ)**枚**
鉄砲	**丁・口**〔ク〕**・本**
テニスコート	**面**
手ぬぐい	**本・枚**
手袋	**組**
電話	**本・回・度・通話**，(機械，子機)**台**
塔	**基・層**
豆腐	**丁**
土地(登記)	**筆**〔ヒツ〕
鳥居	**基**
トンネル	**本**
[な行]	
長持ち	**さお**〔棹〕
人形	**体**

助数詞の使い方

数える対象	助数詞
能	番・手
のこぎり	丁
のぼり〔幟〕	本・りゅう〔旒〕・流〔リュー・ナガレ〕
[は行]	
バイオリン	丁
俳句	句
墓	基
はさみ	丁・本
橋	本・橋〔キョー〕
はし〔箸〕	ぜん〔膳〕（2本そろった食事用。火ばしなどは本・そろい）
旗	枚・本・りゅう〔旒〕
花	輪・本
半紙	枚・葉，（20枚）じょう〔帖〕，（10じょう）束，（10束）締め
ビデオテープ	巻
ひな人形	体，（めおとびな）対・組
火ばし〔箸〕	そろい・そろえ・組，（片方）本
びょうぶ〔屏風〕	隻・半双，（1対）双，（面）曲
ピラミッド	基
ビル	棟〔ムネ〕（〔トー〕とも），（高層のもの）本
びわ〔琵琶〕	面・丁
笛	管〔カン〕・本
仏像	体
筆	本・管〔カン〕
布団	枚，（1人分）組
フロッピー	枚

■助数詞の使い方

数える対象	助数詞
ベッド	台，(病院) 床〔ショー〕
ペンギン	羽・匹
包丁	本・丁
ボート	隻・艘・艇
ほこ〔鉾〕	武具は本，山車は台
本	冊・部・巻
[ま行]	
舞	差し・手
巻物	巻〔カン・マキ〕
幕	枚・張り
マネキン	体
みこし〔神輿〕	丁・基
ミサイル	(弾) 発，(発射台) 基
メガネ	本
面（能面など）	面
物語	話
[や行]	
矢	本・筋
屋台	台・軒
山	山〔ザン〕・座・峰〔ホー〕・岳〔ガク〕
やり〔槍〕	本・筋
弓	張り・張〔チョー〕，(弦を張っていないときは) 本も
羊かん	本・さお〔棹〕
ヨット	隻・艘・艇
よろい〔鎧〕	領
[ら行]	
冷蔵庫	台

助数詞の使い方

数える対象	助数詞
レタス	玉・個,(植物)株
論文	編・本
[わ行]	
和歌	首

NHK ことばのハンドブック 第2版

2005年11月30日	第 1 刷発行
2025年 2 月15日	第21刷発行

編 者	NHK放送文化研究所
	ⓒ 2005 NHK
発行者	江口貴之
発行所	NHK出版
	〒150-0042　東京都渋谷区宇田川町10-3
	電話　0570-009-321（問い合わせ）
	0570-000-321（注文）
	ホームページ　https://www.nhk-book.co.jp
印刷・製本	大日本印刷

乱丁・落丁本はお取り替えいたします。定価はカバーに表示してあります。
本書の無断複写（コピー、スキャン、デジタル化など）は、
著作権法上の例外を除き、著作権侵害となります。

Printed in Japan　　ISBN978-4-14-011218-2　C2581

NHK出版の本

NHK
日本語発音
アクセント新辞典

NHK放送文化研究所 編

NHKが放送現場で使用するアクセントを収めた辞典の最新版。本編収録語数は75,000語。「新しい語」や「長い複合語」「地名」「ものの数え方」も収載した、これぞ現代のアクセント辞典!

NHK
漢字表記辞典

NHK放送文化研究所 編

収録語数は35,000語。同音・同訓のことばの使い分けも充実。「漢数字と算用数字の使い分け」「読み方が難しい漢字への対応」などを明示。わかりやすい日本語表記のよりどころとして、文章を書く際に役立つ辞典。

NHK出版の本

NHK 間違いやすい日本語ハンドブック

NHKアナウンス室 編

一段落、他人事、奇しくも、施行、神々しい等々、難読の漢字、誤用・誤読しがちなことば約3,300語を収載。誤読防止のチェック・マニュアルとして役立つ、プロ仕様の実用書。仕事として日本語を使う人や、日本語力アップをめざす人必読。

NHKのアナウンサーも悩む 間違いやすい日本語1000

NHKアナウンス室 編

"柵をのりこえる" と "世間の柵" それぞれなんと読む？ NHKが放送のプロのために作成した「日本語マニュアル」のエッセンスを公開した、特別編集版。人前で恥ずかしい思いをしないよう、ぜひチェックしておきたい1,000語を収載。